정민 鄭珉

—— 한문학 문헌에 담긴 ~~~~~~~~~~~~ 언어로 되살려온 우리 시대 대표 고전학자. 한양대학교 국어국문학과 교수. 조선 지성사의 전방위 분야를 탐사하며 옛글 속에 담긴 깊은 사유와 성찰을 우리 사회에 전하고 있다.

지은 책으로 연암 박지원의 산문을 살핀 《비슷한 것은 가짜다》 《오늘 아침, 나는 책을 읽었다》, 다산 정약용을 다각도로 공부한 《다산과 강진 용혈》 《다산 증언첩》 《다산선생 지식경영법》 등이 있다. 18세기 지성사를 파고들어 《고전, 발견의 기쁨》 《열여덟 살 이덕무》 《잊혀진 실학자 이덕리와 동다기》 《18세기 조선 지식인의 발견》 《미쳐야 미친다》 등을 썼고, 청언소품집으로는 《점검》 《습정》 《석복》 《조심》 《일침》 등이 있다. 이 밖에 조선 후기 차 문화사를 총정리한 《한국의 다서》 《새로 쓰는 조선의 차 문화》, 산문집 《체수유병집─글밭의 이삭줍기》 《사람을 읽고 책과 만나다》, 어린이를 위한 한시 입문서 《정민 선생님이 들려주는 한시 이야기》 등 다수의 책을 저술했다.

다산 정약용의 청년기와 천주교 신앙 문제를 다룬 《파란》을 집필했고, 조선에 서학 열풍을 일으킨 천주교 수양서 《칠극》을 번역해 제25회 한국가톨릭학술상 번역상을 수상했다. 초기 교회사 연구의 연장선으로 《서학, 조선을 관통하다》를 완성했고, 천주교 관련 주요 문헌의 번역과 주석 작업도 진행 중이다.

역주 눌암기략

역주 눌암기략

1판 1쇄 인쇄 2022. 11. 1.
1판 1쇄 발행 2022. 11. 8.

지은이 이재기
옮긴이 정민

발행인 고세규
편집 이한경 | 디자인 윤석진 | 마케팅 백선미 | 홍보 박은경
발행처 김영사
등록 1979년 5월 17일(제406-2003-036호)
주소 경기도 파주시 문발로 197(문발동) 우편번호 10881
전화 마케팅부 031)955-3100, 편집부 031)955-3200 | 팩스 031)955-3111

저작권자 ⓒ 천주교 서울대교구 순교자현양위원회 · 정민, 2022
이 책은 저작권법에 의해 보호를 받는 저작물이므로 저작권자와 출판사의 허락 없이
내용의 일부를 인용하거나 발췌하는 것을 금합니다.

값은 뒤표지에 있습니다.
ISBN 978-89-349-6597-8 93910

홈페이지 www.gimmyoung.com   블로그 blog.naver.com/gybook
인스타그램 instagram.com/gimmyoung   이메일 bestbook@gimmyoung.com

좋은 독자가 좋은 책을 만듭니다.
김영사는 독자 여러분의 의견에 항상 귀 기울이고 있습니다.

訥菴記略

【역주】

눌암기략

이재기 저
정민 역

서학을 둘러싼 남인들의 전쟁 기록

김영사

— 간행사

　한국 천주교회가 성직자나 수도자의 선교가 아니라 신자들에 의한 자발적 신앙의 수용으로 오늘에 이른 것은 세계 교회사에서 그 유례를 찾아볼 수 없는 일입니다. 신앙 선조들의 피로 새긴 순교의 신앙은 한국 천주교회가 갖는 자랑스러운 전통이 아닐 수 없습니다.

　천주교 서울대교구 순교자현양위원회는 성김대건 안드레아 신부님의 순교 100주년을 기념하는 1946년, 전국 단위의 순교자현양회로 출범한 이래 오늘에 이르기까지 순교자 현양을 위한 각종 노력을 지속적으로 펼쳐왔습니다. 특별히 순교자 관련 문헌을 찾아 순교자 현양의 기초 자료로 삼기 위해 그간 아홉 권의 한국순교자연구 총서와 세 권의 신유박해 연구 논문집을 간행하였습니다.

　지난 2022년 3월, 조광 교수에 의해 《역주 사학징의》가 완간되어, 신유박해 당시의 생생한 기록을 학술 자료로 정리하여 교계와 학계에 제공하였고, 바로 이를 이어 초기 교회사 연구에 소중한 증언을 풍부하게 담고 있는 필기류 저작인《눌암기략》과《송담유록》두 권을 동시에 한양대학교 정민 교수의 번역으로 간행하게 되었습니다. 이 같은 정리를 통해 초기 교회사의 드러나지 않았던 부분이 소상히 밝혀지고, 미처 몰랐던 당시의 여러 사실들을 알게 되어, 우리 교회사가 한결 풍부해지는 느낌입니다.

그간의 한국순교자연구 총서는《조선왕조실록》에서 간추린 천주교 관련 자료와《사학징의》처럼 신유박해 당시 공초 기록 등 관변 자료를 정리하는 작업이 중심이 되어왔습니다. 금번에 간행되는 이 두 책은 개인 필기류 문헌으로, 벽사闢邪의 관점에서 당시 천주교인들의 동향을 여러 일화를 통해 생동감 있게 전달하고 있습니다. 자료의 희귀성과 중요성에도 불구하고 그동안 연구자들이 접할 수 없었던 문헌이어서 출간의 의미가 더욱 값지다고 하겠습니다.

그동안 교회사 연구 자료의 간행이 시성시복을 위한 기초 자료를 수집하는 데 주된 목적이 있었다면, 앞으로의 교회사 연구는 조선 사회에 천주교가 끼친 영향과 그 실체를 규명하는 데 더 힘을 쏟아야 한다고 생각합니다. 이를 위해 보다 엄정하고 학술적인 자료의 정리가 더욱 절실합니다. 하나하나 사료들을 모아 구체적인 실체를 향해 나아가는 진지한 노력이 한층 소중하다는 의미입니다.

서학을 반대하는 입장에 섰던 남인 이재기와 강세정이 저술한《눌암기략》과《송담유록》은 각자 자신의 시선으로 포착한 당시 여러 현장의 증언들이 생생하게 살아 숨 쉬는 자료입니다. 이 귀한 문헌을 발굴하고 정리해서 번역까지 수고해주신 한양대학교 정민 교수의 노고에 깊은 감사를 드립니다. 아울러 이 책이 완간되기까지 변함없는 관심과 지원을 아끼지 않으셨던 순교자현양위원회 위원장 손희송 총대리 주교님께도 깊이 감사드립니다.

특별히 이 책은 그간의 방식과 달리 김영사에서 독자들이 쉽게 다가갈 수 있는 훌륭한 편집으로 출판을 맡아주어서 더 뜻깊은 의미로 다가옵니다. 이밖에 여러 실무진의 노고에도 특별히 고마운 뜻을 전합니다. 이 책이 교계뿐 아니라 학계에서도 소중한 학술 자료로 활용될 수 있기를 기대합니다. 고맙습니다.

2022년 10월
천주교 서울대교구 순교자현양위원회
부위원장 원종현 신부

《역주 눌암기략》《역주 송담유록》의
간행을 축하하며

　　18세기 후반에 선교사의 파견 없이 한국 땅에 가톨릭 신앙이 자발적으로 수용되어 빠른 속도로 전파되었다는 것은 잘 알려진 사실입니다. 이는 많은 신자들이 기쁘게 믿음을 받아들여 사랑의 삶을 살고, 그 믿음을 지키기 위해 기꺼이 목숨을 바친 덕분입니다. "순교자들의 피는 신앙의 씨앗이다"라는 테르툴리아노 교부(160~220)의 말처럼 한국 순교자들이 흘린 피는 풍성한 신앙의 열매를 맺었습니다.

　　천주교 서울대교구 순교자현양위원회는 초기 교회 순교자들의 굳건한 믿음과 거룩한 희생을 현양하기 위한 노력을 지난 70여 년간 지속해왔습니다. 순교자와 관련된 여러 사료를 간행하고, 연구 논문집을 펴냈습니다. 특별히 2022년 3월 《역주 사학징의》의 완간에 이어, 잇달아 한양대학교 정민 교수님에 의해 잘 알려지지 않았던 기록물인 《눌암기략》과 《송담유록》이 최초로 번역되어 간행된 것은 참으로 기쁘고 감사한 일이 아닐 수 없습니다. 사실 최근 들어 한국순교자연구 총서의 간행이 다소 뜸해 아쉬운 마음이 컸는데, 이번 두 책을 계기로 총서의 간행에 더욱 속도가 붙게 될 것을 기대해봅니다.

두 책에는 지금까지 알려지지 않았던 초기 교회 관련 이야기가 풍부하게 수록되어 있습니다. 이처럼 소중한 자료가 이제라도 발굴되어 널리 소개될 수 있어 정말 기쁩니다. 이 두 자료를 통해 한국 천주교 초기 역사와 관련된 더 많은 사실과 순교자들의 행적이 드러나고, 나아가 당시 조선 사회에서 천주교 신앙을 둘러싸고 벌어졌던 일들의 행간을 깊이 이해할 수 있게 된 점도 큰 의미가 있다고 생각합니다.

앞으로도 우리 순교자현양위원회는 숨겨진 자료의 발굴과 소개를 위해 노력할 것입니다. 역주 작업의 노고를 감당해주신 정민 교수님께, 그리고 유려한 편집으로 아름답게 책의 장정을 꾸며주신 김영사 관계자들께 깊이 감사드립니다. 지속적인 한국순교자연구 총서의 발행을 위해 애쓰고 수고하고 있는 위원회의 모든 실무진, 그리고 후원 회원 여러분의 노고와 성원에도 고마운 마음을 전합니다.

2022년 10월 18일
성 루카 복음사가 축일에
천주교 서울대교구 순교자현양위원회
위원장 손희송 베네딕토 주교

서문

이재기李在璣(1759~1818)의《눌암기략訥菴記略》은 일반에 널리 알려진 책이 아니다. 그간 원본이 공개되지 않아, 전문 연구자들 사이에서 일부 내용만 인용되어왔다. 초기 조선 천주교회사의 대단히 중요한 증언들을 다수 포함하고 있는 이 자료는, 신서파와 공서파로 갈려 싸우던 남인 내부의 정쟁을 양비론적兩非論的 시각에서 직접 견문한 사실을 중심으로 기술하고 있다.

어느 한쪽에 편향되지 않고, 중간자적 시선으로 당시의 서학 문제를 바라본 저작은 흔치 않다. 더구나 그것이 특별히 남인의 시선을 통해 본 내부 고발이라는 점에 큰 의미를 부여할 수 있다. 이 책에 따르면, 당시 서학은 신앙 차원을 넘어, 정조 초년 정국의 격랑 속에서 채제공을 정점에 둔 남인들의 정쟁과 맞물려 복합적으로 발생한 문제였다.

이 책 속에서 초기 교회사의 주축이었던 이승훈과 정약용 같은 인물들이 정치적 책략의 화신으로 등장하는 여러 대목은 대단히 낯설기도 하다. 한편으로 생각해볼 때, 어쩌면 그것은 지극히 당연한 일이었다. 그간 미화되거나 종교적으로 윤색된 내용에 익숙하거나 보고 싶은 것만 보려는 시각에서는 당황스럽겠지만, 인간적인 차원에서 볼 때 이들의 행동은 백척간두의 위기 상황을 돌파해 자신이 추구하는 가치를 지켜나가려는 적극적인 몸짓이었다. 어쨌거나 이런 증언을 통해 그 시대 서학을 둘러싼 정국 동향과 군상들의 몸짓이 입체적으로 되살아나 뚜렷한 영상으로 복원되는 것은 흥미로운 일이 아닐 수 없다.

처음엔 다른 글에 인용된 내용을 보고서 이 책에 대해 흥미를 느꼈다. 하지만 백방으로 수소문해도 원본의 소재를 알 수 없었다. 어렵사리 여기저기 낙서가 포함된 복사본을 구해 보니 그 내용이 사뭇 놀라웠다. 이후 무주 다산영성연구소로 김옥희 수녀님을 만나뵈러 갔다가, 그곳에서 우연히 《눌암기략》의 원본을 마주할 수 있었다. 당초 나는 좀 더 나은 상태의 복사본을 구해볼 수 있으려나 하는 바람으로 내려간 터여서, 그곳에서 자료의 원본과 맞대면하게 될 줄은 생각지도 못했다. 정말 깜짝 놀라서 전율이 일었다. 이 자료와의 만남이 더욱 운명적이라는 느낌이 들었다.

이후 연구를 하면서 틈틈이 번역 작업을 진행했다. 이와 관련해서는 부산교회사연구소 지면을 통해 2003~2004년 이 책을 번역 연재했던 여진천 신부님께서, 당시 입력된 원문과 당신의 초벌 번역 파일을 흔쾌히 건네주신 도움에 큰 힘을 얻었다. 이를 통해 번역 작업에 한층 속도를 낼 수 있었다. 원본 자료를 제공하고 영인을 허락해주신 김옥희 수녀님과, 본인이 애써 작성한 원문 입력 파일을 선뜻 건네주신 여진천 신부님께 마음 깊은 감사의 뜻을 전한다.

이 책에는 수많은 인물이 등장한다. 이들의 인적 사항은 일반적으로 거의 알려진 것이 없을 뿐 아니라, 생몰연대조차 분명치 않은 경우가 훨씬 많았다. 나름대로 아무리 찾아도 확인되지 않는 인명이 수두룩했다. 족보를 뒤지고《사마방목司馬榜目》을 찾아도 검색에 한계가 있었고, 이 때문에 맥락 파악에 더 애를 먹었다. 기술된 사실 자체가 간략해서 앞뒤 맥락이 얹히지 않을 경우 행간을 이해할 수 없는 내용이 많았기 때문이다.

책의 번역을 마친 뒤, 이 시기 남인 문학을 전공한 부유섭 선생과 채제공 전문 연구자인 이승재 선생에게 교열을 부탁했고, 두 분의 노고로 글 속에 등장하는 대부분 인물의 인적 사항을 보완할 수 있었다. 특수 전문 용어가 많이 나오는 원문 번역의 오류도 많이 바로잡았다. 두 분의 헌신적인 수고가 아니었더라면 이 책은 훨씬 불완전한 상태로 세상에 나오게 되었을 것이다. 깊이 감사드린다.

서소문성지역사박물관의 원종현 관장 신부님은 또 다른 책《송담유록松潭遺錄》과 함께 천주교 서울대교구 순교자현양위원회의 전격적 지원을 받아 이 책이 간행될 수 있도록 주선해주셨다. 귀한 도움을 주신 순교자현양위원회 위원장 손희송 총대리 주교님과 부위원장 원종현 신부님께 깊이 감사드린다. 여기에 김영사 편집부의 손길을 얹으니, 그간 묻혀 있던 자료가 반짝반짝 빛난다.

이 자료의 발간을 통해 교회 창설에서 신유박해에 이르는 시기 교회사의 속살이 더 생생하게 복원되는 계기가 되었으면 한다. 책의 자료 가치와 주요 내용에 대해서는 책 뒤에 수록한 해제에 자세하게 담았으니 그 글을 참고하기 바란다. 이후 후속 연구를 통해 이 책의 가치가 더 드러나기를 기대한다.

이 책 외에도《송담유록》을 비롯해 아직도 연구자의 손길을 타지 않은 교회사 관련 주요 자료가 많이 남아 있다. 향후 순교자현양위원회의 지속적인 간행 사업을 통해 묻혀 있던 보물들이 속속 세상으로 나와, 우리 교회사 연구가 지금보다 더 큰 깊이와 너비를 갖추게 되기를 바라는 마음 간절하다.

2022년 10월 행당서실에서
옮긴이 정민

차
례

訥菴記略

눌암기략

일러두기

원문 및 영인본 검색의 편의를 위해 원문에 영인본의 면수를 표기했다. 예를 들어 [3/1a]의
경우 앞의 '3'은 일련번호로 매긴 면수이고, 뒤의 '1a'는 1장張 a면을 나타낸다

눌암기략

訥菴記略

이재기李在璣 [1] 지음

---

[1]

미강서원眉江書院[2]은 전라도 나주에 있다. 세월이 오래되자 건물이

---

1 이재기(1759~1818): 본관은 전주, 자는 선시善始, 호가 눌암訥菴이다. 초명은 재심在深이다. 1795년 식년시에 진사로 급제했고, 1800년 별시 문과에 장원으로 급제했다. 벼슬은 병조좌랑, 지평, 전적, 강원도사, 장령, 청송부사, 헌납 등을 지냈다. 부친은 문과에 급제해 한성우윤을 지낸 이명준李命俊(1721~1789)이다. 이명준은 세 아들 재관在寬 · 재기 · 재주在周와 심영석沈英錫, 이성규李星逵(이좌훈李佐薰의 아들, 생부는 이상훈李尙薰), 심동양沈東穰에게 시집간 딸을 두었다. 이재기의 초취는 연안延安 이정복李挺馥의 딸이고, 재취는 권이형權以衡의 딸, 삼취는 홍상전洪相全의 딸이다.

2 미강서원: 일반적으로는 경기도 연천의 미강서원을 가리키나, 여기서는 전남 나주의 미천서원眉泉書院을 말한다. 영산포에서 다시면으로 가는 길목인 전라남도 나주시 안창동의 철로변에 자리잡고 있다. 미천서원은 조선 숙종 16년(1690)에 허목許穆을 추모하기 위해 세워 위패를 모셨다. 1693년 사액서원賜額書院으로 '미

기울어 무너지려 하였다. 계묘년(1783, 정조7)에 서원의 유생 몇 사람
이 번옹樊翁 채제공蔡濟恭(1720~1799)을 찾아뵙고, 바꾸어 새로 짓는
일을 도모하였다. 당시에 술태述台 채홍리蔡弘履[3]채 판서 홍리이니, 자가 사
술士述이다가 원춘감사原春監司[4]로 있었는데, 채제공이 편지를 써서 이
일을 도와줄 것을 요청했다. 서원의 유생들이 채제공의 편지를 가지
고 원주原州로 가서 감영 아래에서 몇 달을 머물렀지만, 끝내 들어가
보지도 못하고 낭패하여 돌아왔다.[5]

천미천泉'이라는 이름을 받았다. 1799년에 13대 미천서원 원장을 지낸 채제공이 추
가 배향되었고, 1868년에 훼철되었다가 1903년에 복원되었다. 영정각에 허목과
채제공의 위패를 모셨고, 현재 전남 유형문화재 29호다. 미천서원의 역사와 내력
은《미천서원실기眉泉書院實記》(나주 미천서원, 1940) 권8에 자세하다.

3 채홍리(1737~1806): 본관은 평강平康, 자가 사술, 호는 기천岐川 또는 십륙와十六
窩다. 충남 보령 출생으로 대제학 채유후蔡裕後의 5대손이며, 채수윤蔡壽胤의 증
손이다. 조부는 채응조蔡應祖이고, 아버지는 채의공蔡義恭이다. 1761년 26세로 진
사가 되었고, 1766년 정시 문과에 을과로 급제했다. 1771년 이후에는 사간원 정
언, 홍문관수찬 등을 거쳐 승지가 되었다. 정조 연간 이후 목만중睦萬中, 홍의호洪
義浩 형제들과 가까이 지내면서 노론 세력과 연결되어 채제공, 이가환李家煥 중심
의 남인 집권 세력과 사사건건 대립했다. 대사간, 예조·호조·형조의 참판, 사헌
부대사헌을 거쳐 형조·공조의 판서를 역임했고, 외직으로는 파주목사, 양주목사,
강원감사, 강화유수를 거쳤다. 순조 6년(1806) 기로소耆老所에 들어갔고 그해에
세상을 떴다.

4 원춘감사: 채홍리는 1783년에 원춘감사로 있었다. 1782년에 이택징李澤徵 사건
으로 인해, 강원도가 원춘도로 명칭이 강등되었다가 1791년에야 회복되었다.

5 서원의 유생들이 …… 낭패하여 돌아왔다: 이 일에는 여러 가지 드러나지 않
은 맥락이 있는 듯하나 남은 기록만으로는 파악하기 힘들다.《미천서원실기》
권3(82면)에 당시 채제공의 편지가 실려 있고, 편지 중에 "동백東伯(강원도관찰
사)의 마음이 나와 어찌 다르겠는가〔東伯之心, 與我何異〕?"라 한 대목이 보인다.
권3(83면)에 실린 채홍리가 미천서원에 보낸 편지에는, "일전 미동美洞 족숙族叔
의 글을 보고, 놀라 탄식함을 이기지 못했다〔日前見美洞族叔書報, 不勝驚歎〕"며 그

이에 도파桃坡 사람들이 떠들썩하게 전하기를, 채홍리가 서원의 유생을 몰아냈다고들 하였다. 목인기睦仁基[6] 씨와 심창석沈昌錫[7] 어른이 아는 벗들에게 통문을 보내 채홍리와 절교할 것을 청하였다. 대채大蔡와 소채小蔡[8]라는 명칭이 이로부터 나왔다.

간의 사정을 양해해달라는 해명 편지 외에 뒤이어 여러 편의 관련 글이 수록되어 있다. 권7의 〈선생안先生案〉을 보면, 채제공은 1778~1798년 미천서원 원장 직을 맡았고, 채홍리는 1774~1783년 부원장 직분을 맡았을 뿐 아니라 1804~1805년 원장직을 역임한 바 있다. 나중의 일이지만 채제공의 아들 채홍원도 1830~1831년 원장 직책에 있었다. 한편《미천서원실기》에는 특별히 정약용의 부친 정재원丁載遠의 글이 가장 많이 실려 있어, 정재원 또한 화순군수 재직 이전부터 미천서원의 후원자 역할을 맡아왔음이 드러난다. 이는 채제공과의 인연 때문이었을 것이다. 뿐만 아니라 이 책에는《눌암기략》에 등장하는 수많은 남인 계보 주요 인물의 이름이 망라되어 있어 대단히 흥미롭다.

6 목인기: 본관은 사천泗川, 자는 여장汝章이다. 목만중의 집안 조카로, 특별히 알려진 사실이 없다.

7 심창석(1727~1786): 본관은 청송, 자는 경로景老다. 조부는 심득량沈得良이며, 생부는 심곡沈轂이고, 심각沈毅에게 입양되었다. 성호 이익이 지은 〈사간원사간이공묘갈명司諫院司諫李公墓碣銘〉(《성호전집》 권62)에 사간 벼슬을 지낸 이봉령李鳳齡(1690~1756)의 맏사위로 나온다. 이봉령은 척암瘠菴 이기경李基慶의 조부다. 심창석은 아들 심유沈浟와 심오沈澳를 두었다. 심유는 소남邵南 윤동규尹東奎의 문인이고, 심유의 아들 심동량沈東亮은 이승훈의 사위다. 심오는 친가 형 심경석沈景錫의 아들로 입양되었고, 다산 정약용과 친구이면서 사돈 사이로, 심오의 딸이 다산의 둘째 아들 정학유丁學游의 아내다. 정약용이 〈효부심씨묘지명孝婦沈氏墓誌銘〉(《여유당전서》 권16)을 지었다.

8 대채와 소채: 남인의 영수였던 채제공이 1782년 사도세자 문제와 관련된 죄안으로 노론 청류와 소론 준론의 탄핵을 받아 밀려나자, 채홍리가 이 틈을 타서 남인의 패권을 노려 갈려나갔다. 채제공을 대채, 채홍리를 소채로 불렀다. 채제공의 복권 이후 대채당大蔡黨에는 신서파信西派가 많았고, 소채당에는 척사파斥邪派가 포진해 있어, 이후 남인 내부의 치열한 싸움의 원인이 되었다. 이재기는《눌암기략》의 첫 항목에 대채와 소채 분기의 도화선이 된 미천서원 관련 사건을 배치해

[3/1a] 眉江院在羅州, 歲久屋宇傾圮. 癸卯院儒數人謁樊翁, 謀所以易而新
之. 時述台蔡判書弘履, 字士述在東臯, 翁移書請助其役. 院儒持樊翁書到原州, 留
營下數月, 卒不得入, 狼狽而歸. 於是桃坡諸人喧傳, 述台驅逐院儒云. 睦汝章
氏沈景老丈, 發文于知舊, 請絶述台. 大小蔡之名, 自此出矣.

○ 목인기는 자가 여장汝章이고, 심창석은 자가 경로景老다.
○ 睦仁基字汝章, 沈昌錫字景老.

[2]

통문이 막 나왔을 때, 여와餘窩 목만중睦萬中[9]이 그의 조카가 자기
에게 알리지도 않고서 이 일을 벌인 데 대해 성을 내며, 그 글을 보자
갈기갈기 찢어버렸다. 이는 아마도 목인기가 목만중에게 조카뻘이어
서일 것이다. 이에 도파 사람들 한 무리가, 목만중이 대채를 배반하고
소채에게 붙었다고 여겨 떼지어 일어나 그를 공격하였다. 목만중은
스스로 나이가 많고 명망이 무겁다고 여겨 여러 사람을 경시하였고
자기 뜻에 맞지 않으면 반드시 꾸짖어 욕을 했다. 어떤 때는 그 선대
의 잘못까지 열거하여 폭로하였다. 이 때문에 도파 사람들이 목만중

서, 이 책이 1783~1813년 남인 당여黨與 내부의 동향과 신서信西와 척서斥西로
갈려 싸운 내력을 담은 책임을 분명히 했다.

9 목만중(1727~1810): 본관은 사천, 자는 유선(幼選 또는 幼善), 호가 여와 또는 점희
당漸喜堂이다. 부친은 목조우睦祖禹다. 젊어 문장으로 이름이 높았고, 33세 때인
1759년 별시 문과에 병과로 급제했다. 영조가 독서인讀書人으로 불렀다. 1789년
태산현감으로 있으면서 불법을 저질러 체포되었다. 1801년 신유사옥 당시 대사
간으로 영의정 심환지沈煥之와 함께 척사를 주도했고, 천주교 탄압에 앞장섰다.
뒤에 판서를 지냈다. 《눌암기략》은 목만중에 대해 시종일관 대단히 부정적이다.

을 원수 보듯 한 것이 오래되었다.

通文始出, 睦餘窩怒其侄, 不告已做此事, 見其文, 扯破之. 蓋汝章於餘翁, 爲堂姪也. 於是, 桃坡一隊, 以謂睦背大蔡, 而附小蔡也, 群起而攻之. 餘翁自以年高望重, 輕視諸人, 若不合意, 則必詬罵, 又或歷擧其先世釁累以暴之. 以是桃坡人, 讐視餘翁, 久矣.

도파 사람이란 오석백吳錫百,[10] 목조원睦祖元,[11] 이문덕李聞德,[12] 홍

---

10 오석백: 원문에 자가 유원幼源으로 나오는 것으로 보아 오석백은 오석충吳錫忠 (1743~1806)의 다른 이름이다. 오석충은 본관은 동복同福, 자는 유원, 호는 매동梅東 또는 매장梅丈이다. 정약용이 쓴 묘지명에는 매자항梅子巷에 살았기 때문에 사람들이 그를 매장이라 부른다고 했다. 우의정을 지낸 오시수吳始壽(1632~1681)가 증조부이고 아버지 오기운吳箕運(1715~1773)은 포의였다. 형 오석일吳錫一이 있었으나, 둘째아버지 오익운吳翼運에게 입양되었다. 9척 장신으로 기개가 높고 구차하지 않았다. 1784년 채제공이 참소를 입어 교외에서 지낼 때, 목만중에게 채홍리의 배은망덕을 나무라 그의 미움을 샀다. 1795년에 신봉조 등이 오석충을 이가환의 호법신護法神이라 비난하여 고문했고, 이후 천주교 신자라는 혐의로 1801년 신유박해 때 체포되어 고문을 당한 끝에 임자도로 귀양 가서 몇해 뒤에 죽었다. 두 딸을 두었는데, 큰딸은 권철신의 아들 권상문에게 시집갔고, 둘째 딸은 이윤하의 맏아들인 순교 복자 이경도 가롤로에게 시집갔다.《송담유록》에는 오석충이 한문 교리서를 한글로 번역해 충청도의 이존창에게 보내주었다는 새로운 사실이 적혀 있다. 오석충은 정약용과 가장 가까웠고, 정약용은 그를 위해〈매장오석충묘지명梅丈吳錫忠墓誌銘〉(《여유당전서》권15)을 남겼다. 오석충의 이름을 오석백으로 쓴 예는《눌암기략》밖에 보지 못했다.

11 목조원(1731~1793): 본관은 사천, 부친은 목재경睦載敬이다. 목만중과 한집안이었으나 서로 사이가 좋지 않았고, 70세가 넘은 나이에 이 집 저 집 떠돌다 여관에서 죽었다. 족보상으로 볼 때 목만중은 목조원의 조카뻘이 된다.

12 이문덕(1754~1827): 본관은 연안延安, 자는 가원可遠이다. 부친은 이세연李世延 (1721~1804)이고, 눌은訥隱 이광정李光庭(1552~1627)의 4대손이다. 부인은 나주 정씨로 정지눌丁持訥의 따님이니, 증조부 정도제丁道濟는 다산의 증조부이기도

원洪遠**13** 등으로, 청파靑坡와 도곡桃谷**14**에 살면서 준론峻論을 내세웠다. 이 때문에 목인기와 심창석 두 사람의 통문이 있었으나, 아름다운 풍속이라 할 수는 없다. 하지만 그 글을 찢어버린 일은 지나쳤다. 또 사람이 선대에 잘못이 있다 하여 또 어찌 그 자손에게 일일이 거론할 수 있단 말인가? 그래서 내가 "이 노인이 스스로 구설을 불러들였다"고 하는 것이다.

당시에 목만중의 죄를 하나하나 꼽는 자가 있었는데, 말이 이러했다.

"목만중이 채홍리를 위해 미강서원 유생의 일을 변명해주면서, '미수眉叟가 아니었더라도 내가 어찌 남인이 되지 않을 수 있었겠느냐?'라고 했다고 한다."

이 말은 도파 사람들의 이야기여서 믿을 수가 없다.

하다. 이세연은 충주 교회의 지도자였던 이기연李箕延(1740~1801)의 큰형이므로, 이문덕은 이기연의 장조카다. 이문덕의 아들 이관기李寬基(1771~1831)는 이행덕李行德(1741~1766)에게 입계되었다. 묘소가 충주시 금가면 두담리 장태산 묘역에 있다. 숙부 이기연은 1801년 12월 27일에 충주에서 참수되었다. 당시 이세연은 81세로 생존해 있었고, 이문덕은 48세였다.

13 홍원(1764~?): 본관은 남양南陽, 자는 주평州平이다. 생부는 홍사전洪師全이고, 부친은 홍이전洪履全이다. 1813년 증광시에서 진사에 급제했다. 도화동에 살던 남인 강경파의 한 사람이다. 1801년 채제공의 관작추탈 상소에 관여해, 채제공의 아들 채홍원에게 집안의 원수란 말을 들었고, 1813년에도 홍시제洪時濟의 상소에 대응 상소를 올리는 등의 일로 논란의 중심에 섰던 인물이다.

14 청파와 도곡: 청파는 오늘날 서울 용산구의 청파동을 가리킨다. 도곡은 도저동(桃渚洞 또는 桃楮洞)이라고도 하는데, 조선시대 이 둘이 혼용되었으며 줄여서 도동桃洞 혹은 도곡이라고 했다. 도저동은 오늘날 남대문 바깥 서울역 일대를 이른다. 조선시대 남대문을 지나서 도저동 앞쪽 길을 따라 청파로 해서 노량으로 가는 길이 중심 도로 중 하나였다.

桃坡人者, 吳錫百·睦祖元·李聞德·洪遼, 居於靑坡桃谷, 主峻論. 故有二丈發文, 未必爲美俗也, 然扯其文則過矣. 且人有先累, 又豈可向其子孫而歷擧耶? 余故曰: "此翁自取其脣舌也." 時有數翁罪者, 曰: "翁爲述台, 辨院儒事曰: '雖非眉叟, 吾豈不得爲南人耶?' 云云." 此則桃坡人之言, 未可信也.

○ 이때 조정 벼슬아치 중에 도파 사람들의 의논에 편든 사람은 영공令公 유항주兪恒柱[15]와 척숙戚叔인 조정상趙貞相[16]뿐이었다.

○ 時朝士中, 右桃坡之議者, 兪令公恒柱, 趙戚叔貞相而已.

○ 회람한 통문에 이름을 적은 사람이 18명인데, 나는 돌아가신 아버님[17]의 뜻에 따라 이름을 올렸다.

---

15 유항주(1730~1789): 본관은 기계杞溪, 자는 계오季五 또는 수오秀五다. 유한운兪漢運의 넷째 아들이었으나, 계부季父 유한일兪漢逸에게 입양되었다. 1756년 식년시에 진사로 합격했고, 1759년 식년시에서 문과에 급제했다. 1766년에 정언이되고, 1768년 지평에 올랐다. 정조대에 장령, 충주목사, 승지, 동래부사 등을 거쳤다. 정약용은 〈매장오석충묘지명〉에서 1784년 채제공이 참소를 입었을 때 유항주가 채제공에게 편지를 보내 채홍리의 배은망덕을 공격한 사실을 밝힌 바 있다. 이때 목만중이 채홍원이 채홍리와 끊어서는 안 된다고 하자, 오석충이 화를 내며 "채홍원이 채홍리와 끊지 않으면 이는 무부의 나라가 되고 마는 것"이라고 하여, 목만중의 미움을 사게 되었다고 했다.

16 조정상(1727~1789): 본관은 한양, 자는 사고士固다. 조래한趙來漢의 셋째 아들이다. 서울 한림동에 살았고, 기개가 커서 고인의 풍모가 있었다. 과거에 급제했으나 불우하여 곤액을 겪었다. 정조가 그의 가난을 듣고 특별히 고창현감에 제수했고, 얼마 안 있어 곤양군수로 옮겼다. 뒤에 장령 벼슬을 했다. 조정상이 저자이재기의 척숙이라 했는데, 이재기의 조부 이세충의 부인이 조석제趙錫悌의 따님이다. 조정상은 조석제의 손자다.

17 돌아가신 아버님: 이명준을 말한다. 본관은 전주, 자는 우경虞卿이다. 부친은 이

○ 回文圈名者十八人, 余以先大夫意圈之.

○ 우리가 100년간 죄를 지어 폐출되었으니 실로 다툴 만한 형세나 이익이 없이, 사람마다 인정이 마치 골육간과 같아 서로 마주하면 간담이라도 내줄 것 같았다. 비록 수백 리 밖에 살아도 말과 기운이 서로 통하여, 그 풍속이 아름답다 할 만하였는데, 하루아침에 한집안 사람끼리 싸우는 변고가 있었으니, 아! 또한 매우 불행하다 하겠다.

어떤 이는 말한다.

"지금 서인도 두 개의 당여黨與로 나뉘어졌으니, 이것은 시대의 풍기가 그렇게 만든 것이다."

내가 말했다.

"그렇지가 않네. 서인이 죽자고 싸우는 것은 그 벼슬에 나아가고 물러나는 사이에 이해가 생기기 때문이지. 우리의 경우는 두 과부가 서로 싸우는 격이니, 어찌 가소롭지 않겠는가?"

○ 吾儕百年坐廢, 實無勢利之可爭. 人人情若骨肉, 相對吐出肝膽. 雖居數百里之外, 聲氣相通, 風俗可謂美矣. 一朝而有同室操戈之變, 吁! 亦不幸之甚矣. 或者曰: "今西人亦分二黨, 此其風氣使然耳." 余曰: "不然. 西人抵死戰爭, 以其進退之際, 利害生 [4/1b] 焉. 若吾輩則兩寡婦相鬪, 豈非可笑乎?"

세충李世忠이다. 아들로 형 이형준李亨俊에게 입양된 이재관과 이재기, 이재주가 있고, 심영석·이성규·심동양에게 시집간 딸을 두었다. 1750년 문과에 급제해 장녕전별검, 전적, 호조좌랑, 경상도사, 정언, 경성판관, 좌부승지, 풍기군수, 영해부사, 북청부사, 제주목사, 한성우윤 등을 역임했다. 목만중이 찬한 〈이우윤묘지명李右尹墓誌銘〉(《여와집餘窩集》 권20)에 그의 사적이 보인다. 이가환의 부친 이용휴李用休(1708~1782)도 〈이명준이 경성의 임지에 부임하는 것을 전송하며〔送虞卿之任鏡城〕〉 7수를 남겼다.

○ 무신년(1728, 영조4) 이후 약산藥山 오광운吳光運[18]이 대탕평大蕩
平을 청하는 상소[19]를 하였다. 신절재節齋 이인복李仁復,[20] 국포菊圃
강박姜樸[21]도 상소하였는데, 미수眉叟 허목許穆(1595~1682)을 편들고
백호白湖 윤휴尹鑴(1617~1680)를 배척하는 내용이었다.[22] 우리 남인

18 오광운(1689~1745): 본관은 동복, 자는 영백永伯, 호가 약산이다. 1719년 증광시
문과에 급제했다. 채제공의 스승이다. 영조의 탕평책 아래 청남淸南 세력의 중심
이 되었다. 1729년에 올린 상소에서 탕평을 주장하고, 이후 대사헌, 대사간, 예
조참판을 거쳤다. 시호는 충장忠章이다.

19 대탕평을 청하는 상소:《영조실록》1733년(영조9) 5월 21일자에 실려 있다.

20 이인복(1683~1730): 본관은 전주, 자가 내초來初, 호는 신절재節齋다. 영의정
이원익李元翼의 5대손으로, 부친은 대사간 이존도李存道다. 1714년 증광시 문과
에 급제해, 1716년 부수찬이 되었다. 1728년 경종 사후 왕대비의 복제服制를 둘
러싼 논란이 벌어지자, 3년 참최斬衰를 강력히 주장했다. 1729년 병조참판에 올
랐다. 원문은 호를 '신재愼齋'라 했으나, 바로잡았다.

21 강박(1690~1742): 본관은 진주, 자는 자순子淳, 호가 국포다. 1715년 식년시 문
과에 급제해 홍문관정자가 되었다. 척신戚臣 민진원閔鎭遠과 어유구魚有龜 등을
탄핵하다가 안주에 유배되었다. 1727년에는 경연經筵에서 윤지술尹志述을 탄핵
하다가 파직당했다. 그해 정미환국으로 소론이 집권하자 기용되어 수찬, 부교
리, 교리, 필선, 함종부사, 장례원판결사 등을 역임했다. 시문으로 당대에 이름이
높았다.

22 미수 허목을 …… 배척하는 내용이었다: 1724년(경종4) 5월, 우부승지 이인복
이 허목 서원의 은액恩額을 훼철하라는 명을 거둬줄 것을 청하면서 허목에 대해
"근래의 이름난 유자儒者와 선정先正을 두루 선별해보건대, 허목처럼 티 없이 깨
끗한 자가 있습니까"라고 강변했다. 윤휴에 대한 이인복의 상소는 사료에 보이
지 않지만, 1748년(영조24) 10월, 연석筵席에서 강필신姜必愼이 조명관에 대해 언
급하며, "계묘년(1723) 연간에 고故 참판 이인복의 일로 인하여 윤휴를 배척하였
는데, 조명관이 대응하는 소장을 올려 구원하고 말한 자를 모욕하였다가 마침내
죄를 입어 편배編配되었다"라고 영조에게 아뢰었다.《승정원일기》1724년 5월
18일자와 1748년 10월 29일자에 관련 내용이 있다. 강박이 허목과 윤휴에 대해
논한 상소는 보이지 않는다.

중에서 준론 쪽에서는 모두 이를 옳지 않게 여겼다.²³ 채제공은 오광운의 문하에 폐백을 올렸고, 강박에게 나아가 배웠으므로, 논의가 매번 어느 한쪽으로 기울곤 했다.

○ 戊申後, 吳藥山上大蕩平疏, 李愼齋姜菊圃又上疏, 扶眉翁而斥白湖. 吾儕峻論者, 皆非之. 樊翁贄藥山門, 就菊圃學, 論議每每落在一邊.

○ 이에 앞서 채제공이 엄중한 논의를 입고²⁴ 도성을 나서면서 채홍리에게 말했다.

"너는 굳이 나를 따라 조정을 떠나지 말고, 잠시 머물러 권세 있는 자들의 동정을 살피거라."

---

23 무신년 이후 …… 옳지 않게 여겼다: 남하정 南夏正의《동소만록 桐巢漫錄》권3에 의하면, 1722년경에 남인 내에 새로운 논의가 있어 심단 沈檀이 주장하고 이인복, 이중환 李重煥 등이 허목을 종주로 하고 윤휴와 허적 許積, 목睦 · 민閔 · 유柳 세 집안을 배척했었는데, 이를 문외파 門外派라 하고, 이에 대해 그래서는 안 된다는 주장이 일어나 권중경 權重經, 김화윤 金華潤, 권서경 權敍經 등이 호응했는데 이를 문내파 門內派라 하며, 이 두 주장을 오가던 이들을 과성파 跨城派라 한다고 했다.

24 채제공이 엄중한 논의를 입고: 1782년(정조6) 정월, 앞서 김문순이 제기한 역모죄를 다시 제기해, 영상 서명선 徐命善과 우상 이휘지 李徽之가 채제공을 삭탈관직하고 문외출송 門外黜送할 것을 청했다. 그들이 주장한 세 가지 죄안 罪案은 다음과 같다. 첫째, 휴퇴 休退하겠다는 청을 여러 차례 했는데, 병조판서에 제수하자마자 돌연 나와서 조정을 욕보이고 염치를 무너뜨린 점. 둘째, 사도세자 추숭 계획에 결탁한 환관 김수현 金壽賢의 공사 供辭에 이름이 언급된 점. 셋째, 홍국영 洪國榮이 "조정에서 쫓겨난 후 채제공이 주장한 논의가 매우 옳으니 내가 힘을 합쳐 병신년 봄의 옥안 獄案을 뒤집겠다"라고 한 말을 우의정 이휘지가 홍국영 집안 사람에게 들은 점. 뒤이어 대사헌 이갑 李坤, 이조판서 김종수 金鍾秀 등도 계속해서 공격하자 마침내 변무소 辨誣疏를 올리고 마포로 나가 거기서 열 달이나 지냈다.《승정원일기》1782년 1월 5일자와《정조실록》1782년 1월 5일과 7일자에 관련 기록이 보인다.

이 때문에 채홍리가 떠나지 않았다고 한다.

○ 初樊翁被重論出城, 謂述台曰:"汝不必從我去朝, 姑留之, 以察時輩動靜也."是以述台不去云.

○ 그 뒤 채홍리가 연거푸 성균관 경연經筵의 의망擬望에 올랐으니, 그 행적이 진실로 의심스러웠다. 또 판서 엄숙嚴璃[25]이 다른 사람에게 이렇게 말했다.

"김문순金文淳[26]이 맨 처음 채제공을 공격하는 계사啓辭[27]를 올린

---

25 엄숙(1716~1786): 본관은 영월, 자가 유문孺文, 호는 오서梧西다. 초명은 엄린嚴璘이었으나 조선 태조太祖의 세계世系를 왜곡해서 모독했다는 평을 듣는《명기집략明紀輯略》의 저자인 청나라 주린朱璘의 이름과 같다 하여 개명했다. 이 집안은 대표적인 소북小北 가문이다. 1757년 정시 문과에 급제해 교리와 승지를 지내고, 1771년 형조참판을 거쳐 대사간, 대사헌을 지냈다. 1773년 동지부사冬至副使로 중국에 가서 크게 활약한 결과, 외교적 성과를 거두고 이듬해 귀국해《연행록燕行錄》(규장각)을 남겼다. 또 1757년 10월부터 1786년 2월까지 조정 및 개인의 대소사를 기록한 필사본 일기《생계수기生溪隨記》(규장각)를 남겼다.

26 김문순(1744~1811): 본관은 안동, 자가 재인在人이다. 1767년 정시 문과에 장원으로 급제했다. 1773년 7년 만에 당상관에 올라 승지에 임명되었다. 대사간, 대사헌, 이조참판을 역임했다. 1782년 채제공의 유배를 논하다가 파직되었고, 이후에도 갈등을 반복했다. 문묘에 무릎을 꿇지 않은 이승훈을 처벌하지 않아 금갑도에 위리안치되었고, 풀려나 한성판윤에 올랐다. 순조 즉위 후, 국구國舅 김조순金祖淳을 중심으로 김희순金羲淳과 함께 안동 김씨 세도의 중심인물이 되어 김씨 세도정치의 기반을 확립했다.

27 채제공을 공격하는 계사: 김문순은 첫째 평양감사 재직 시 장오죄를 저지른 점, 둘째 임금을 섬기는 데 무례하고 불경스러운 점, 셋째 정조 즉위년 조재한趙載翰과 이덕사李德師의 사도세자 추숭 사건과 관련해 이들과 결탁한 환관 김수현의 공사에 채제공의 이름이 나온 점, 넷째 홍국영과 함께 사도세자와 정조의 정통성을 주장한 점을 들어 채제공의 등용을 반대했다. (《승정원일기》1781년 7월 20일)

사람인데, 채홍리가 매번 조회 때에 김문순의 손을 잡으며 은근한 뜻을 보이니 후안무치에 가깝다."

만약 그렇다면 채홍리는 아마도 할 말이 없을 것이다. 채홍리는 채제공 대감과 명칭은 비록 숙질간이라고 하나, 은혜는 부자 사이와 마찬가지이니, 어찌 자기의 이해를 가지고 하루아침에 등질 수가 있단 말인가? 만약 등졌다면 좋지 않을 것이다.

○ 其後, 述台連擬國子經筵, 其跡固可疑也. 且嚴尙書璹語人曰: "金文淳首發伯規之啓者也. 士述每朝會握文淳手, 致殷勤, 殆無恥也."云云. 若然則述台恐無辭矣. 述台於樊相, 名雖叔姪, 恩猶父子. 豈可以自己利害, 一朝負之? 如負之, 其不祥矣.

○ 하루는 채제공이 강상江上(마포)에서 편지를 보내 채홍리와 백문白門 밖의 촌가에서 만나기로 약속했다. 저물어 채제공이 허름한 도포를 입고서 나귀를 타고 왔고, 채홍리 또한 도착했다. 채제공이 말했다.

"지금 사람들이 모두 나를 죽이려 하니, 내가 죽게 생겼구나. 지금 재상 가운데 다만 회숙會叔 정민시鄭民始[28]만이 평소에 몽오夢梧 김종

---

28 정민시(1745~1800): 본관은 온양, 자는 회숙會叔이다. 우의정 온양부원군 정순붕鄭順朋의 후손으로, 생부는 정창유鄭昌兪이며, 숙부 정창사鄭昌師에게 입양되었다. 1773년 문과에 급제해 1774년 홍문관부수찬, 세자시강원필선이 되었다. 1775년 겨울에 영조가 세손에게 대리청정하도록 명했을 때 홍인한洪麟漢과 정후겸鄭厚謙 등을 축출하는 데 일조해, 정조가 즉위한 뒤로 매년 서명선이 상소한 12월 3일이 되면 서명선, 홍국영, 정민시, 김종수 등을 불러 '동덕회同德會'라는 모임을 가졌다. 정조 즉위 후 4개 영營을 맡았고 6개 부部의 장을 역임했으며, 3개 번藩을 다스리고 2개 관館의 장을 담당했다. 소론계 인물로 서명선과 정치적 입장을 같이했으며, 소론의 남당南黨으로 불렸고, 시벽의 분기 이후에는 시파로서 활동했다. 정조의 최측근으로 채제공을 보호하기도 했고 탕평책도 지지했다.

수金鍾秀[29]를 좋아하지 않아, 반드시 내가 죄가 없다고 여길 것이다. 네가 나를 위해 말을 해다오."

이튿날 아침, 채홍리가 정민시의 집에 갔다. 정민시가 막 잠자리에서 일어나 아이를 품에 안고 있었다. 채홍리가 말했다.

"이 아이가 누굽니까?"

정민시가 말했다.

"내 늦둥이라오."

채홍리가 한숨을 내쉬더니 한참 있다가 말했다.

"그대나 나나 이미 늙었소. 그대는 이 아들이라도 있지만 나는 그마저도 없구려."

또 말했다.

"그대는 이 아이가 있으니, 내가 음덕 쌓기를 청하리다."

정민시가 말했다.

"무슨 말씀이시오?"

채홍리가 말했다.

<hr>

1791년 진산 사건이 있었을 때는 전라도관찰사로서 윤지충과 권상연을 조사하기도 했다. 1800년 순조가 즉위해 정순왕후가 수렴청정할 때 사리사욕을 채웠다는 죄목으로 삭탈관직되었다가 1806년 아들 정성우의 상소로 복관되었다. 원문은 호를 '회숙晦叔'이라 했으나, 바로잡았다.

29 김종수(1728~1799): 본관은 청풍淸風, 자는 정부定夫, 호는 진솔眞率 또는 몽오夢梧다. 노론 벽파僻派의 영수로 1781년에 대제학이 되었고, 이조판서를 거쳐 우의정에 올랐다. 1802년 유언호兪彦鎬와 함께 정조묘에 배향되었다. 1807년에는 김귀주金龜柱, 심환지 등과 당파를 이뤄 정조를 기만하고 뒤에서 정조의 치적을 헐뜯으며 자신의 이익을 추구했다는 이유로 관작이 추탈되었다가 1864년에 회복되고 1866년 다시 묘정에 배향되었다. 원문은 호를 '몽와夢窩'라 했으나, 바로잡았다.

"내 집안 아저씨가 이제 장차 죄 없이 죽게 생겼는데, 그대가 서서 보기만 할 참이오?"

정민시가 정색을 하고 말했다.

"지금 여론이 이와 같으니, 나 또한 어찌해볼 수가 없소."

채홍리가 말했다.

"이 세상을 보시구려. 누가 내 집안 아저씨를 건져낼 수가 있겠소? 그대가 만약 건져주지 않으면 내 아저씨는 죽을 것이오. 보답을 바라지 않을 곳에 은혜를 심어두는 것이 바로 음덕이라오. 애써주시구려."

정민시가 말없이 한참 동안 있더니 이렇게 말했다.

"죽는 것을 건져주지야 못하겠지만, 죽이려는 마음은 없소."

뒤에 재상들의 상소문이 나왔을 때, 정민시 혼자만 그 이름을 적지 않았다고 한다.

○ 一日, 樊相自江上折簡, 述台約會于白門外村家. 日昏翁着布袍, 騎驢而至, 述台亦至. 翁曰: "今則人皆欲殺我, 我其死矣. 時宰中, 惟晦叔鄭民始, 素不喜夢相, 必以我爲無罪. 汝其爲我言之." 翌早, 述台到鄭家, 鄭新起寢, 有兒在抱. 述曰: "此兒誰也?" 鄭曰: "吾晚出也." 述噓嘻良久, 曰: "君與我已老矣. 君則有此子, 我獨無之." 又曰: "君有此兒, 吾請樹蔭德." 鄭曰: "何謂?" 述曰: "吾族叔今將無罪而就死, 君其立而視諸?" 鄭正色曰: "時論如此, 吾亦無如之何矣." 述曰: "試看此世, 孰能捄出吾族叔者? 君若不捄, 則吾叔死矣. 樹恩於不報之地, 是爲蔭德, 勉之." 鄭沈黙良久曰: "捄其死則未也, 特無欲殺之心耳." 後卿宰疏發, 而鄭獨不署其名云.

○ 이때 채제공이 오래도록 강상에 있었다. 당시 재상이 사람을 시켜 왕래하는 자를 가만히 살피게 했다. 장차 화가 두려워서 조정 인사들이 모두 겁을 먹고 감히 가지 않았다. 이때 대채大蔡인 채제공의 문

객들이 모두 소채小蔡인 채홍리에게 붙었는데, 다만 유항주와 조정상 만은 붙지 않았다.

○ 是時, 樊翁久在江上. 時宰使人伺察其往來者. 禍且凜凜, 朝士皆畏約, 不敢往. 於是大蔡之客, 皆附小蔡, 獨兪令趙叔不附焉.

[3]

공회公會 이정운李鼎運[30]이 황해도 은율에서 돌아와 또한 날마다 채홍리의 좌중에 있었다. 이정운은 사람이 솔직하고 편을 가르지 않았으며, 계수季受 이익운李益運[31]은 사람이 깊이가 있고 도량이 넓어, 형제간에 서로 장단점이 있었다.

[5/2a] 公會李鼎運, 自殷栗還, 亦日在述台座. 公會坦率不設畦畛, 季受李益運, 沈深有器量, 兄弟互有長短.

---

30 이정운(1743~1800): 본관은 연안, 자가 공회, 호는 오사五沙이며, 이조판서 이징대李徵大의 맏아들이다. 검열, 정언, 지평, 충청도와 함경도의 관찰사, 형조판서 등을 역임했다. 막내동생 이익운과 함께 채제공의 문인이었다.

31 이익운(1748~1817): 본관은 연안, 자가 계수다. 이조판서 이징대의 셋째 아들이며, 채제공의 문인이었다. 1774년 식년시 문과에 급제해서 정언이 되었다. 1782년 채제공의 원통함을 변론하다가 파직당했고, 이후 승지로 임명되었다. 1801년 경기도관찰사 때 주문모周文謨와 관련된 천주교 신자 18인을 잡아 심문한 뒤 그중 3인을 참형에 처했다. 뒤에 채제공의 관작이 추탈될 때 이윤행李允行·박명섭朴命燮의 모함을 받아 파직되었다가 1805년 직첩을 돌려받고 판서에 임명되었으나 사양했다. 1815년 대사헌 재직 당시 성균관 유생들에 의해 당시 사학邪學을 비호한다는 탄핵을 받았고, 이듬해에도 유생 양규梁珪·심의영沈宜永의 척사소斥邪疏에 걸려 문제가 되기도 했다. 벼슬은 예조판서에 이르렀다. 1835년 정숙靖肅의 시호를 받았다. 형 이정운의 둘째 아들 이명호를 입양했는데, 경기도 관찰사로 있을 당시 천주교 신자였던 이명호가 배교를 거부하자, 독약을 마시게 해서 죽게 만든 일로 논의가 끊이지 않았다. 정약용과는 각별한 사이였다.

○ 이때 이석하李錫夏[32]가 무안현감이었다. 채제공에게 안부 편지를 쓰면서 끝에다 자기 이름을 쓰지 않았다. 채제공이 편지를 다 읽고 나서 말했다.

"어찌 그리 겁을 내는고?"

○ 時李錫夏守務安, 修起居于樊菴, 書末不書姓名. 翁覽書曰: "何其惻也?"

○ 그렇다면 소채의 무리가 목만중만이 아니었던 셈인데, 도파 사람들은 여전히 예전 일을 가지고 목만중을 몹시 미워하였다.

○ 然則小蔡黨, 非獨餘翁耳. 桃坡人之惡餘翁忒甚, 猶以前事也.

○ 당시에 재앙의 기색이 하늘을 덮었지만, 채제공은 조금도 두려워 위축된 뜻이 없었으니, 그가 수양의 힘이 있었음을 알 만하다. 어떤 이는 이렇게도 말한다.

"이석李晳[33]이 연부蓮府(장용영)에 있으면서 자주 와서 밀지密旨를 전해줘서, 임금이 속으로 그리워하는 줄을 채제공이 알게 되었다. 그

---

32 이석하(1758~1819): 본관은 연안, 자는 성욱聖勗, 호가 현애玄崖다. 초명은 규섭奎燮이었으나 개명했다. 하서河西 김인후金麟厚의 문인인 이지남李至男의 후손이며, 부친은 이세박李世璞이다. 1774년 진사에 합격하고, 1775년에 18세의 나이로 문과에 합격했으며, 관직이 도승지에 이르렀다. 이유수, 정약전, 이치훈, 이주석, 한치응, 유원명, 심규로, 정약용, 윤지눌, 채홍원, 신성모, 한백원, 이중련 등 14인과 함께 죽란시사竹欄詩社에 참여했다. 《일성록日省錄》 1786년 6월 29일자에 이석하가 무안현감에 제수된 기록이 보인다.

33 이석(1759~1829): 본관은 경주, 이벽李檗의 동생이다. 형 이격李格과 함께 무관이었다. 선전관, 별군직, 수사水使, 장연현감, 황해도병마절도사, 함경남도절도사를 지냈다.

눌암기략

러므로 이와 같을 수 있었다."

○ 時禍色滔天, 樊翁少無畏縮意, 其有定力可知也. 或者曰: "李晳在蓮府, 數數來傳密旨, 以知上意之眷眷, 故如此云."

○ 이렇게 되자 경재卿宰와 삼사三司 사람들 모두 채제공에 대한 논핵을 연이어 아뢰었다.**34** 홍수보洪秀輔**35**와 이종섭李宗燮,**36** 강세 륜姜世綸**37**과 신우상申禹相**38** 또한 참여하였다. 이익운만 정고呈告하 여 체차를 청하였으니,**39** 이는 기치를 세운 것이다. 당시에 이익운이

---

34 논핵을 연이어 아뢰었다: 원문은 '발계연계發啓連啓'인데 발계는 대간臺諫이 논핵 하는 계사를 올리기 시작하는 것, 연계는 대간이 전계傳啓한 사안이 윤허를 얻지 못했을 때 동일한 사안에 대해 연속해서 계사를 올리거나 아뢰는 것을 말한다.

35 홍수보(1723~1800): 본관은 풍산豊山, 자는 군택君擇, 호는 함취含翠 또는 송간松 澗이다. 아버지는 예조판서 홍중후洪重厚이며, 홍중효洪重孝에게 입양되었다. 홍 중후를 비롯해 홍수보, 두 아들 홍인호洪仁浩와 홍의호洪義浩가 모두 판서를 지 냈다. 1756년(영조32) 정시 문과에 급제, 1758년 승지에 발탁되었다. 이후 대사 간과 형조판서, 판의금부사를 거쳤다. 1781년에 동지부사로 중국에 다녀왔다. 1785년 대사헌 재직 당시 채제공을 탄핵하는 데 앞장섰다. 1795년 벼슬에서 물 러난 뒤 봉조하奉朝賀가 되었다. 시호는 간헌簡憲이다. 정약용의 사촌처남이다.

36 이종섭(1748~1802): 본관은 연안, 자가 성백城伯이다. 용주龍洲 조경趙絅의 사위 이돈림李惇臨의 5대손으로, 부친은 이세석李世奭이다. 이세석의 사위로 채홍리 와 권성權偗이 있다. 이종섭은 홍문관 응교, 능주목사 등을 역임했다. 채제공의 문인이었으나, 부친의 명으로 채제공을 탄핵하는 옥당의 소차疏箚에 가담했다 가 채제공의 미움을 샀다.

37 강세륜(1761~1842): 본관은 진주, 자는 문거文擧, 호는 지원芝園 또는 지포芝 圃다. 거주지는 경상북도 상주다. 조부는 강박姜樸, 부친은 강필악姜必岳이다. 1783년 증광시 문과에 급제해 장령, 시독관, 승지, 헌납, 강동현감, 종성부사 를 거쳐 대사간과 병조참판을 역임했다. 척사의 입장에 선 인물이다.《동린록》 25책, 740면(이이화 편,《조선당쟁관계자료집》14, 여강출판사, 1985)에 〈헌납강세륜상 소獻納姜世綸上疏〉가 실려 있다.

사헌부에 있으면서 여러 날 동안 말을 한 마디도 하지 않자, 한쪽에서
는 그를 믿고 의지하였으며 한쪽에서는 위협하므로 어찌할 바를 알지
못해 거조가 몹시 황망하였다. 이때 나와는 한동네에 살았으므로 내
눈으로 이를 직접 보았다.

○ 至是, 卿宰三司諸人, 無不發啓連啓. 如洪秀輔·李宗燮·姜世綸·申禹
相亦參焉. 獨李益運呈告而去, 此其立幟也. 時季受在憲府, 數日無一言, 一邊
人倚重, 一邊人恐喝, 莫知所適, 擧措甚慌忙. 時與余同閈, 目擊之.

○ 하루는 채제공이 목만중과 여점汝漸 심규沈逵[40]를 불러 이렇게

---

38 신우상(1730~1799): 본관은 고령, 자는 선보善甫 또는 백익伯益이다. 부친은 신
광수申光洙다. 신광수는 윤두서尹斗緖의 딸 사이에서 우상禹相, 이상履相, 위상渭
相, 석상奭相, 보상甫相 등 다섯 아들과 이현문李顯文, 한공권韓公權, 한석당韓錫堂
에게 시집간 세 딸을 두었다. 1771년 식년시 문과에 급제해, 1774년 사간원정
언, 1787년 헌납, 1792년 사간 등을 역임했다.

39 이익운만 정고하여 체차를 청하였으니: 정고는 관원이 신병身病 등을 이유로 체
직遞職이나 말미를 청하는 일, 또는 청하기 위해 올린 문서를 말한다. 이익운은
1782년(정조6) 1월부터 지평, 장령, 정언에 제수되었으나 병든 부친의 간호를 핑
계로 조정에 들어오지 않았다. 3월 이익운이 스스로 변호하는 상소를 했는데, 이
에 대해 승지 조시위趙時偉 등은 이익운의 상소는 사실 채제공을 신원伸冤하는
내용이라고 논핵했다. 이에 정조는 이익운을 삭직시켰다가 다음 달에 서용했다.
그 후에도 문신과강文臣課講에 불참하자 정언 김재인金載人이 상소해, 삭직죄인
이익운을 도배島配시키도록 청했지만 윤허하지 않았다. 《승정원일기》 1782년
1월 10일, 3월 19일, 4월 21일과 23일자에 관련 내용이 보인다.

40 심규(1742~1820): 본관은 청송, 자가 여점 또는 운로雲路, 호는 죽포竹圃다. 경종
조에 청남계를 이끌었던 심단沈檀의 손자로, 부친은 심득행沈得行이다. 처부는
윤당尹戇이며, 심화석沈華錫의 부친이다. 이익이 심단의 묘지명을, 채제공이 심
득행의 묘갈명을 썼다. 진산군수, 평창군수, 흡곡현령, 용담현령, 연산현감 등 외
직을 두루 지냈다. 채제공, 목만중 등과 시회 활동을 함께 하며 가깝게 지냈고,

고하였다.

"지금 무리들이 벌주기를 청하는 글이 비록 날마다 승정원에 쌓인다 해도 반드시 나를 죽일 수는 없을 것이네. 우리 남인들이 이 일 때문에 흩어져서는 안 되네. 혹자가 이익운이 상소문을 지어 노부의 죄를 청하려 한다고 하는데, 사실인지 모르겠군. 그대가 이익운을 불러오게나."

심규가 이익운의 집에 가보니 아전들이 문에 가득해서 감히 들어가지 못하고, 담장 모서리에서 이익운에게 눈짓을 주어 나오게 하고, 이어서 그를 데리고 채제공이 있는 곳으로 왔다. 이익운이 절을 마치더니, 채제공의 손을 잡고 울면서 고했다.

"대감께서 죽게 생겼습니다. 죽게 생겼습니다. 비록 제 상소문이 없다 해도 또한 죽을 것입니다."

채제공이 정색을 하고 말했다.

"젊은 사람이 이렇게 겁이 많아서야……."

그러더니 살쩍 뒤의 옥관자를 가리키며 말했다.

"명철하신 임금께서 위에 계시니, 필시 내게 이 옥관자를 풀게 하시진 않을 게야."

이익운이 말했다.

"이 일을 장차 어찌해야 할는지요?"

목만중이 말했다.

호방한 시풍으로 이름이 높았다. 채제공이 정치적으로 어려움에 처했을 때 끝까지 의리를 지킨 인물로, 죽파竹坡 유항주兪恒柱, 죽대竹帶 이종화李宗和와 함께 채문蔡門의 삼죽三竹이라 불린다.

"자네가 대감께서 죄가 있음을 알았다면 이를 논하는 것이 옳으나, 그렇지 않다면 어찌 남을 따라 덩달아 허둥댄단 말인가?"

채제공이 말했다.

"자네가 말미를 청하는 상소를 지을 수 있겠는가?"

이익운이 말했다.

"알겠습니다."

작별할 때 채제공이 말했다.

"공진公晉 이승운李升運⁴¹은 어디에 있는가?"

"지금 막 침전에서 숙직 들고 있습니다."

채제공이 말했다.

"어버이의 병환으로 정고했으니, 형제간에 달라서는 안 될 것이네."

이익운이 또 말했다.

"알았습니다."

이튿날 상소하고 나서 서둘러 은율로 갔으니, 당시에 이정운이 은율현감으로 있었기 때문이었다.⁴²

○ 日樊翁, 招餘翁及沈汝漸沈逵, 告曰: "時輩請討之章, 雖日積公車, 必不

---

41 이승운(1746~1799): 본관은 연안, 자가 공진, 호는 선암仙巖이다. 이정운의 동생이고, 이익운의 형이다. 이조판서 이징대의 둘째 아들이다. 1777년 증광시에 급제했다. 1789년 상소로 당론을 논한 윤시동尹蓍東을 천거한 전관銓官의 파직을 청했다가 파직당했다. 1791년 인일제人日製를 규례에 맞지 않게 처리한 죄로 성균관낭관을 의금부로 잡아와 처벌하라는 정조의 명에 지체했다가 법을 두려워하지 않는다는 죄목으로 징계를 받았다. 1794년 홍문록弘文錄과 도당록都堂錄에 이름이 올랐다.

42 이정운이 은율현감으로 있었기 때문이었다: 이정운은 1781년(정조5) 은율현감에 제수되었다.《승정원일기》1781년 6월 25일에 관련 기록이 보인다.

能殺我. 吾儕不可因此渙散. 或者言季受欲治疏, 請老夫罪, 未知信否. 君其招季受來." 汝漸至季受家, 府吏盈門, 不敢入, 乃於墻角, 目季受出, 仍引至樊翁座. 季受拜訖, 捉樊翁手泣而告曰: "台監死矣死矣. 雖無小子疏, 亦死矣." 翁正色曰: "少年多慟也." 仍指鬢後玉圈, 曰: "聖明在上, 必不使我解此圈也." 季受曰: "此將奈何?" 餘翁曰: "君知大監有罪, 則論之可也. 否則豈可隨人勗勵也?" 樊翁曰: "君可作請急之疏." 季受曰: "諾." 臨別, 樊翁曰: "公晉李升運安在?" 曰: "方直寢." 曰: "親病呈告, 兄弟不可異同." 季受又曰: "諾." 翌日乃投疏, 徑向殷栗, 時公會台守殷栗.

○ 앞장서서 채제공의 억울함을 호소한 사람은 오직 김복인金復仁 [43] 한 사람뿐이었다. 그가 은혜로운 비답을 받게 되자, 인심이 조금씩 가라앉았다. 명초明初 강세정姜世靖 [44]은 김복인이 머물러 살던 집의 주인이었다. 김복인이 상소하는 일로 문의하자, 강세정이 힘껏 제지하였다. 그래서 남몰래 유원 오석백의 집으로 가서, 밤중에 내 집안 아저씨 조정상과 더불어 숙질간에 상소문을 작성해서 이튿날 아침 올렸다고 한다.

이때 강세정을 공격하는 자가 있어, 강세정이 소매 속에 먹물 먹인

43 김복인(1737~1793): 본관은 안동, 자는 덕승德承, 호가 양산재兩山齋다. 1771년 진사시에 급제했고, 1785년 정시 문과에 급제해 정랑의 벼슬을 지냈다. 1786년 승정원에서 대궐로 들어와 이치에 벗어난 내용으로 막무가내로 상소를 올렸다 하여 탄핵당했다. 이후 임금은 그가 억지로 말을 만들어내 모함을 한다고 질책하고 삭직시켰다. 김복인의 상소문 관련 내용은《정조실록》1786년 10월 11일자에 실려 있다.

44 강세정(1743~1818): 본관은 진주, 자가 명초, 호는 송담松潭이다. 진창군晉昌君 강인姜絪의 6대손이다. 아들은 대표적인 공서파攻西派 인물인 강준흠이다.

수건을 감추고서, 따라가서 그 상소문에 먹칠을 하려 했다고 한다. 하지만 나는 이 같은 이야기가 속으로 의심스럽다. 먹이 아직 마르지 않았다면 소매 속에 넣을 수가 없고, 이미 말랐다면 무엇으로 먹칠을 한단 말인가?

○ 挺身訟樊翁之寃者, 惟金復仁一人而已. 及承寵批, 人心稍定. 明初氏姜世靖, 金之 **[6/2b]** 居停主人也. 金以疏事問之, 明初氏力止之. 乃潛往吳幼源錫百家, 夜與趙叔叔姪治疏, 翌朝上之云. 時有攻明初者, 明初於袖中, 藏墨巾, 迹而欲塗抹其疏云. 余於此說, 竊訝疑者. 墨未乾也, 則不可藏諸袖中. 已乾也則何以塗抹?

[4]

채제공은 안주 땅에 있었는데,⁴⁵ 재앙의 기미가 하늘에 가득하여 조만간 목숨을 보존하지 못할 것만 같았다. 오대익吳大益 ⁴⁶ 대감과 채

---

45 채제공은 안주 땅에 있었는데: 안주는 안성의 이칭이다. 이 안성 관하의 죽산竹山에 채제공의 선영이 있었다. 1784년 정언 윤득부尹得孚가 상소해, 서명선은 판부사로서 막강한 세력을 믿고 위복威福의 권한을 마음대로 부린다고 논척했다. 이에 당일로 영의정 정존겸鄭存謙 이하 대소신료들이 "윤득부의 뿌리는 곧 채제공입니다" 등의 말로 논핵해, 다시 도성에서 쫓겨나 죽산 선영의 분암墳庵인 불매헌에서 지냈다.《승정원일기》1784년 6월 6일자에 보인다.

46 오대익(1729~1803): 본관은 동복, 자는 경삼景參, 호가 운암雲巖이다. 단양에 거주했다. 부친은 오필운吳弼運이며, 채제공의 처남이다. 1774년 문과에 급제해 정주목사, 수찬, 덕천군수, 대사간, 승지, 참판 등을 역임했다. 채제공은 1773년(영조49) 겨울에서 이듬해 연초에 이르는 시기에 호조판서와 약방제조를 겸하며 공무의 시름을 풀고자 종남사終南社를 결성하고 시사詩社를 열어 친인척간에 우의를 다졌다. 당시 참가한 사람은 오대익을 포함해 수오 유항주, 공회 이정운, 계수 이익운, 족제 채우공蔡友恭 형제, 족질 채홍리, 조카 이유경李儒慶, 사촌인 구호龜湖 이수일李秀逸과 그의 자식 이주명李柱溟 형제, 유선 목만중, 경로景魯 목조수睦

홍리 대감이 이정운 대감의 집에 모여 국문을 청하도록 상소하는 문제로 의논하였다. 상소문은 대개 죄가 있을 것 같으면 죽이고 죄가 없다면 용서하시라는 내용으로, 실은 양쪽 끝을 다 붙들고 임금의 뜻을 시험해보려 한 것이었다. 의논이 이미 정해지자, 다시 날을 받아 상소문을 지었다. 이때 성오省吾 권심언權心彦[47] 어른이 자리에 있었다. 이정운 대감이 권심언을 돌아보며 말했다.

"행여 이 일을 남쪽 이웃에게는 말하지 마십시오."

남쪽 이웃이란 조정상을 두고 한 말이었다. 권심언이 말했다.

"그러겠네."

돌아가는 길에 조정상에게 들렀더니, 조정상이 장난으로 말했다.

"국문을 청하는 상소는 다 지었다던가?"

권심언이 크게 놀라 조정상이 이미 알고 있으니 감히 숨길 수 없다고 여겨, 아주 자세하게 이야기해주었다.

다음 날 아침에 오대익이 오래전의 볼일 때문에 조정상에게 들렀더니, 조정상이 있는 대로 성을 내면서 오대익의 뺨을 때리며 말했다.

祖洙, 여중汝中 심박沈璞, 운로 심규沈逵, 경현景玄 심경석沈景錫, 성오誠吾 강침姜忱, 백륜伯崙 유하원柳河源, 성익聖益 조시겸趙時謙, 인길仁吉 이종영李宗榮, 성저聖著 최훤崔烜, 계화季和 이수발李秀發, 유문幼文 이동욱李東郁, 경선景善 한광보韓光傅, 성옥聖玉 윤지승尹持昇, 성백城伯 이종섭李宗燮, 사규士圭 이경李爔, 사앙士昻 우경모禹景謨, 사통士通 우석모禹錫謨, 성시成是 이수李鏽, 법정法正 정범조丁範祖로 대략 30여 명인데, 대부분 인척간으로 연결되어 있었다.《눌암기략》에는 이들의 이름이 자주 보인다. 강이원의《패경당문집佩經堂文集》에는 〈운암오참판칠십수서雲巖吳參判七十壽序〉가 실려 있다.

47 권심언(1734~1800): 본관은 안동, 자가 성오다. 1774년 증광시에 급제해 가주서假注書, 부정자副正字, 영릉별검, 감찰, 원춘도사, 병조좌랑, 지평, 장령, 정언 등의 벼슬을 지냈다.

"네 이종형이 무슨 죄가 있다고 죽이려는 것이냐? 뜻이 있건 없건 간에 어찌 남을 따라 덩달아 국문을 청할 수가 있단 말인가?"

오대익이 웃으며 말했다.

"잘못 전해들으신 게지요."

그러고는 그대로 일어나 가버렸다. 이에 국문을 청하는 상소문이 올라가지 못했다.

樊翁在安州, 禍色彌天, 若不保朝夕者. 吳台大益, 述台會會台李鼎運家, 議上請鞫疏, 疏槩以爲有罪也則殺之, 無罪也則赦之. 其實執兩端, 嘗試上意也. 議旣定, 更卜日治疏. 時權省吾丈心彦在座. 會台顧語權曰: "幸勿以此事, 語南隣也." 南隣謂趙叔也. 權曰: "諾." 歸路訪趙, 趙戲曰: "請鞫疏成否?" 權大驚以爲趙已諿之, 不敢隱, 告之甚悉. 翌朝吳以舊要過趙, 趙盛怒批吳頰曰: "而姨兄有何罪也, 而欲殺之? 勿論有意無意, 豈可隨人請鞫耶?" 吳笑曰: "傳聞之誤也." 仍起去, 於是, 請鞫疏不得上.

[5]

이익운이 정고한 일로 죄를 지어 몇 년 동안 폐출되었다가 임금께서 특별히 사헌부의 직책을 제수했다.[48] 이정운이 목만중을 찾아가서 말했다.

"내 아우가 상소하여 채제공의 원통함을 송사訟事하려 합니다. 공께서 오늘 저녁에 채제공과 함께 초고를 지어주시면 내일 새벽에 이승운을 시켜 가져오게 하겠습니다."

---

48 이익운이 정고한 …… 직책을 제수했다:《정조실록》1788년(정조12) 10월 21일자 기사에 있다.

목만중이 채제공의 거처로 가서 그 일에 대해 말하니, 채제공이 말했다.

"이것은 나에 대해 송사하는 것인데 내가 무슨 말을 하겠소?"

그러고는 목만중에게 초고를 잡아보게 했다. 초고가 완성되자, 채제공은 단지 몇 글자만 수정했을 뿐이었다. 새벽 북이 울리자, 이승운이 소매에 넣고 갔다. 상소가 입계入啓[49]되었으나 임금은 대내大內에 두고서 내려보내지 않았다. 하지만 이익운이 융숭한 대우를 받은 것은 실로 이 상소로부터 비롯되었다고 한다. 채제공이 무신년(1788, 정조12) 내각에 들어가자[50] 빈객들이 비로소 조금씩 찾아왔다.

季受以呈告事, 坐廢數年. 上特除憲職, 公會訪餘翁曰: "吾弟欲上疏, 訟樊翁寃. 公於今夕, 與樊岩構草, 明曉當令公晉持來." 餘翁造樊翁所, 道其事. 樊翁曰: "此其訟我者, 我何言?" 屬餘翁起草, 草旣成, 樊翁點綴數字而已. 曉鼓動, 公晉袖去. 疏入, 留中不下. 而季受際遇之隆, 實昉於此疏云. 樊翁戊申入閣, 賓客始稍稍至.

[6]

당초에, 이익운이 비록 채제공을 위해 기치를 세웠다고는 하나, 채홍리와도 사이가 나쁘지는 않았다. 무신년(1788, 정조12)에 이르러 국면이 완전히 새롭게 바뀌자, 이익운이 채홍리를 조금 야박하게 대접하였다. 그러자 채홍리가 말했다.

---

49 입계: 신하나 관사에서 올린 문서를 왕의 재가를 받기 위해 들여보내는 것이다.

50 채제공이 무신년 내각에 들어가자: 채제공이 우의정으로 입각한 것은 1788년 2월 11일의 일이다.

"그가 사헌부에 있을 적에는 나를 대접하면서 이런저런 이야기를 나눴는데 이제 와서 스스로 공을 세웠다고 하여 나를 업신여겨 본단 말인가? 내가 만약 앞서의 이야기를 떠벌릴 경우 그에게 어떻겠는가?"

이익운이 그제야 움츠러들었다. 이로 말미암아 양편의 세력이 서로 잘 지내지 못해, 매번 다른 자리에 한 사람이 들어서면 한 사람은 반드시 일어섰다. 채제공과 목만중의 도움으로 이를 풀었다.

初季受雖爲樊翁立幟, 而未嘗與述台携貳也. 及戊申, 局面一新. 季受待述台稍薄, 述台 **[7/3a]** 乃言:"渠在憲府時, 待我有多少說話. 到今自許立功, 蔑視吾耶? 吾若布告前說, 於渠何如也?"季受乃縮然. 由是兩勢不相能, 每於他座一人入, 一人必起. 賴樊翁餘翁捄解之.

[7]

유항주 대감이 한번은 채제공에게 편지를 올려 채홍리의 잘못을 하나하나 꼽으면서 그와 인연을 끊도록 청한 적이 있었다. 어떤 이는 이렇게 말한다. 임인년(1782, 정조6)에 대신臺臣이 유항주가 충주목사를 지낼 당시 선왕의 기일에 풍악을 베풀었다고 하여 그를 탄핵하였다. 유항주가 심문관에게 애초에 그런 일이 없었다고 대답했다.[51]

이때 채홍리가 경사景思 권급權伋[52]의 말을 잘못 듣고서 당시의 경

---

51 대신이 유항주가 …… 대답했다: 전 충주목사 유항주가 지평 이태영이 논핵한 계사로 인해 갇혀서 공초를 받았다. 《정조실록》 1782년 8월 18일자에 나온다.

52 권급(1738~1813): 본관은 안동, 자가 경사다. 영의정 권대운權大運(1612~1699)의 5대손이다. 증조는 경종 연간에 남인 문내파門內派를 대표하는 권중경權重經(1658~1728)이며, 권사언權師彦의 둘째 아들이다. 위장衛將, 죽산부사, 홍릉참봉, 금부도사를 지냈다.

눌암기략

재卿宰들에게 대놓고 말했다.

"나라의 기일이어서 풍악을 벌여놓기는 했지만 연주는 하지 않았답니다."

사실 이 말은 유항주의 처지를 위해 두둔해주려고 한 말이었는데, 유항주의 원사愛辭(공사供辭)와 말이 맞지 않았다. 유항주가 이 일로 채홍리에게 화가 나서 이 편지를 보냈다고 하나, 믿어야 할지는 모르겠다.

愈台嘗上書樊翁, 數述請絶之. 或謂壬寅臺臣, 劾愈在忠州, 張樂於先王忌辰. 愈對吏言, 初無是事. 時述台誤聽權景思氏侶言, 宣言於時宰曰:"樂則以國忌, 陳而不作." 蓋其言爲愈地也. 而與愛辭相左, 愈以是怒蔡, 有是書云. 未知信否.

채제공이 여러 사람과 그날 밤에 모이기로 약속했다. 이정운 대감 형제와 목만중, 유항주 대감이 모두 약속대로 도착했다. 인경이 친 뒤에 채홍리가 왔다. 자리를 잡고 나서 채제공이 등불을 가져오게 했는데, 등불이 도착하자 유항주 대감은 자리를 뜨고 없었다. 사람을 시켜 찾아보라 했더니, 방금 벌써 옷깃을 떨치고 대문을 나섰다는 것이었다. 채제공이 혀를 차며 말했다.

"오늘 저녁 모임은 채홍리와 유항주의 유감을 풀게 하려 한 것인데, 유항주가 벌써 눈치를 채고 말았으니 어찌겠는가?"

樊翁約諸人, 今夕來會. 會台兄弟, 餘翁愈台, 皆如約而至. 鍾動後, 述台乃至. 坐旣定, 翁呼燭而至. 則愈台不在座. 乃使人跡之, 俄已攝衣出門矣. 翁咄咄曰:"今夕之會, 將以勸解士述秀五之怨. 秀五已色擧矣, 奈何?"

[8]

채제공은 채홍리를 다만 얽매는 존재였을 뿐이다. 대하는 것이 겉으로 친밀해 보여도 속으로는 소원했다. 무릇 나라의 중요한 일이나 집안일과 관계된 것으로 다른 사람이 익히 들어 아는 내용도 채홍리만 혼자 듣지 못하였고, 이숙頤叔 채홍원蔡弘遠[53]은 그를 길 가는 사람처럼 보아, 한집안의 정의라고는 조금도 찾아볼 수가 없었다.

樊翁於述台, 特羈縻之耳. 待之外密而內疎. 凡係國謨家政, 諸客所得聞者, 獨述台未聞焉. 頤叔蔡弘遠, 則視以路人, 少無一家誼云.

○ 채제공의 문제는 늘 사사로운 정리를 앞세우는 데 있었다. 담소淡所 홍극호洪克浩[54]와 강세륜을 도당록都堂錄에서 빼버리거나, 이세석李世奭[55] 대감의 상을 치를 때 이종섭을 조문하지 않기에 이르렀으니, 심하다 하겠다. 이종섭은 젊었을 때 채제공에게 배운 사람이었

---

53 채홍원(1762~1832): 본관은 평강, 자가 이숙(頤叔 또는 邇叔), 호는 어사산인於斯散人이다. 채홍원은 백종조부 채명윤蔡明胤의 증손인데 채제공이 적실嫡室에 아들이 없어 청하현감 채민공蔡敏恭의 아들을 계자로 들였다. 1792년 문과에 급제하고 홍문관정자, 이조참의, 승지 등을 역임했다. 1801년 대왕대비 정순왕후 김씨가 시파時派를 탄압할 때 파직되어 이듬해 온성으로 유배 갔다. 1805년 귀양에서 풀려나 부호군에 임명되었으나, 이후의 행적이 묘연하다. 다산 정약용 등과 함께 죽란시사에서 활동했다.

54 홍극호(1731~1807): 본관은 풍산, 자는 치항稚恒, 호가 담소이며, 초명은 주한柱漢이다. 만퇴당晚退堂 홍만조洪萬朝의 증손이다. 1783년 증광시 문과에 급제했고, 병조참의를 지냈다. 서울 합동蛤洞에 살았다. 가난한 생활에도 집에서 독서성이 끊이지 않았다는 말을 들었다. 딸이 이재기의 3남 행건行健과 결혼해 사돈을 맺었다. 《눌암기략》에서 이재기가 홍극호를 계속 두둔하는 태도를 보이는 것은 이런 연유에서다.

55 이세석(1716~1789): 본관은 연안, 자는 성보聖保다. 용주 조경의 사위 이돈림의 4대손으로, 부친은 이선행李善行이다. 아들은 종섭宗燮이 있고, 두 딸이 권성과 채홍리에게 시집갔다. 1786년 문과에 급제해 승지, 공조참판 등을 역임했다.

다. 옥당에 있을 때 사실은 채제공을 탄핵하는 소차疏箚[56]에 이름을 적을 생각은 없었다. 그 아버지 이세석 참판이 밀직(密直, 승지)으로 대궐 안을 출입했는데,[57] 당시의 의론이 몹시 준엄한 것을 보고는 나와 이종섭에게 말하였다.

"네가 소차에 연명聯名하지 않는다면 우리 부자는 어디서 죽을지 모른다. 네가 네 스승을 구하려고 네 아비를 죽이려느냐?"

이종섭이 어쩔 수 없이 옥당의 소차에 자신의 이름을 썼다. 이때 채제공이 강상에 있다가 이 말을 듣고는 크게 놀라 눈을 부릅뜨며 말했다.

"팽彭이마저 이를 했단 말인가?"

두 눈꼬리가 이로 인해 온통 붉어졌다. 팽은 이종섭의 어릴 적 이름이었다.

○ 樊翁病處, 常在私勝. 至於拔洪淡所克浩, 姜世綸於堂錄, 李台世奭之喪, 不弔城伯宗燮, 甚矣. 城伯少時受學于樊相者也. 在玉堂, 實無聯箚意. 其大人參判, 以密直出入禁中, 見時議甚峻. 出語城伯曰: "汝不聯箚, 吾父子不知死所. 汝欲救汝師, 而殺汝父耶?" 城伯不得已聯名堂箚. 時樊翁在江上聞之, 愕眙曰: "彭亦爲此耶?" 兩眦爲之盡赤. 盖彭城伯少字也.

---

56 채제공을 탄핵하는 소차: 《승정원일기》 1782년(정조6) 1월 7일자에 응교 박천행朴天行, 교리 이종섭, 부수찬 홍문영洪文泳 등이 채제공을 탄핵하는 차자가 실려 있다. 이들이 연명으로 차자를 올려 채제공의 죄를 논하고, 이어 먼저 절도絶島에 정배할 것을 청하자, 채제공이 병신년(1776, 정조 즉위년) 옥사에 관해 변론했다. 다시 승지 심유진沈有鎭과 이세석이 교대로 채제공이 상소해 스스로 변론한 죄를 논했다.

57 그 아버지 이세석 참판이 …… 출입했는데: 《승정원일기》와 대조 결과 밀직은 승지다. 이세석은 1775년(영조51)부터 승지 직임을 역임했다. 이후 1782년 12월 공조참판에 제수되었다.

당시 권력을 쥔 사람들이 소차에 서명한 공으로 이종섭을 홍문관 응교로 승진시켰다. 이종섭은 상소하여 그 자리에 나가지 않고 자신을 스스로 탄핵하니, 당시 권력을 쥔 사람들이 또 일어나 이를 공격해 댔다. 이종섭은 스스로 죄인으로 자처하며, 문을 닫아걸고 나서지 않은 것이 10여 년이었다. 이에 특별히 삼사의 관직을 제수하였지만 모두 나가지 않았다. 정사년(1797, 정조21)에 청풍부사에 보임할 것을 명하였다. 임금께서 경연에 참여한 신하들에게 말하였다.

"판부判府 채제공이 이종섭의 일에 끝내 마음을 풀지 않으니 단호하다 할 수 있다."

또 임금께서 특별히 그가 절개를 지킴을 아껴서 구제하려는 뜻을 내리시어, 매번 "이종섭은 어떠한 사람이오?" 하고 물어도 채제공은 대답하지 않았다. 이것은 채제공이 임금에게 황공한 부분이라 하겠다.

時人以聯箚之功, 陞城伯東壁. 城伯上疏不出而自劾, 時人又起而攻之. 城伯乃自處以罪人, 杜門不出十餘年. 乃特除三司, 皆不出. 丁巳命補淸風, 上嘗語筵臣曰: "蔡判府於李宗爕事, 終不釋然, 可謂確矣." 且上特愛 [8/3b] 其操守, 垂意拯拔, 每問: "李宗爕何如人?" 蔡相不答. 是爲樊相惶恐處也.

[9]

채제공은 국포 강박에게 종유한 적이 있었다. 평양감사를 지낼 때 그 유고를 간행해주었을 정도로 대대로 사이좋게 지냈다.[58] 그러니 강

---

58 평양감사를 …… 사이좋게 지냈다: 채제공이 1774년 평안도관찰사에 취임하자, 강박의 아들 강필악姜必岳(1723~1795)이 부친의 유고를 모으고, 채제공과 강필악의 교정을 거쳐 1775년 목판으로 평양에서 《국포집菊圃集》을 간행했다.

세륜이 양사兩司에서 올린 계啓에 참여한 것은 큰 실착이라 할 수 있다. 하지만 채제공은 사사로운 혐의를 두어 그가 청직淸職에 오르는 길을 막아버렸다. 한위공韓魏公이 당개唐介를 부르자고 청한 뜻과 어찌 이다지도 다르단 말인가?[59] 게다가 홍극호는 집안도 그렇고 문장도 그렇고 학사가 되기에 합당했다. 더구나 이제껏 대대로 좋게 지내왔고 또 서로 어긋난 점도 없었다. 하지만 두 번씩이나 도당都堂의 권점圈點을 주관하면서 그의 이름을 빼버렸다. 단지 그가 홍인호洪仁浩[60]의 선대[61]와 친했다는 이유에서였다. 서인들도 이를 곧게 보지 않았는데, 뒤에 가서는 반드시 공정한 의논이 있을 것이다.

樊翁嘗從姜菊圃遊. 按箕藩也, 刊行其遺稿, 其世好如此. 而世綸叅兩司之啓, 可謂大失着. 然樊翁用私嫌, 枳其淸塗. 何其異於韓魏公請召唐介之意也? 且淡翁地處也, 文華也, 合做學士. 況自來世好, 又無相失, 而再主都堂之圈而見拔. 特以雲伯祖先之親故也. 西人亦不直之, 後來必有公議.

---

59 한위공이 당개를 …… 다르단 말인가: 송나라 때 강릉江陵 사람 당개가 성품이 강직하여 문언박文彦博 등을 탄핵했다가 영주별가英州別駕로 좌천되었다. 뒤에 문언박이 재상이 되자 당개의 관직을 회복시켜 다시 조정으로 불러들였다. 여기서 한위공은 송나라 때 한기韓琦를 말하는데, 영종英宗 때 우복야右僕射로 위국공魏國公에 봉해졌던 인물이다. 글을 쓸 때 이재기가 이름을 혼동한 듯하다.

60 홍인호(1753~1799): 본관은 풍산, 자는 원백元伯 또는 운백雲伯이다. 홍만기洪萬紀의 증손으로, 할아버지는 홍중효洪重孝이고, 아버지는 참관 홍수보洪秀輔다. 1777년 증광시 문과에 급제했다. 정조의 총애를 받아 중화부사와 승지를 거쳐 대사헌에 올랐고, 1798년에는 강원감사로 부임했다. 정약용의 사촌처남이다. 남인으로 채제공을 반대하는 반채당反蔡黨에 속해, 채홍리와 가까웠고 홍당洪黨으로 불리기도 했다. 공서의 입장에 서서 정약용 등과도 오랫동안 갈등을 빚었다.

61 홍인호의 선대: 홍인호의 아버지 홍수보를 가리킨다. 홍수보가 1785년 당시 채제공을 탄핵하는 데 앞장선 일이 있었다.

[10]

신우상은 한 차례 소차에 연명한 뒤로 감히 채제공의 집에 가지 못했다. 자신의 호를 독무당獨無堂이라 했으니, 대개 시어詩語에서 취한 것이었다.[62] 그의 아우 신석상申奭相[63]은 도파 사람들을 붙좇으며 사론士論으로 자임하였다. 날마다 미동美洞[64] 채제공의 거처로 달려가 반드시 팔뚝을 걷어붙이며 말했다.

"홍수보 부자도 죽일 수 있거늘, 한낱 신우상을 죽일 수 없겠는가?"

이를 허물을 잘 고치는 자라고 말할 수가 있겠는가? 만약 식견이 있는 사람이 있다면 반드시 침을 뱉으며 욕할 것이다.

申禹相一自聯箚後, 不敢往樊翁家. 自號曰獨無堂, 盖取詩語也. 其弟奭相, 趨附桃坡, 以士論自任. 日赴美洞, 必攘臂言: "洪秀輔父子可殺也, 獨禹相不可殺耶?" 其可謂善乎改愆者歟? 如有有識者, 必唾罵之矣.

[11]

강침姜忱[65]은 벼슬에 오른 뒤로 채제공에게 바싹 붙었다. 채제공의

---

62 독무당이라 했으니 …… 취한 것이었다: 그 시구가 어떤 것인지는 알 수 없으나, 예를 들어 왕안석王安石의 〈명비곡明妃曲〉 둘째 수의 3~4구, "정 머금고 말하려 해도 홀로 말할 데가 없으니, 비파를 전해주어 마음 절로 알게 하리(含情欲語獨無處, 傳與琵琶心自知)"와 같은 구절이었을 것이다. 이 구절은 《성호사설》에 인용되어 있다.

63 신석상(1737~1816): 본관은 고령, 자는 문명聞鳴이다. 신광수의 넷째 아들이나, 신광연申光淵에게 입양되었다.

64 미동: 채제공의 집이 있던 미장동美墻洞을 줄여 부른 이름이다. 미장동은 서울 광통방廣通坊에 있던 보은단동報恩緞洞의 다른 이름이다.

65 강침(1732~1808): 본관은 진주, 자가 성오誠吾, 호는 서고西皐다. 5대조 강학년姜鶴年(1585~1647)은 채제공의 선대인 채유후蔡裕後의 스승이었다. 부친은 강

생일**66**에 평안도 태천현감泰川縣監**67**으로서 축하 예물을 보내면서, 한글 편지에다 보내는 물건의 종류를 나열하여 적고, 아래쪽에 '강침의 처 이씨**68**가 내당으로 가만히 보냅니다'라고 썼으니, 그 비루하고 잔달기가 이와 같았다. 그가 규영부奎瀛府(홍문관)의 명단에 선발된 것은 채제공이 힘써준 것이었다. 홍주익洪柱翼**69**이 삼휴당三休堂 강세귀姜世龜**70**를 참혹하게 무고했을 때도 채제공이 또한 이를 두둔해주었다.

수우姜守愚다. 1768년 진사시에 급제했고, 이때 거주지가 온양溫陽이었으며, 1773년 증광시 문과에 급제했을 때는 거주지가 회덕懷德으로 기록되어 있다. 홍문관교리, 수찬, 태천현감 등을 역임했다. 아들 강이원의《패경당문집》에 강침의 행장이 수록되어 있다.

66 채제공의 생일: 채제공은 1720년(숙종46) 4월 6일 미시未時에 홍주에서 태어났다.

67 태천현감:《승정원일기》1778년(정조2) 윤6월 17일에 강침이 평안도 태천현감에 제수된 기록이 나온다. 이후 1779년 11월 11일자에 교리에 제수되어, 태천 임소에 있던 강침을 경연에 참석하도록 한 내용이 보인다.

68 강침의 처 이씨: 강침의 초취는 목시경睦時敬의 딸이었으나 아들 없이 이원명에게 시집간 딸을 두었다. 재취는 이여령李與齡의 딸로 아들 이원履元, 이윤履允, 이광履光을 두었다.

69 홍주익(1756~1789): 본관은 남양, 자는 몽서夢瑞, 호는 수백재守白齋다. 본명은 상구相龜이고, 병계屛溪 윤봉구尹鳳九의 문인이다. 아버지는 증이조참판 홍대원洪大源이다. 1778년 정시 문과에 급제해 정언을 지냈다. 홍주익이 강침의 선대인 강세귀를 무고한 일은《정조실록》1780년(정조4) 7월 3일자 기사에 상소문의 전문이 실려 있다. 홍주익이 강세귀가 장희빈의 사사를 반대한 일을 두고 백일하에 도깨비짓을 했다면서 극렬하게 비방했을 때, 채제공이 곁에서 두둔해주어 모함을 넘겼다고 말한 것이다.

70 강세귀(1632~1703): 본관은 진주, 자는 중보重寶, 호가 삼휴당이다. 1701년 장희빈의 사사를 극력 반대하다가 홍원 땅에 유배되어 그곳에서 죽었다. 시호는 문안文安이다.

뒤에 서명선徐命善[71] 재상의 집을 출입하면서 채제공의 숨긴 일을 들춰내어 고하다가 남에게 발각되었다. 그래서 당시 속담에 "예전엔 채침蔡忱이더니 지금은 서침徐忱이 되었다"고 하였다. 채제공이 영의정에 오른 뒤로는, 강침의 아들 강이원姜履元[72]이 사론士論을 내세워 거들먹대며 재상 댁 문을 들락거렸다.

姜忱自釋褐後, 昵附樊翁. 樊翁生日, 以泰川倅, 修賀儀, 用諺書, 列錄物種. 下方書, 姜忱妻李氏, 潛送于內, 其鄙屑如此. 其得錄瀛選, 樊翁力也. 及洪柱翼慘誣三休堂, 樊翁又亦伸之. 後出入徐相命善家, 訐告樊翁陰事, 爲人所發覺. 時諺曰: "昔爲蔡忱, 今爲徐忱." 樊翁大拜後, 其子履元主張士論, 揚揚出入相門.

○ 대개 채제공은 기운이 몹시 대단해서 어떤 일과 만나면 곧장 앞

---

71 서명선(1728~1791): 자는 계중繼仲, 호는 귀천歸泉 또는 동원桐源이다. 좌의정과 영의정을 역임했다. 소론계의 대표적인 인물이다. 1775년 일시 한직에 밀려났으나 후일 정조가 되는 왕세손의 대리청정을 반대하는 홍인한·정후겸 일파를 논핵하는 상소를 올려 이들을 축출했다. 이후 정조가 즉위해 매년 그 상소를 올린 12월 3일에 홍국영, 정민시, 김종수 등과 함께 불러 동덕회라 하여 모임을 가졌다. 채제공과는 정치적으로 갈등 관계에 있어서 1782년(정조6) 정월, 영의정이었던 서명선은 김문순이 채제공을 역모죄로 몰아세운 상소를 바탕으로 다시 문제를 제기해, 우의정 이휘지와 함께 채제공을 삭탈관직하고 문외출송門外黜送할 것을 청하는 등 늘 사이가 좋지 않았다.

72 강이원(1764~1789): 본관은 진주, 자는 인백仁伯이다. 강침의 큰아들이다. 1786년 식년시에 급제했다. 1787년 겨울 성균관 근처 마을인 반촌泮村의 김석태金石太 집에서 이승훈, 정약용 등과 함께 천주교 교리를 공부했다가, 이 일을 알아차린 이기경李基慶이 상소해 정미반회丁未伴會 사건이 일어났다. 정약용 형제와도 가까워, 금정찰방 시절 그에게 보낸 편지가 문집인 《패경당문집佩經堂文集》에 실려 있고, 정약전 등과 함께 남산에서 노닌 이야기도 전한다.

으로 나아갔다. 홍인호 부자는 둥글둥글 모난 데가 깎여 세상 상황에 따라 뜨고 가라앉았다. 그 길이 서로 맞은 적이 없었고, 사귐이 친밀하지도 않았기에, 실로 도탄에 빠진 상대를 구제할 뜻이 없었다. 그렇다면 홍수보의 차론箚論[73]은 단지 화복禍福에 대해 두려워한 것만은 아니었다.

○ 大抵樊翁氣崖甚高, 遇事直前. 洪雲伯仁浩父子削方爲圓, 與世浮沈. 其道未嘗合也, 其契未嘗密也, 實無拯溺救焚之意. 然則大洪箚論, 非特忧於禍福而已.

[12]

홍인호와 이종섭의 부인들은 자익子益 영감이겸환李謙煥[74]의 두 누이였다. 자익 영감의 딸은 또 채홍원의 부인이기도 했다. 친숙질간에 한 성안에서 같이 살았지만 경조사가 있어도 서로 오가지 않았으니, 이 또한 몹시 불행한 일이었다.

雲伯城伯夫人子, 益令李謙煥之兩妹也. 益令之女, 又爲頤叔之夫人, 親叔姪同居一城內, 慶弔不相及焉. 其亦不幸之甚也.

---

73 홍수보의 차론:《승정원일기》1786년(정조10) 9월 12일자에 보인다.

74 이겸환(1739~1791): 본관은 전주, 자가 자익이다. 생부는 이언충李彦忠이며, 부친은 이언수李彦修다. 누이가 홍인호와 이종섭에게 시집갔다. 이겸환은 아들 당승堂升, 당수堂修(시좌時佐로 개명, 생부는 정환鼎煥)와 채홍원·김정원金鼎元·이명호李明鎬에게 시집간 딸을 두었다. 이명호는 이정운의 아들로 이익운에게 입양되었으며, 천주교 신자로 알려져 있다. 원문에서 이명호는 이명불로 나오는데, 이명호의 다른 이름이다. 이겸환은 1773년(영조49) 정시에서 갑과 장원으로 급제해 특명으로 첨중추僉中樞에 임명되었고, 옥관자를 하사받았다. 이후 승지 등을 역임했다. 병조참의와 홍주목사를 거쳐 1786년 대사간에 임명되었다.

○ 홍인호는 재예가 민첩하여 임금께서 특별히 이를 아껴 언제나 아주 가까운 곳에 두었다. 하루는 임금께서 채제공에게 유시하셨다.

"경은 어찌하여 홍인호와 유감을 풀지 않는 게요?"

이에 홍인호에게 직접 찾아가서 사죄하라고 명하셨다. 홍인호가 미동으로 찾아가니, 손님과 주인 사이에 날씨 이야기만 나누고는 파했다고 했다.

○ 雲伯才藝敏悟, 上特愛之, 常置諸近密. 日上諭樊翁曰: "卿盍與洪仁浩釋憾?" 仍命雲伯, 親往謝之. 雲伯到美洞, 賓主叙寒暄而罷云.

[13]

자익 이겸환이 일찍이 두 누이의 남편을 위해 채제공에게 잘 지내라고 여러 번 청하였지만, 채제공은 끝내 응하지 않았다.

[9/4a] 益令嘗爲兩妹婿, 屢請樊翁保合, 翁終不贗.

[14]

채홍리가 홍수보 부자와 합쳐지자, 도파 사람들이 오로지 홍씨 부자만을 공격하였다. 홍당과 채당이 갈라졌기 때문이다. 하지만 홍당은 거의 없고 어쩌다 있는 정도였다.

述台旣附合矣, 則桃坡人專攻洪, 洪蔡之黨所以分也. 然洪黨絶無而僅有.

[15]

기미년(1775, 영조51)에 적신賊臣 홍인한洪麟漢[75]이 재상이 되고서,

---

75 홍인한(1722~1776): 본관은 풍산, 자가 정여定汝다. 사도세자의 장인 홍봉한洪鳳

동궁은 세 가지를 알 필요가 없다는 말[76]을 거리낌 없이 임금께 아뢰었다. 임금께서 경연에 참석한 여러 신하를 돌아보며 물으셨다.

"홍인한의 말이 어떠하오?"

영의정 한익모韓翼謩[77]와 좌의정 김상복金相福,[78] 대사헌 송형중宋

漢의 동생이다. 전라도관찰사, 대사헌, 우의정, 좌의정 등을 지냈다. 정후겸鄭厚謙 등과 벽파僻派에 가담, 정조의 즉위를 반대했다. 정조가 즉위하자 여산에 유배되었고, 다시 고금도에 위리안치되었다가, 사사되었다.

76 동궁은 세 가지를 알 필요가 없다는 말: 1775년 11월 20일 연석筵席에서 영조가 세손에게 정사政事를 대리하게 하려 하자, 좌의정 홍인한이 "동궁께서는 노론과 소론을 알 필요가 없고, 이조판서와 병조판서를 알 필요가 없으며, 조정의 일에 이르러서는 더욱 알 필요가 없습니다"라고 하였다. 이것이 곧 '동궁은 세 가지를 알 필요가 없다는 말[東宮三不必知之說]'이다. 며칠 뒤인 12월 3일에 부사과副司果 서명선이 상소를 올려 홍인한의 무례함을 지적하고 동궁을 반대하는 무리를 처벌할 것을 주장했다. 영조는 당일로 서명선을 집경당集慶堂으로 불러 직접 상소를 읽게 한 뒤에 크게 칭찬했다. 정조는 즉위한 뒤에 서명선을 신임하여 발탁했으며, 홍봉한·홍인한·김귀주金龜柱·김상로金尙魯·정후겸 등 자신을 반대했던 무리를 처단하고, 그들의 죄상을 기록해 1777년에는 《명의록明義錄》을, 1778년에는 《속명의록》을 간행했다.

77 한익모(1703~1781): 본관은 청주, 자가 경보敬甫, 호는 정견靜見이다. 시호는 문숙文肅이다. 1733년(영조9) 식년시 문과에 급제해 정언, 지평, 수찬, 이조정랑, 승지, 광주부윤, 대사간, 예조판서, 좌의정 등을 거쳐 1772년에 영의정에 올랐다. 1762년 판의금부사로 나경언羅景彦의 사도세자에 대한 고변이 있자 배후를 철저히 가릴 것을 주청했고, 대제학으로서 사도세자의 사망 경위를 밝히는 교서 작성을 끝내 거절해 삭탈관직되었다. 정조 즉위 후 사도세자의 처벌을 주장한 홍인한 등을 국문할 때 불참한 죄로 삭직되고, 이어 풍천에 유배되었다가 연안으로 이배되었다. 1805년(순조5) 문숙文肅의 시호를 내렸다.

78 김상복(1714~1782): 본관은 광산, 자는 중수仲受, 호가 직하稷下 또는 자연自然, 시호는 문헌文憲이다. 김장생金長生의 후손이며, 부친은 한성판윤 김원택金元澤이다. 1740년 알성시 문과에 급제해 한림에 천거되었다. 참의, 예문관제학, 이조판서, 우의정, 영의정을 지냈다. 홍봉한의 정치적 동지로 영조의 탕평책을 옹호

瑩中 **79** 등이 말했다.

"홍인한의 말이 옳습니다."

대리청정의 명이 내려와 승지가 성상의 유지諭旨를 전하려 하자 홍인한이 또 손을 내저으며 저지하니, 사관이 홍인한의 의중을 알아차려 감히 사책史策에 이를 적지 못하였다.

己未, 賊臣洪麟漢入相府, 以東宮三不必知之說, 肆然白于上. 上顧問登筵諸臣曰: "麟漢言何如?" 首相韓翼謩, 左相金相福, 大司憲宋瑩中等曰: "麟漢言是." 及代理命下, 承旨欲傳宣聖旨, 麟漢又揮手止之. 史官承望麟漢風旨, 不敢書諸策.

대리청정 이후 소조小朝 **80** 께서 주서 박종집朴宗集 **81** 을 불러서 묻자, 박종집이 이렇게 대답했다.

했다. 1775년 홍인한과 정후겸 등이 왕세손의 대리청정을 막아 세손을 해치려 한다는 서명선의 상소에 대해 모호한 답변을 했고, 정조 즉위 후 평해로 정배되었다가 공주로 이배되었다. 청빈하고 검소했다. 1800년에 신원되어 복관되었다.

79 송형중(1721~1786): 본관은 여산, 자는 군옥君玉이다. 1745년 정시 문과에 급제했다. 호조참판, 도승지, 함경도관찰사, 강원도관찰사, 대제학을 지냈다. 대사헌으로 벽파에 속했던 송형중은 역시 벽파였던 좌의정 홍인한이 1775년(영조51) 11월 20일에 연석에서 세손의 대리청정을 저지하는 발언을 하자 이를 지지하다 시파 측의 맹렬한 탄핵을 받고 삭출되었다. 1776년 정조가 즉위하자 신지도薪智島에 유배되었고, 10년 뒤인 1786년(정조10) 유배지에서 세상을 떠났다.

80 소조: 당시 대리청정을 하던 세손 정조를 가리킨다.

81 박종집(1736~?): 본관은 밀양, 본명은 상집相集이다. 1765년 식년시 무과에 급제했다. 1777년 11월 20일 기주관記注官으로 재직 당시, 임금과 신하가 주고받은 말을 제멋대로 산삭刪削하고, 홍인한과 정후겸의 부도不道한 이야기는 적지 않아 역당을 두둔했다고 탄핵당해 파직되었다. 보성군에 유배되었다가, 얼마 지나지 않아 거제도로 이배되었다.

"듣지 못하와 알지 못하나이다."

한림 성정진成鼎鎭[82]만이 사실대로 고하였다. 홍인한이 역모를 했다는 죄안이 여기에 있고, 성정진이 공을 세운 것 또한 여기에 있었다. 이날 성정진이 돌아와 이 일을 홍수보에게 이야기하자, 홍수보가 크게 놀라며 이렇게 말했다고 한다.

"이제 내가 거실巨室(홍인한)에 죄를 지었으니, 반드시 집안이 온통 망하는 재앙이 있을 것이다."

당시는 서명선의 상소가 아직 나오기 전이었고, 홍인한의 기세가 전날과 다름없었기 때문에 그 말이 이와 같았던 것이다.

代理後, 小朝召問注書朴宗集, 宗集對曰:"不聞不知." 獨翰林成鼎鎭以實告. 麟漢之逆案在此, 鼎鎭之樹立亦在此. 伊日鼎鎭歸語此事於洪秀輔, 洪秀輔大驚曰:"今汝得罪巨室, 必有湛宗之禍." 云云. 時徐命善疏未出, 麟漢之勢焰, 猶夫前日, 故其言如此.

계축년(1793, 정조17) 겨울에 일곱 명의 경재卿宰가 서면으로 심문하여 성정진에게 공사供辭를 진술하도록 하였다. 또 한광보韓光傅[83]에

---

82 성정진(1738~1815): 본관은 창녕, 자는 중주重周다. 증조는 성항成沆, 조부는 성윤장成胤章, 부친은 성규成珪다. 조부는 성준成儁의 아들이나 성항에게 출계했다. 성정진은 1774년 문과에 급제했다. 1777년 한익모와 김상복의 석방 명령을 정지할 것을 청했으나 윤허받지 못했다. 1792년 정조의 지시로 홍문관응교에 제수되었고, 1797년 승지에 임용되고, 사간원과 대사간을 지냈다. 아들은 성영우成永愚다. 정종로鄭宗魯가 묘갈명을 썼다.

83 한광보韓光傅(1723~1796): 본관은 청주, 자는 경선景善이다. 부친은 한덕태韓德泰다. 금화현감, 중부도사, 사복주부, 예안현감, 양지현감 등을 역임했다. 《눌암기략》[56]에 나오는 한광보韓光普와 같은 인물이다. 일반적으로 그의 이름은 한

게 증인을 서게 해서 그 일을 확인해두었다. 그런 다음 윤신尹愼**84**을 불러 그에게 통문을 내서 성토하게 했다.**85** 통문은 정약용丁若鏞**86**의

광전韓光傳으로 알려져 있으나, 족보와 한광보韓光普 등의 이표기로 보아, 한광보로 읽는 것이 맞다.

84 윤신(1738~1812): 본관은 파평, 자가 사진士眞이고, 호는 치암致庵이다. 조부는 성호 이익의 문인 소남 윤동규이며, 부친은 윤광로尹光魯다. 벽사의 입장을 고수했던 집안으로, 그의 아들 윤극배尹克培(1777~1839) 또한 벽사의 선봉에 서서 신서파를 사형에 처할 것을 주장했다.

85 또 한광보에게 …… 성토하게 했다: 정약용의 《여유당전서與猶堂全書》〈정헌묘지명貞軒墓誌銘〉에 관련 내용이 보인다. "갑인년(1794, 정조18) 여름에 유생 윤신 등이 통문을 발송하여 판서 홍수보 부자(아들은 인호)를 공격하였는데, 이 논의는 처음 한씨에게서 시작되고, 중간에 박씨에게서 격렬해져, 집집마다 시끄럽게 떠들어 상에게까지 알려져서 마침내 공론이 되었다. 홍 대감은 그 통문을 정헌 이가환이 지었다고 여겨 드디어 혈수血讎로 삼았다. 그러나 사실은 정헌이 짓지 않았다. 최영춘崔靈春, 최헌중崔獻重은 그 통문의 출처를 분명히 알고 있었으나 평생토록 사실을 말하지 않으니, 공에 대한 홍씨의 오해가 끝내 풀리지 않았다." 정약용은 〈정헌묘지명〉에서 통문을 누가 썼는지 끝내 밝히지 않았지만, 이재기는 이 통문을 지은 당사자가 정약용이었다고 단정적으로 말하고 있다.

86 정약용(1762~1836): 본관은 나주, 자는 미용美鏞이다. 호는 사암俟菴과 여유당與猶堂을 썼고, 다산茶山으로 불렸지만, 정작 자신은 이를 호로 쓰지는 않았다. 1789년 식년시 문과에 급제해서 희릉직장이 되었다. 이후 검열, 정언, 지평, 경기암행어사, 사간, 동부승지를 거쳐 곡산부사, 형조참의 등의 벼슬을 지냈다. 정조의 큰 신임을 받아 1789년에는 한강에 배다리를 놓았고, 1793년에는 상중에 화성을 설계했으며, 여기에 필요한 거중가와 유형거를 직접 발명하는 등 큰 성과를 남겼다. 1784년 이벽을 통해 서학을 받아들였고, 이후 1785년 명례방 추조적발 사건과 1787년 정미반회 사건, 1795년 주문모실포 사건 등 서학 관련 주요 사건의 중심에 늘 함께했다. 공서파 홍낙안·이기경과의 갈등 속에 신서파의 행동대장 역할을 했는데, 《눌암기략》과 《송담유록》에는 이 시기 정약용의 활동이 생생하게 그려져 있다. 서학으로 인해 금정찰방으로 좌천되었고, 이후로도 매번 서학이 발목을 잡아 곡산부사 등의 외직으로 밀려났다. 정조의 갑작스러운 서거와 채제공의 죽음 이후 1801년 기장에 유배되었다가, 다시 황사영백서 사

손에서 나왔다. 초고를 구상하던 날 홍수보 상서가 마침 정약용을 그의 집으로 찾아갔다. 손님이 사랑방에 가득했는데, 정약용이 몇 마디를 주고받고는 내실에 들도록 안내하여 여러 객이 탈고하게끔 하였다. 홍수보는 이런 일이 있는 줄은 까마득히 몰랐다. 정약용의 처는 홍수보의 조카딸이었기 때문에 내실로 데려간 것이라 한다.

癸丑冬, 七宰以書發問, 使鼎鎭納供. 又使韓光傅立證, 以實其事. 然後募出尹愼, 發文討之. 通文出於丁若鏞手. 構草日, 洪尙書適訪若鏞于家, 賓客滿堂. 丁接數語, 引入內室, 而使諸客脫藁, 洪茫然不知有事. 丁妻洪之姪女也. 故引去內室云.

○ 성정진의 조부는 홍수보 본생가의 외삼촌이고, 홍수보의 모친은 한광보의 사촌여동생이었다.[87] 하루아침에 창을 거꾸로 잡으니, 거의 친척을 배반한 셈이다. 당초에 주고받은 이야기는 바로 근심과 즐거움을 함께하자는 뜻이었는데, 이를 일러 반역하려는 마음이 있다고 하였으니, 망령난 것이다. 흰머리 늙은이를 고변해서 장차 무엇을 해

건으로 서울로 압송되어 죽음의 문턱까지 갔다가, 1801년 겨울 강진에 유배되었다. 강진에서 18년간 유배생활을 하면서 500여 권의 저술을 남겼다. 1818년 해배 이후 향리에 은거했고, 만년에 다시 천주교 신앙을 회복한 것으로 알려져 있다. 다블뤼 주교와 달레는《한국천주교회사》의 앞부분인 천주교 신앙 도입기에서 신유박해에 이르는 시기의 모든 기록을 정약용이 쓴《조선복음전래사》에 입각해 기술했다고 적었다. 그는 당시 조선에 와 있던 여항덕余恒德 신부에게 종부성사를 받고 세상을 떴다고 한다.

87 성정진의 조부는 …… 사촌여동생이었다: 성정진의 조부는 성윤장이다. 홍수보는 홍중후洪重厚의 다섯째 아들이었으나 홍중효洪重孝에게 입양되었다. 홍수보의 친가 모친이 성준成儁의 딸이다. 성윤장의 친가 증조가 성준이 된다. 홍수보의 부친 홍중효는 한덕사韓德師의 딸과 혼인했는데 한덕사는 한광보의 큰아버지다.

보겠다는 것인가? 홍수보가 역적을 두호한 것을 가지고 죄를 삼는다면, 20년 동안 사정을 알면서도 고발하지 않은 죄를 그들이 면할 수가 있겠는가?

○ 成祖洪之本生內舅也, 洪之母韓之從姨也. 一朝倒戈, 殆所云親戚叛之者也. 當初酬酢, 政是同憂樂之意, 謂之有逆心, 則妄矣. 白首告變, 將欲何爲? 洪以護逆爲罪, 則二十年知情不告之律, 渠輩其可免乎?

[16]

이때 상서 홍수보가 권엄權襹⁸⁸ 대감에 대해 성을 내며 말했다.

"공저公著 권엄은 노성한 사람인데도 무리를 따라 경망스레 움직이는가?"

또 약여約汝 홍시제洪時濟⁸⁹에게도 화를 내며 말했다.

"그가 경윤敬允 홍륜洪鑰⁹⁰의 자식으로 나를 마치 갈던 먹을 버리

---

88 권엄(1729~1801): 본관은 안동, 자가 공저, 호는 섭서葉西다. 권옹權顒의 증손으로, 할아버지는 권이權异이고, 아버지는 첨지중추부사 권밀權謐이며, 이벽과 이 횡李鋐의 장인이다. 헌납, 충청도관찰사, 대사간, 공조와 형조의 판서를 역임하고 다시 강계부사, 전라도관찰사, 강화부유수로 좌천되었다가 병조판서로 기용되었다. 지중추부사로 있던 1801년에 이가환, 이승훈, 정약용 등 남인 내 서학에 관심을 갖거나 천주교를 믿은 인사들에 대한 극형을 주장했다. 권엄이 이때 올린 상소 사실과 비답은《일성록》1801년 2월 18일자에 실려 있다.

89 홍시제(1758~?): 본관은 남양, 자가 약여다. 부친은 홍륜이다. 1790년(정조14) 증광시 문과에 병과로 급제했다. 1814년(순조14) 부호군이 되어, 신유박해 때 관직이 추탈된 채제공의 무고죄를 변명하다가 경상도 기장현에 유배되었다. 그 뒤 유배에서 풀려나 대사간, 안주목사, 승지, 호군 등을 역임했다. 정약용 등과 함께 죽란시사에 참여했다. 원문에서 홍시제의 자를 박여博汝라 했으나, 박여는 그의 형 홍시보洪時溥의 자여서 바로잡는다.

90 홍륜(1724~?): 본관은 남양, 자가 경윤이다. 1755년 정시 문과에 급제했다. 승지,

듯 하고서 명례방 모임에 찬조하여 한몫 보태려는 것인가?"

이 밖에는 족히 성낼 것도 없었다. 정약용의 집이 명례동에 있었기 때문에 이렇게 말한 것이다. 모당공慕堂公 홍이상洪履祥[91]을 한 할아 버지로 하는 자들이 일제히 통문에 이름을 올렸으니, 이미 풍속을 해 치고 무너뜨린 것이 되었다. 홍낙민洪樂敏[92]과 홍낙문洪樂文[93]은 통문 을 내는 초기에 힘을 썼으니, 더더욱 좋지 않다.

時洪尙書怒權台曰: "公著權襀老成人, 亦隨衆妄動耶?" 又怒洪博汝時濟 曰: "渠以敬允子, [10/4b] 棄我如遺磨墨, 捧硯於明禮之會, 以效其勞耶?" 外此 無足怒也. 丁家在明禮洞故云. 同祖慕堂者, 一齊圈名, 已爲傷風敗俗. 樂敏樂 文有力於發通之初, 尤無良矣.

[17]
통문을 문외에 돌린 한 조목은 아래에 보인다.

通文輪回門外一條, 見下.

대사간을 역임했다.

91 홍이상(1549~1615): 본관은 풍산, 호가 모당이다. 선조 때의 명신으로, 대사헌을 지냈다.

92 홍낙민(1751~1801): 본관은 풍산, 조부는 홍국보洪國輔, 부친은 홍양한洪亮漢이 다. 예산에서 태어났다. 1789년(정조13) 과거에 급제해 정언, 전적 등의 벼슬을 지냈다. 이승훈, 정약용 등과 교유하며 1784~1785년 천주교에 입교했으며, 세 례명은 루카다. 박종악朴宗岳의 《수기隨記》에 "사학도의 와주窩主요 종장宗匠"이 라 할 정도로 천주교 전파에 중요한 역할을 담당했다. 1801년 4월 8일 서소문 밖에서 순교했다.

93 홍낙문(1748~1833): 본관은 풍산, 자가 희범希范, 호는 석교石橋다. 홍희문洪羲文 으로 개명했다. 부친은 홍진한洪鎭漢이다. 충주에 거주했으며, 1777년 진사에 합 격했다.

○ 예전의 관례에 이른바 유생의 통문은 사대문 안팎의 아는 이에게 돌려 보였을 뿐이었다. 하지만 이 통문은 팔도八道와 삼도三都(강화·개성·광주)까지 배포되어 거의 비변사의 공적인 사안과 다름이 없었으니, 이것이 대체 무슨 행동이란 말인가? 통문이 문밖까지 돌아다녔으나, 나와 성일聖一 이원규李遠揆,[94] 하서夏瑞 조중일趙重日[95] 등 서너 사람은 권명圈名, 즉 이름에 동그라미를 치지 않았다. 용안현감龍安縣監 강세동姜世東[96]은 권명하지 않았을 뿐 아니라, 쓰잘머리 없는 몇 마디 말을 끝에 써넣기까지 해서 도파 사람들을 크게 거슬렸다. 목조원이 이에 죄를 줄 이름을 크게 쓰며 말했다.

"강세동이란 자는 늙어 죽지도 않고 기꺼이 역당逆黨에 귀의하니, 팔십 노인이 어찌 이처럼 초를 치는가? 너무나 상서롭지 못하다."

○ 舊例, 所謂儒通, 輪示門內外知舊而已. 此通則傳布八道三都, 殆若籌司公事, 此何擧也? 通文輪行門外, 吾與聖一夏瑞趙重日等數三人, 不圈名. 姜龍安不但不圈, 又以寂寥數語, 題于尾, 大拂桃坡人意. 睦祖元乃大書罰名, 曰:"姜龍安者, 老而不死, 甘歸逆黨, 八耋老人, 豈可如是侵奪耶? 其爲不祥大矣."

---

94 이원규(1762~1814): 본관은 전주, 자가 성일이다. 부친은 임피현령을 지낸 이지광李趾光이다. 이지광은 양녕대군의 봉사손이다. 서울 저동에 살았으며, 1795년 생원이 되었다. 장인은 홍복호洪復浩이며, 홍낙안이 처남이다. 매부는 심식沈湜이다.

95 조중일(1756~1834): 본관은 한양, 자가 하서, 호는 농암聾岩이다. 부친은 우윤 조무범趙武範이고, 장인은 강세동이었다. 화순현감을 지냈다.

96 강세동(1714~1795): 본관은 진주, 자는 성표聖表다. 부친은 강필문姜必文이다. 1747년 식년시에 급제했고, 용안현감을 지냈다.

[18]

홍낙안洪樂安**97**과 이기경李基慶**98**이 오갈 데 없이 곤궁해지자, 계축

97 홍낙안(1752~1812): 본관은 풍산, 자는 인백仁伯, 호가 노암魯庵이다. 나중에 이름을 희운義運으로 바꿨다. 홍중우洪重禹의 증손으로, 할아버지는 홍양보洪亮輔이고, 아버지는 홍복호洪復浩다. 남인 공서파를 대표하는 인물로, 1787년 이승훈과 정약용 등이 성균관 근처 반촌의 김석태 집에 모여 천주교 서적을 강습한다는 것을 이기경에게 전해듣고 이를 고발해 정미반회 사건을 일으켰다. 1790년 증광시 문과에서 크게 만연하게 될 사학邪學의 위험성을 경고하는 답안으로 급제해 가주서가 되었다. 1791년 진산 사건이 일어나자, 진산군수 신사원에게 죄인의 체포와 가택수색을 요구하고, 좌의정 채제공에게 척사의 조처를 요구해 신해사옥을 일으켰다. 채제공은 홍낙안의 행위를 자신을 흔들려는 정치 행위로 보아 정조에게 간했고, 홍낙안은 직위에서 쫓겨나 신문을 받았다. 이 외중에 권일신과 이승훈을 끌어들여, 권일신이 유배길에 오르려다 고문 후유증으로 죽고, 이승훈은 평택현감에서 쫓겨났다. 신유박해 이후 장령·집의·대사간·승지로 승승장구했고, 이후로도 끊임없이 상소를 올려 신여권과 이익운 등을 고발하며 갈등을 일으켰다. 동부승지로 천주교 신자들의 추국에 직접 참여했다. 같은 항렬인 홍낙민과 홍낙임 등이 천주교 신자로 체포되자, 풍산 홍씨 일가는 항렬자를 '낙樂'에서 '희義'로 바꿨고, 이에 따라 홍낙안 역시 홍희운으로 개명했다. 대사간, 승지, 부호군, 병조참의 등의 관직을 역임하고 1812년 사망했다.

98 이기경(1756~1819): 본관은 전주, 자는 휴길休吉, 호가 척암瘠菴이다. 조부는 이봉령李鳳齡, 부친은 이제현李齊顯이고, 처부는 윤동벽尹東璧과 송규병宋圭秉이다. 고모부는 심창석沈昌錫이다. 자식으로 송규병의 딸에게서 얻은 정태廷泰가 있었으나 큰형 이완경李完慶의 양자로 갔다. 이완경은 예헌例軒 이철환李嘉煥의 사위이고, 이정태는 안정복의 손자 안철중安喆重의 사위다. 이기경의 딸은 강세정의 손자이자 강준흠의 아들인 강시영姜時永과 결혼했다. 이기경은 이도경李道慶의 아들 이정겸李廷謙을 양자로 들였다. 이정겸은 목인규睦仁圭의 사위다. 1777년 사마시에 합격했고, 1789년 식년시 문과에 급제했다. 승문원을 거쳐 강제문신講製文臣에 뽑혔고 감찰, 예조정랑을 역임했다. 정치적으로는 남인이었으며 정약용과 막역한 사이였다. 한때 이승훈, 이벽 등으로부터 천주교에 관한 책을 얻어 보고 정약용과 함께 천주교에 관심을 가졌으나, 조상에 대한 제사를 우상숭배라 하여 금지하자 천주교를 멀리하고 배척했다. 1791년 진산 사건 때 영의정 채제공을 천주교 탄압에 미온적이라 하여 공박했고, 이승훈이 천주교 서적을 간행했

년(1793, 정조17) 이후 홍인호에게로 돌아갔다. 둘 다 곤궁하다 보니 서로 맞아떨어진 것이었다. 홍인호 부자는 일찍이 한 마디 말과 한 가지 일도 사학을 배척함에 가까운 점이 없었다. 하지만 이렇게 되자 성대하게 화심禍心의 영수가 되었으니, 우습다. 나는 번암 채제공이 사학의 영수가 되고 홍인호가 화심의 영수가 된 것이, 실상은 없으면서 이름만 얻은 점에서 똑같다고 생각한다.

洪李窮無所歸, 癸丑後歸於雲伯. 盖兩窮相合也. 雲伯父子, 曾無一言一事, 近似於斥邪者. 而至是蔚然爲禍心領袖, 可笑. 余嘗以爲樊岩之邪學領袖, 雲伯之禍心領袖, 爲無其實而得其名, 則同矣.

○ 사학의 무리들이 번암 채제공의 세력에 기대어 홍낙안과 이기경을 능멸했다.

○ 邪學輩籍樊岩勢, 凌轢洪李.

○ 이 조목은 마땅히 앞쪽에 두어야 한다.

○ 此條, 當在上.

다는 상소를 올렸다. 이 때문에 무고죄로 정조의 노여움을 사서, 상중에 함경도 경원으로 귀양 가게 되었다. 이 과정에서 이승훈 형제의 비겁한 행동에 격분해, 정약용 등 신서파 인물들과 평생 원수가 되었다. 1794년 유배형에서 풀려나와 이듬해 지평에 복직되었고 병조정랑, 정언, 이조좌랑을 지냈다. 1804년 정순왕후의 수렴청정에 반대하다가 단천에 귀양 갔고, 다시 이남규李南圭의 탄핵으로 운산에 유배되었다가, 1809년 풀려났다. 《벽위편闢衛編》을 지었고, 《사학징의邪學懲義》 또한 그의 저술일 가능성이 높다. 척사파인 강준흠이 자신의 《삼명집三溟集》에 〈홍문관교리이공묘지명弘文館校理李公墓誌銘〉을 남겼다.

[19]

유문儒文 이동욱李東郁[99] 대감은 소채의 당이었다. 도파 사람들이 매번 침을 뱉으며 비루하게 여겼다. 무신년(1788, 정조12) 이후로는 날마다 미동 채제공의 집에 앉아 모시면서 마침내 막幕 안으로 들어가는 손님이 되었다.

儒文台, 本是小蔡黨也. 桃坡人每唾鄙之. 戊申後, 日侍坐美洞, 遂爲入幕之賓.

[20]

이석하는 목만중의 문생인 데다 이종섭의 가까운 친척이었으므로 미동 사람들과는 맞지 않았다. 뒤늦게 와서 정동貞洞(이가환)의 친밀한 손님이 되면서, 목만중과는 관계를 끊었다. 이 때문에 한쪽에서 명성이 있었다.

李錫夏, 以餘翁門生, 城伯至親, 齟齬於美洞. 晚來爲貞洞密客, 與餘翁杜絶, 以此有聲譽於一邊.

○ 승선承宣 임제원林濟遠[100]은 우스갯말을 잘했다. 정곡貞谷 이가

---

99 이동욱(1738~1794): 본관은 평창, 자가 유문, 호는 소암蘇巖이다. 부친은 이광직李光溭이다. 1766년 문과에 합격했고, 1783년 사은겸동지사謝恩兼冬至使의 서장관으로 떠나면서 아들 이승훈을 데려갔다. 이때 이승훈이 천주교 남당南堂에서 최초로 영세를 받았고, 《천주실의天主實義》 등의 서적을 구입해 들어왔다. 이동욱은 1791년 의주부윤으로 있으면서 이 일로 송익효宋翼孝로부터 공격을 받았다. 이후 부사직으로 천주교 탄압에 앞장섰으며, 그 뒤 참판 등을 역임했다. 이동욱의 사후 1801년 신유사옥 때 이승훈이 천주교도로 처형되자 관작이 추탈되었다. 글씨를 잘 썼고, 그가 쓴 친필 〈자규루상량문子規樓上樑文〉이 규장각에 남아 있다.

환과 함께 승정원에서 숙직을 선 적이 있었는데,**101** 하루는 이가환 집
의 사람이 숙직 서는 곳으로 젯밥 남은 것을 보내왔다. 임제원이 놀리
며 말했다.

"그대 집도 능히 선대에 제사를 지낸단 말인가?"

대개 서학에 미혹된 자들이 모두 제사를 그만두었기 때문에 장난
친 것이었다. 이가환이 이를 미워하여, 나중에 이석하를 시켜 임제원
을 공박하게 하였으나,**102** 그 일을 아는 자는 곧이듣지 않았다. 이석하
는 한 차례 상소로 서유린徐有隣,**103** 정민시, 심환지沈煥之**104**를 공박
하였다.**105** 또 이승훈李承薰**106** 집안과 혼인을 맺어, 마침내 이가환의

100 임제원(1737~1799): 본관은 나주, 자는 상용商用, 호가 소수재素修齋다. 부친은
임도헌林道憲이다. 1771년 식년시 문과에 급제했다. 1778년 인천안핵어사로
파견되었고, 1784년 양주암행어사와 수교찬집청낭청 修敎纂輯廳郎廳을 지냈다.
1785년 통정대부에 올랐고 관직은 대사간, 고령현감, 병조참판 등을 역임했다.

101 함께 승정원에서 숙직을 선 적이 있었는데: 1792년(정조16) 7~9월 승지로 있
었다.

102 이석하를 시켜 임제원을 공박하게 하였으나:《일성록》1794년(정조18) 7월
22일, 24일, 26일자 등에 관련 내용이 나온다.

103 서유린(1738~1802): 본관은 달성, 자가 원덕元德, 호는 영호潁湖다. 벽파에 속한
인물로, 조부는 도승지 서명형徐命珩이고, 부친은 교리 서효수徐孝修다. 1766년
정시 문과에 장원으로 급제해 사간원정언, 승지, 대사헌을 지냈다. 1780년 전
라도관찰사에 이어 병조판서, 좌참찬, 한성부판윤, 수원부유수 등의 요직을 두
루 지냈다. 시호는 문헌文獻이다.

104 심환지(1730~1802): 본관은 청송, 자는 휘원輝元, 호가 만포晩圃다. 1771년 정
시 문과에 급제했다. 노론 벽파의 영수로 삼사의 직책을 두루 거쳤고, 이조·병
조·형조의 판서를 지냈다. 김종수·윤시동과 함께 신임의리辛壬義理를 고수했
다. 채제공·이가환·이승훈의 배척에 앞장서서, 서학을 역률로 다스릴 것을 주
장했다. 1798년 우의정에 올랐고, 1800년 정순왕후 수렴청정기에 영의정이 되
었다. 신유사옥을 주도했고, 정조가 세운 장용영을 혁파했다.

밀객密客이 되면서 앞뒤로 전혀 다른 사람이 되고 말았다.**107**

○ 林承宣濟遠, 善詼諧. 嘗與貞谷家煥直銀臺, 一日貞谷家人, 送餕餘於直廬. 林戲曰:"君家能祭先耶?" 盖惑於西術者, 皆廢祭故, 戲之也. 貞谷嗛之, 後使李錫夏駁林. 知其事者, 不直之. 李錫夏以一疏, 駁徐有隣·鄭民始·沈煥之, 且結婚於承薰, 遂爲貞 **[11/5a]** 谷密客, 判作兩截人.

○ 아는 이들 중에 홍수보 성토 통문에 이름을 올린 사람들이 병진년(1796, 정조20)과 정사년(1797, 정조21) 사이에 차츰 홍인호 부자를 찾아가서 뵙자, 이들 부자가 허심탄회하게 이를 받아주었다. 이에 성정진과 통수通首였던 윤신 또한 모두 홍인호에게 투항하게 되었으니, 심사가 드넓다고 말할 수 있다. 하지만 의리로 따진다면 온 자나 받은

105 심환지를 공박하였다: 심환지를 공박한 상소는 《일성록》 1794년(정조18) 7월 24일자에 보이는데, 나머지 두 사람에 대한 언급은 보이지 않는다.

106 이승훈(1756~1801): 본관은 평창, 부친은 참판 이동욱이며, 모친은 18세기 남인 문단의 핵심 인물인 혜환 이용휴의 딸로, 이가환의 누이다. 정재원丁載遠의 딸을 아내로 맞아 정약전 형제와 처남매부 사이가 되었다. 1783년(정조7) 동지사의 서장관인 아버지를 따라 중국에 가 북경 천주당에서 그라몽Gramont 신부에게 세례를 받았다. 다음 해 교리에 관한 수십 종의 서적과 십자고상, 묵주, 상본 등을 가지고 귀국해 이벽, 이가환, 정약종 형제 등에게 세례를 주었다. 1791년(정조15) 윤지충과 권상연 등이 순교한 진산 사건이 일어나자 권일신과 함께 체포되어, 향교에 배례하지 않은 사실과 1787년의 정미반회 사건 문제로 관직만 삭탈당하고 방면되었다. 1795년 성직자 영입 운동에 관계한 혐의로 다시 체포되어 예산으로 유배되었다가 얼마 뒤 풀려났다. 1801년 2월 26일 정약종 등과 함께 참수되었다.

107 이석하는 한 차례 상소로 …… 사람이 되고 말았다: 이석하의 상소문은 《정조실록》 1794년 7월 24일자에 전문이 실려 있다. 목만중의 문인이었던 그가 이가환 편에 선 것을 두고 한 말이다.

사람이나 모두 부끄러움이 없는 것에 가깝다.

○ 知舊之圈名於洪通者, 丙辰丁巳間, 稍稍往見雲伯父子, 父子虛受之. 於是成鼎鎭, 及通首尹愼, 亦皆爲投降雲伯, 心事可謂坦蕩. 然律之以義理, 來者受者, 皆近於無恥.

○ 하루는 이원규가 내게 말했다.

"채홍원은 은혜와 원수가 너무 분명하고, 홍인호는 은혜와 원수가 너무 불분명하다. 이는 한쪽은 지나치고 한쪽은 미치지 못한 것이니, 모두 적절치 않은 경우다."

내가 말했다.

"옳은 말일세."

○ 一日, 聖一謂余曰: "頤叔之恩讐太分明, 雲伯之恩讐太不分明. 是爲過不及, 皆不中者也." 余曰: "然矣."

[21]

사학邪學이란 학문은 그 주장이 불교의 나머지 투식에서 나왔다. 또 경전의 말을 가지고 서로 꾸며서 이것으로 천하를 바꾸려 드니, 그것이 가능하겠는가? 우리 유학도 어찌 하늘을 공경하고 하늘을 두려워하지 않았겠는가? 그런데도 저들이 하늘을 섬긴다는 것은 도리어 상제를 빌려다가 속이는 것이다. 그렇다면 저들은 이것으로 복을 구하려다가 도리어 재앙을 부르고 말 것이다. 어째서 그런가? 저들이 높은 하늘을 큰 부모로 여기고, 다시 낳고 길러주신 은혜는 알지 못한 채, 벌거벗은 몸으로 한방에서 섞여 지내며 남녀의 구별조차 없으니, 이는 거의 짐승만도 못한 것이다.

所謂邪學之術, 其所爲說, 出於釋氏餘套. 又以經傳之語, 交飾之, 欲以此易天下, 可乎? 吾儒何嘗不敬天畏天, 而渠所以事天者, 乃反矯誣上帝也. 然則, 渠輩欲以此徼福, 而乃反招殃, 何也? 渠以上天, 爲大父母, 更不知生育之恩, 赤身混處一室, 無男女之別, 此殆禽獸之不若也.

또 들으니 서양 나라에서는 본래 임금과 우두머리가 없고, 성경에 대한 조예가 정밀한 자를 택하여 밀어 높여서 교주敎主로 삼는다고 한다. 이것은 오랑캐의 풍속이다. 내 생각에 한낮의 때(午會)[108]를 만나 중국은 문명인데, 저들은 어두운 골짜기의 한 귀퉁이에서 여전히 혼돈의 세계에 놓여 있어, 우리에게 인륜이 있음을 모르는 것일 뿐이다. 저들은 예수가 십자가에서 죽었기 때문에, 이것을 배우는 사람은 제 몸을 죽이는 것을 공업으로 삼는다고 말한다. 이것이 여러 번 사형당할 죄를 저지르면서도 고칠 줄을 모르는 까닭이다.

且聞西國, 本無君長, 擇其術業之精者, 推尊爲敎主. 此則夷狄之俗也. 意者, 時値午會, 中國文明, 而彼昧谷一隅, 尙在洪荒世界, 不知有吾人之倫彛耳. 渠輩謂耶蘇死於十字架, 故學此者, 以殺身爲功業, 此所以屢犯刑戮, 而不知改者也耶.

[22]

신해년(1791, 정조15) 겨울, 진산에 사는 진사 윤지충尹持忠[109]과 유

---

108 한낮의 때: 송나라 소옹邵雍은 원회운세元會運世라 하여 30년을 1세世, 360년을 1운運, 10,800년을 1회會, 129,600년을 1원元이라는 이름으로 시간을 나눴다. 이 한 단위를 하루의 밤낮에 비유해, 1회의 10,800년이 시작되는 때를 하루의 밤중인 자정子正에 비하고 그 반인 5,400년이 지나 5,401년이 막 시작되는 때를 한낮인 오정午正에 비해 1회의 한낮 곧 자회子會에서 해회亥會에 이르기까지 12회의 한중간인 오회午會라 했다.

109 윤지충(1759~1791): 본관은 해남, 자는 우용禹用이고, 세례명은 바오로다. 부친

학 권상연權尚然**110**이 사서를 믿어, 사당의 신주를 불태워 없앴다가 남들에게 고발당하였다. 권상연과 윤지충은 모두 우리 가운데 대가였다. 순형舜衡 신사원申史源**111** 어르신이 당시 진산군수를 지냈는데, 오

은 윤경尹憬(1723~1771)이고, 권기징權沂徵의 맏딸 안동 권씨(1724~1791)와의 사이에서 맏아들로 태어났다. 고산 윤선도의 6대손으로, 유관검과는 이종사촌 간이다. 전라도 진산 출신이다. 윤지충의 고모가 정재원의 후처로 출가했는데, 정약용 형제를 낳아 고종사촌간이 된다. 25세 때 진사시에 합격했다. 1784년 상경해 김범우를 통해 《천주실의》와 《칠극》을 빌려 보았고, 3년 후 정약용 형제를 통해 입교했다. 1791년 어머니 권씨의 상을 당해, 제사를 지내지 않고 신주를 불살라 신해박해로 불리는 진산 사건이 일어났다. 외사촌 권상연과 함께 전주감영에 이송되어, 1791년 12월 8일 참수형에 처해졌다. 2014년 8월 16일 교황 프란치스코에 의해 광화문광장에서 동료 순교자 123위와 함께 시복諡福되었다.

110 권상연(1751~1791): 본관은 안동, 세례명은 야고보다. 부친 권세학權世樽과 모친 전주 이씨 사이에서 태어났다. 윤지충과는 고종사촌간으로 한마을에 살았다. 1791년 윤지충의 어머니인 고모 권씨가 세상을 뜨자 신주를 태우고 제사를 지내지 않는 데 동참했다. 10월에 윤지충이 체포되자, 진산 관아에 자진 출두 했다. 10월 28일 전주감영에 이송되어 12월 8일 윤지충과 함께 참수되었다. 정조는 이들의 사형을 유예시키고자 했으나, 명령이 도착했을 때는 이미 사형 집행이 끝난 뒤였다. 2014년에 시복되었다.

111 신사원(1732~1799): 원문에는 신사권申史權으로 되어 있으나, 신사원의 오류다. 신사권은 본관은 고령高靈, 자는 용경用經이다. 부친은 승지 신일청申一淸이다. 1753년 진사시에 장원으로 급제했다. 시를 잘 지어 이동운李東運, 황명곤黃命坤과 함께 삼걸三傑로 불렸던 인물이다. 그 신사권의 동생이 신사원이고, 신사원의 자가 순형이다. 신사원은 1783년 감역監役, 1784년 사헌부감찰, 1785년 영희전령永禧殿令, 예산현감, 1789년 진산군수, 1796년 고부군수, 1798년 정선군수를 역임했다. 1791년 진산 사건을 처리한 인물이다. 홍낙안이 전라도 진산에서 윤지충과 외사촌 권상연이 신주를 불태우고 제사를 폐지했다는 소문을 듣고서 진산군수 신사원에게 죄인의 체포와 가택수색을 요구했고, 그 결과 윤지충과 권상연은 사형에 처해지고, 진산군은 5년 동안 현縣으로 강등되었으며, 신사원도 유배를 갔다. 관련 내용은 《정조실록》 1791년 11월 3일과 6일, 8일자

눌암기략

래도록 판결을 내리지 않았던 것은 그 옥사를 중대하게 여겨서였다. 이에 서울로 공문을 보내서 이에 대해 의논하자, 도성 안팎이 크게 시끄러워졌다. 성영우成永愚[112]와 목인규睦仁圭[113] 등 몇 사람이 강준흠姜浚欽[114]의 집에 모여서 의논하여 말했다.

"서인西人이 만약 이단으로 우리를 공격한다면 우리도 함께 죄에 빠지게 될 테니, 먼저 통문을 내는 것이 낫겠다."

辛亥冬, 珍山進士尹持忠, 幼學權尚然, 崇信邪書, 焚毀其廟主, 被人所告. 權尹皆吾儕中大家也. 申舜衡丈史權, 時爲珍山倅, 久而不決, 重其獄也. 乃移書京洛以議之, 於是京外大噪. 成永愚睦仁圭等數人, 會于姜俊欽家, 議曰: "西人若以異端攻我, 我其胥溺矣. 不如先發之."

이에 벗들 사이에 통문을 내서 권상연과 윤지충의 죄를 성토하려 하자, 모두들 '좋다'고 하였다. 김정원金鼎元[115]만 홀로 이견을 냈다.

기사에 나온다.

112 성영우(1761~1825): 본관은 창녕, 자는 원발元發이다. 성정진의 장남이다. 영릉 참봉, 금부도사, 평시서직장, 돈녕부주부, 사헌부감찰, 형조좌랑, 청양현감 등을 역임했다. 허전許傳이 〈청양현감성공묘갈명靑陽縣監成公墓碣銘〉을 썼다.

113 목인규(1758~1807): 본관은 사천, 자는 방서邦瑞다. 목만중의 장남이다.

114 강준흠(1768~1833): 본관은 진주, 자는 백원百源, 호가 삼명三溟이다. 조부는 강필득姜必得이고, 아버지는 강세정이다. 1794년 정시 문과에 급제한 뒤 지평과 교리 등을 지냈다. 1805년 서장관으로 청나라에 다녀왔다. 대표적인 공서파로 1801년 윤행임의 축출에 앞장섰고, 1813년에는 정약용의 석방을 반대했다. 남인의 영수 채제공을 비난했다.

115 김정원(1766~?): 본관은 경주, 자는 하삼夏三 또는 종오宗五다. 1807년 식년시 문과에 2등으로 급제했다. 부친은 행부사직行副司直을 지낸 김시구金蓍耉다. 충주 출신으로 1840년 집의로 있을 당시 신국訊鞫에 항소했다가 신지도에 유배

"소굴은 무너뜨리지 않고, 권상연과 윤지충만 다스리는 것은 말단의 계책이다."

여러 사람의 논의가 어떤 이는 옳다고 하고, 어떤 이는 옳지 않다고 했다. 며칠 뒤 사첨士瞻 최조崔照[116]의 집에서 다시 모이자, 강준흠이 말했다.

"우리 가운데 사학으로 비방을 얻은 자의 경우 통문을 돌릴 때 사우士友의 반열에 뒤섞어 기록해서는 안 된다."

목인규가 이에 붓을 당겨, 오석백과 이윤하李潤夏,[117] 이총억李寵

되어, 그곳에서 병들어 죽었다.

116 최조(1745~1812): 본관은 삭녕, 자는 유여有如 또는 사첨이다. 1774년 생원시에 합격했다. 그의 사위로 참판 홍명주洪命周가 있다. 홍명주는 채홍원과 채제공의 신원을 위해 상소한 인물이다. 이만채의 《벽위편》에 진산 사건이 일어났을 때 이후李燀, 이원규, 성영우, 한수운韓秀運, 최정중崔定重, 권복權宓, 이중순李重純, 유원명柳遠鳴 등과 함께 돌린 통문과 최정중, 성영우, 이후, 이원규와 함께 돌린 통문 2수가 실려 있다. 이재권李在權에게 입계된 이재기의 맏아들 낙수樂脩는 최조의 딸과 결혼했다.

117 이윤하(1757~1793): 본관은 전주, 자는 시보時甫다. 한림동翰林洞에 살았다. 성호 이익의 사위 이극성李克誠의 양자로 들어가 지봉 이수광의 제사를 받드는 봉사손이 되었다. 이윤하는 권철신의 누이에게 장가들었다. 이승훈과는 친척이었고 동네 친구였다. 이런 인연으로 초기부터 천주교 신앙을 받아들였다. 슬하의 3남 2녀 또한 천주교 신앙을 지켰다. 장남 이경도李景陶(1780~1801) 가롤로는 오석충의 둘째 딸과 결혼했다. 차녀는 이순이李順伊(1782~1801) 누갈다, 차남은 이경중李景重, 3남은 이경언李景彦(1792~1827) 바오로다. 자식 다섯 중 셋이 복자품에 오른 순교자 집안이다. 1791년 진산 사건이 있고 두 해 뒤인 1793년에 37세의 젊은 나이로 세상을 떴다. 이윤하 사후 아들 이경도가 천주교 신앙으로 인해 잡혀가자, 전주 이씨 문중에서 이윤하의 입양을 무효화해 파양해달라는 청원을 예조에 올려, 허락을 받았다. 그 결과 전주 이씨 족보에서 이윤하는 입양된 이극성과는 아무 인연이 없는 존재가 되고 말았다.

億**118** 등 5인의 이름에 동그라미를 쳤다. 모임이 끝날 무렵 여러 사람이 다음 날 성균관의 서학西學에서 일제히 모이기로 약속하였다. 회람할 통문의 초고는 목인규에게 맡겨, 돌아가서 그의 아버지 목만중에게 받아오게 하였다.**119**

乃欲發文士友間, 聲討權尹罪. 皆曰: "諾." 獨金鼎元立異曰: "不破窩窟, 而治權尹末也." 衆論或可或不可. 後數日, 更會崔 [12/5b] 士瞻家崔熀, 百源曰: "吾儕中以邪學得謗者, 回文時, 不可混錄於士友之列." 睦仁圭乃援筆, 圈吳錫百 · 李潤夏 · 李寵億等五人名. 臨罷, 諸人約明日齊會西學, 以回文草, 屬仁圭, 歸稟于其家大人.

최환崔熀과 이후李煟 **120**는 모두 약속한 사이였던 사람이었음에도, 통문 내는 일의 전말을 이치훈李致薰 **121**에게 몰래 알려주었다. 이치훈

118 이총억(1764~1822): 본관은 광주廣州, 자는 창명滄溟이다. 이기양의 맏아들로, 권철신의 제자이자 사위다. 주어사강학회와 명례방집회에 참여하는 등 초창기 천주교 신자로 열심히 활동했다. 1795년 식년시에 진사로 급제했다. 1801년 3월 천주교 신자로 검거되었다가 배교하고 4월 10일에 석방되었다.

119 회람할 통문의 …… 받아오게 하였다:《벽위편》에 목인규가 쓴 통문이 실려 있다.《정조실록》1791년(정조15) 11월 5일과 7일자에도 관련 내용이 보인다.

120 이후(1756~1821): 본관은 전주, 자는 사현士顯이다. 부친은 이은빈李殷賓이다. 참고로 채홍리의 외조 이은신李殷臣은 이은빈의 친가 형이다. 1789년 식년시에 진사로 급제했다.

121 이치훈(1759~1822): 본관은 평창, 자는 자화子和다. 1798년 식년시 문과 을과에 1등으로 급제했다. 이승훈의 아우이고, 부친은 이동욱이다. 이용휴가 그의 외조부다. 정약용과 채제공의 아들 채홍원이 주도해 소장파 기호 남인들과 구성한 모임 '죽란시사'에 참여했다. 1801년 신유박해 때 거제도로 유배되었다가, 다시 제주도로 정배되었다.

이 크게 두려워하여 마침내 정약용과 더불어 변고에 대응할 계책을 강구해서 정하였다. 두 가지 조목이 있었다. 하나는 채제공의 마음을 두려움에 떨게 하는 것이고, 하나는 도파 사람더러 이들을 쳐서 제거하도록 하는 것이었다. 바깥사람들은 미처 이를 알지 못하였다.

崔煥李燁皆約中人也. 以通事顚末, 密告于李致薰. 致薰大懼, 遂與丁若鏞, 講定應變之策. 有二條, 一則恐動樊相意也, 一則使桃坡人擊去之. 外人未之知也.

이튿날 아침 강준흠과 목인규가 성균관의 서학에 갔지만, 문내와 문외의 여러 사람은 모두 약속을 배반하고 모임에 나오지 않아, 모인 사람이 고작 예닐곱뿐이었다. 뒤늦게 채홍원이 오더니, 대신의 아들이라 사론士論에는 간여할 수 없다고 직접 말하고는 제 이름을 오려내고 가버렸다. 조금 있다가 목조원이 다급하게 편지를 보내 화심을 품은 것으로 몰고 가자, 모였던 사람들이 낭패를 보고 돌아갔다.

翌朝姜百源, 睦仁圭到西學, 門內外諸人, 皆背約不赴會, 會者僅六七人. 晚後蔡弘遠至, 自言大臣子, 不可干預士論, 乃割名而去. 頃之睦祖元飛書, 驅之以禍心, 會中人狼狽而歸.

○ 정약용과 이치훈이 채제공의 뜻을 움직여보려고 이렇게 말했다.
"홍낙안이 재상 김종수와 체결하여, 서학서 한 가지 일을 가지고 우리를 일망타진하려 합니다."
대개 홍낙안은 일찍이 서인과 혼인을 통한 우호를 맺었고, 또 채제공과는 어근버근하여 맞지 않았으므로, 이 의심스러운 자취를 붙잡아 이득을 보려 했던 것이다.
도파 사람들을 격동시켜 말하였다.

눌암기략

"홍낙안이 여러 사람을 사주하여 이 일을 만들어냈다. 모임 가운데 여러 사람이 13명을 하나하나 지적하며, '그 목을 베고 피가 줄줄 흐른 뒤라야 내 마음이 통쾌할 것이다'라고 하였다. 근래에 뜬 비방을 얻은 자가 몇몇 사람에 지나지 않는데, 어찌 13명 정도로 많겠는가? 저들이 우리집에 분풀이하려고 다른 집까지 끌어들였다."

○ 丁李之動得樊翁意, 則曰: "洪樂安締結金相鍾秀, 以西書一事, 網打吾儕也." 盖洪嘗與西人結姻, 又與樊岩齟齬不入, 執此疑似之跡, 賺之也. 激起桃坡人, 則曰: "洪樂安嗾出諸人, 作此擧. 會中諸人, 歷指十三家, 曰: '斬其首, 血淋淋然後, 吾心快矣.' 近來得浮謗者, 無過若而人, 豈至十三家之多乎? 彼欲甘心於吾家, 乃欲延及他家也." 云云.

목인규가 동그라미 친 5인의 이름이 13가의 주장을 불러온 까닭이었다. 이에 조정의 관료들 중 이치훈을 세우고 홍낙안을 누르지 않는 이가 없었다. 이때 신사원 어른이 중대한 옥사를 혼자 결정할 수 없다고 여겨 안찰사 정민시에게 보고하였다. 안찰사가 두 집안 사당의 신주를 검사케 하였는데, 살펴보니 궤가 그대로 있었다. 신사원 어른이 그 일을 위에다 올리자, 안찰사가 노하여 다시금 자세히 살펴보게 하였다. 이에 궤를 열어 신주를 살펴보니, 하나도 남아 있는 것이 없었다. 이에 안찰사가 조정에 보고하여 윤지충과 권상연이 함께 사형당했다.[122]

睦之圈五人名, 所以致十三家之說也. 於是搢紳章甫, 莫不立致薰, 而抑仁

---

122 윤지충과 권상연이 함께 사형당했다:《정조실록》1791년(정조15) 11월 8일자 기사에 보인다.

伯. 時申舜衡丈, 以重獄, 不可獨決, 申報按使. 按使之發檢兩家廟主, 檢看則
有櫃依然. 舜衡丈上其事, 按使怒, 更令窮覈, 乃開櫃視祠版, 無一存者. 於是
按使, 聞于朝, 持忠尙然並伏誅.

○ 임자년(1792, 정조16)에 평택의 유생들이 상소를 올려 현감 이승
훈이 공자의 사당에 절을 올리지 않은 죄를 성토하였다.[123] 이는 이승
훈이 그 아버지를 따라 연경에 가서 서양 책을 구입해와서 권철신權哲
身, 이벽李檗의 무리와 함께 이를 공부하여 익혀서니, 이것이 사학의
시초였다. 이번에 그가 저지른 일은 진산의 두 사적邪賊보다는 가벼웠
지만, 임금께서 특별히 암행어사를 보내 살펴 조사하게 하였다. 안핵
어사按覈御史 김희채金熙采는 이승훈의 사촌제부였다.[124] 그래서 마침
내 무사할 수 있었다. 김희채가 도리어 끝까지 조사해서 상소문을 올
렸던 유생들이 매질 아래서 많이 죽어나갔다. 정상훈鄭尙勳[125]도 형을

123 임자년에 …… 죄를 성토하였다: 《정조실록》 1792년(정조16) 2월 28일, 30일,
3월 14일, 15일, 27일자 등에 관련 기사가 보인다.

124 안핵어사 김희채는 이승훈의 사촌제부였다: 김희채(1744~1802)는 본관은 청
풍淸風, 자가 혜중惠仲이다. 이승훈의 부친인 이동욱의 백부 이광식李光湜의 아
들 이동박李東樸이 김희채의 장인이었다. 1780년 식년시 문과에 급제해 홍문관
부정자가 되었고, 이듬해에는 초계문신에 선발되었다. 《정조실록》 1792년 2월
28일과 3월 14일자에 관련 내용이 보인다. 김희채가 평택안핵어사가 되어 이
승훈이 공자 사당에 절을 했는지 조사해 평택 유생 권위權瑋, 조상본趙常本, 정
상훈 등이 무함했다고 보고했다. 이후 《순조실록》 1801년 12월 24일자 기록에
는 대사간 유한녕兪漢寧이 '김희채가 이동욱의 종서從婿로서 자신이 안핵사가
되어 오로지 이승훈을 엄폐하였다'는 기록이 보인다.

125 정상훈: 본관은 청주, 도총관을 지낸 정곤수의 후예다. 1792년 평택 유생 권위,
조상본, 홍병원洪秉元 등과 함께 이승훈이 공자의 사당에 배례하지 않은 일을
고발했다. 조정에서 평택안핵어사로 파견한 김희채가 무고로 보아 혹독한 형

받아 거의 죽게 되었다. 정상훈이란 사람은 서천西川 정곤수鄭崑壽 **126** 의 후예로, 배반하여 서인이 된 사람이었다. 경신년(1800, 정조24) 이후에 이 공으로 처음 벼슬에 올랐다.

○ 壬子平澤儒生, 上疏討李承薰不拜聖廟之罪. 蓋承薰, 隨其大人赴燕, 購來西洋書, 與權哲身李蘖輩, 講習之, 此邪學之始也. 今此所犯, 浮於珍山二賊. 上特遣繡衣, 按覈之. 繡衣金熙采, 卽承薰從娣夫也, 卒得無事. 熙采反窮治, 疏儒多殞於杖下. 鄭尙勳受 **[13/6a]** 刑幾殞, 尙勳者, 西川之裔, 叛爲西人者也. 庚申後, 用此功筮仕.

○ 이치훈은 이승훈의 아우였다. 어려서부터 제법 기지가 있고 영민해서 상대의 눈치를 잘 살폈다. 포의 신분으로 이석에게 찰싹 붙어서, 찾아가 외간의 일을 알려주곤 했다. 밀지密旨를 받아 그 아비가 있던 영월의 임소까지 달려가서 횡성의 옥사를 조사해 다스리기도 했다.**127** 평택 유생의 상소문이 나왔을 때 아버지 이동욱은 의주에 있었

벌을 가해, 주동자인 권위가 매를 맞다가 죽기까지 했다. 정상훈은 이때 과거 시험장에 난입해 이 일에 대해 말하며 소요를 일으켰다. 그 정황은 《정조실록》 1792년 3월 14일자에 실린 김희채의 보고서에 자세하다. 이 일로 정상훈은 고금도에 유배 갔다가 1795년에 사면되었다. 이후 그는 정곤수의 후손이라 하여 벼슬에 올라 선릉참봉, 전옥서참봉을 지냈다.

126 정곤수(1538~1602): 본관은 청주, 자는 여인汝人, 호가 백곡栢谷이다. 1604년 호종공신 1등에 올라 서천부원군에 추록되었고, 사후 영의정에 추증되었다. 대명 외교에 큰 공을 세웠다.

127 밀지를 받아 …… 다스리기도 했다: 이동욱은 1791년 3월에 영월부사가 되었다. 횡성의 옥사란 1787년 4월 기호 지방에서 일어난 와언訛言을 가리키는 듯하나 맥락이 분명치 않다. 이 사건은 제천의 김동철金東喆, 횡성의 정무중鄭武重, 원주의 유득겸柳得謙 등이 주동이 된 역모 사건인데, 이들은 모두 붙잡혀 복주

고 이승훈은 평택에 있었던지라, 혼자 직접 아래위로 알선해서 단 하루 사이에 화를 돌려 복으로 만들었다. 이로부터 한 세상을 교만하게 횡행하며 어떤 일이든 어려워함이 없었으므로 보는 자들이 모두 똑바로 쳐다보지 못했다. 이때 이치훈은 새벽에 나가서 저녁에 들어오니, 새로 의주에서 보내온 푸른 나귀가 며칠 못 가서 죽었다고 하였다.

○ 李致薰, 承薰弟也. 自兒時, 頗機警, 善觀人眉睫間氣. 以布衣附麗李晢, 訪納外間事. 受密旨, 赴其父寧越任所, 按治橫城獄. 及平澤儒疏出, 孺文在灣府, 承薰在平澤, 獨自斡旋於上下, 一日之間, 轉禍爲福. 自是驕橫一世, 遇事無難, 見者無不側目. 時致薰晨出暮入, 靑驢新自灣府來者, 未數日而斃云.

평택의 일이 완전히 끝나기 전이었지만, 내가 또 이승훈에게 편지를 보냈다. 이때 이승훈이 그의 당숙인 안변安邊 어른의 장례를 주관하자마자 둘째 양자로 대를 잇게 하였다. 이는 적통을 빼앗은 것으로, 내 누이와 관련된 일인지라 어쩔 수 없이 편지를 써서 이를 꾸짖었던 것이다.[128] 이치훈은 나와는 동갑이고 또 외가가 겹치는 정의情誼가 있었다. 한마을에 살고 같이 공부해서 그와는 아주 가까웠는데, 이렇게 되자 이치훈 형제가 내게 노하여 날마다 틈을 타서 화를 얽으려 하니, 가소롭고 가소롭다.

되었다. 《정조실록》1787년(정조11) 6월 14일자 기사에 자세한 내용이 보인다.
128 안변 어른의 …… 꾸짖었던 것이다: 여기서 이승훈의 당숙은 이동현李東顯이다. 이동현의 아들은 이좌훈李佐薰이고, 이좌훈의 아들이 이성규李星逵다. 이성규는 이상훈李尙薰이 생부인데, 이좌훈에게 입계되었고, 《눌암기략》의 저자 이재기의 누이와 혼인하여 처남매부간이었다. 당연히 이성규가 적통을 승계해야 하나, 이승훈이 둘째 양자에게 적통을 돌렸으므로 이 문제를 항의해 나무란 것이다.

平澤事未及究竟, 而余又抵書于承薰矣. 時承薰, 主其堂叔安邊丈喪, 乃以次養爲承重. 是奪嫡也, 事關舍妹, 不得已作書責之. 致薰與余同庚, 又有重表之誼, 同閈同硏, 與之親熟, 至是致薰兄弟怒我, 而日欲乘間構禍, 可笑可笑.

[23]

권상연과 윤지충이 사형당하고 나서, 삼사가 차례로 글을 올려 남은 무리를 다스릴 것을 청하였다. 홍낙안은 또 채제공에게 글을 올려, 온 세상이 점차 미혹에 빠지는 폐해를 말하였다.[129] 이는 바로 이치훈이 말한 '두려움에 떨게 한다'는 말을 실증하기에 충분하였다. 이에 채제공이 여러 사람이 진짜로 죄가 있음을 살피지 못한 채, 한쪽에서 두들기고 뒤흔들려는 계책으로만 여겨서 부당하게 편든 점이 있었으니, 한탄스럽다.

權尹旣誅, 三司交章, 請治餘黨. 洪樂安又上書樊翁, 言一世浸惑之害. 此適足以實致薰恐動之言已. 於是樊翁未察諸人之有眞贓, 以爲一邊敲撼之計, 扶抑有所失當, 可歎也已.

[24]

이후로 저들이 자기들끼리 전열을 갖추고는 한쪽 사람들을 화심을 품었다고 지목해서, 들어오는 자는 청운의 위로 끌어올리고, 나가는 자는 구덩이 속으로 내몰아서, 생사여탈이 한 시대에 횡행하였다.

自此以後, 厥輩自立旗鼓, 目一邊人以禍心, 入者躋之靑雲之上, 出者驅之

---

129 권상연과 윤지충이 …… 폐해를 말하였다: 《정조실록》 1791년(정조15) 10월 23일자에 관련 기록이 보인다.

坑坎之中, 與奪行於一世.

[25]

내가 한번은 이원규, 김정원과 함께 이 일을 논하여 말했다.

"목인규가 다섯 사람의 이름에 동그라미를 친 것은 이미 충후한 뜻을 잃었다. 오석백 같은 사람은 드러난 정황이나 자취가 없으니 더더욱 동그라미를 쳐서는 안 된다. 이런 짓을 하고도 화를 부르지 않은 경우는 없었다."

다들 말했다.

"확실한 말씀이오."

余嘗與聖一宗五, 論此事曰: "睦所以圈五人名, 而已失忠厚之意. 若吳錫百無情跡之現, 尤不可圈. 如此而不速禍者, 未之有也." 皆曰: "確論."

○ 창동倉洞의 여러 사람은 죄에 함께 빠질까 염려하여 모여서 통문을 내었으니, 안 된다는 것을 알지 못한 것이다. 그러나 종오 김정원은 소굴을 깨부수려고까지 하였으니, 너무나도 힘을 헤아리지 못한 짓이다.

○ 倉洞諸人, 恐其有胥溺之患, 而相會發文, 未見其不可也. 然宗五之至欲打破窩窟, 太不量力也.

○ 내가 모임에서의 일을 가지고 강준흠과 목인규 두 사람에게 질문하였다. 강준흠이 말했다.

"여러 사람이 모인 자리에서 권상연과 윤지충을 죽여야 한다고만 말했을 뿐, 이승훈을 죽여야 한다는 말은 덧붙이지 않았으니, 하물며 그 나머지 사람들이야 오죽하겠습니까? 게다가 이종형이 서학에 오염되었는지 여부는 내가 알지도 못하는 바이고, 설령 알았다 해도 두 집안의 이모가 당에 계신데 어찌 서로를 해칠 수 있겠습니까?"알아보니 이종형은 이재적李載績**130**이다.

목인규가 말했다.

"내가 붓을 당겨 이름에 동그라미를 친 것은 진실로 죄가 있네. 하지만 이 다섯 사람뿐이었네. 덧붙여 13인으로 만든 것은 거의 도둑이 제 발 저린 격일세. 우리 집안과 이치훈은 대대로 우호가 있어 형제간처럼 정답네. 그래서 아버님께서 회람할 통문의 초고를 엮으시면서 그를 위해 곡진하게 보호했을 뿐이오. 이제 이치훈이 은덕으로 여기지 않고 도리어 짓밟고 물어뜯기까지 하니, 어찌 이다지도 패악스럽단 말인가?"

두 사람의 말을 살펴볼 때 일의 이치가 진실로 그러하였으니, 아직 화심은 보이지 않았다. 당시 나는 상중이었기에 창동의 모임에는 가지 않았다.

○ 余以會中事, 質問姜睦二人. 則姜曰:"諸君於會席, 言權尹可殺也而已. 殺字不加於承薰, 況其餘乎? 且姨兄染跡與否, 吾所不知, 設或知之, 兩家姨母在堂, 豈可以相害耶?"云. **按姨兄李載績.** 睦曰:"吾所援筆圈名, 誠有罪也. 然此五人而已. 添作十三家, 殆春雉之 **[14/6b]** 鳴也. 吾家與致薰, 有世好, 情若骨肉. 故大人構出回文草, 曲爲之掩護耳. 今致薰, 不以爲德, 乃反蹄嚙之, 何其悖也?"觀於二說, 事理固然, 而未見其禍心也. 時余居憂, 不赴倉洞之會.

---

130 이재적(1758~1811): 본관은 여주, 자가 중상仲裳이다. 생부는 이구환李九煥으로, 이가환에게 입양되었다.

[26]

당시의 여론이 신사원 씨가 권상연과 윤지충의 옥사를 직접 다스
릴 수가 없어서 관찰사에게 보고하였고, 또 친히 남의 집 사당의 신주
까지 살펴보았으니, 이 또한 화심을 품었다고들 하였다. 하지만 강
상綱常과 관계된 일인지라 알려 보고하지 않을 수 없었고, 위에서 명
령이 떨어졌으므로 살피지 않을 수 없었던 것이다. 이런 점으로 사람
을 논하다니, 다른 점이야 더 말해 무엇 하겠는가? 어째서 "그대는 어
찌 감히 그들의 죄를 숨겨 혐의에서 완전히 벗어나게 해주지 못하였
는가?"라고 곧바로 말하지 않고 이렇게 모호하게들 말을 하는지, 그들
무리의 언론은 기괴해서 차마 들어줄 수가 없다.

時論, 以申舜衡氏, 不能自治權尹獄, 而報巡使, 又親閱人家廟主, 此亦禍
心也云云. 然事係綱常, 不得不申報, 令出上司, 不得不按行. 以此論人, 他尙
何說? 何不直曰: "爾曷敢不掩匿之, 全釋之?"云, 而作此黯黮之說耶? 厥輩言
論奇怪, 不忍聞.

○ 이윤하는 나와 서로 좋게 지낸 적이 있었다. 사람됨이 강직해서
아낄 만했는데, 권철신이 오도誤導하여 서학서에 빠져 이기성李基誠 **131**
의 무리와 함께 형조에 들어가는 바람에 세상의 지목을 받았다.**132** 내

---

131 이기성: 본관은 광주다. 부친은 이종한李宗漢이다. 안정복의 아들 안경증安景曾
    이 초취 부인 윤동열尹東說의 딸과 결혼해 낳은 딸과 결혼했다. 이기양의 동생
    이자 이총억의 숙부다. 형조로 찾아가 성상을 돌려달라고 했던 사람 중 하나였
    고, 이존창이 천안 감옥에 갇히자, 그를 찾아가 큰절을 올리기까지 했다. 그 밖
    에 자세한 인적 사항은 전하지 않는다.

132 이기성의 무리와 …… 지목을 받았다: 《일성록》 1801년(순조1) 9월 15일자에
    장령 정한이 상소하여 역적을 토죄하고, 아울러 안정복에게 포증하는 은전을

가 예전에 이윤하에게 조용히 말한 적이 있었다.

"사람이 누군들 허물이 없겠는가? 고치는 것이 중요하네."

이윤하는 미망迷妄에 사로잡혀 깨닫지 못하였다. 내가 차마 갑작스레 그를 버리지 못해, 마주할 때마다 반드시 신신당부하곤 했다.

○ 李潤夏嘗與我相善. 爲人剛直可愛, 爲權哲身所誤, 惑於西書. 與李基誠輩, 入呈秋曹, 爲世指目. 余嘗從容語李, 曰:"人孰無過, 改之爲貴." 李執迷不悟. 余不忍遽棄之, 相對必申申爲言.

하루는 이윤하가 말했다.

"내가 서학책을 읽지 않은 지가 오래되었다네."

아마 내가 하도 충고하니까 피하는 말로 한 이야기였다.

내가 말했다.

"하지만 자네가 세상에서 비방을 얻는 것이 예전과 똑같으니 어찌 된 셈인가? 이제부터 자네가 사람들을 대할 적에 반드시 서학서의 그릇됨을 배척한다면 비방을 멈출 수 있을 것일세."

그가 말했다.

"내 마음에 그것이 그른 줄을 모르겠는데, 말로만 배척한다면 마음에 부끄럽지 않겠는가?"

내가 말했다.

내릴 것을 청한 데 대해 비답을 내린 기록에 "이기양의 가족 모두가 사학에 미혹하여 빠졌다는 것은, 그의 아우가 을사년(1785, 정조9)에 입정立庭한 데서 모든 사실이 분명하게 증험되니, 그가 아무리 혀가 길어도 어찌 감히 가릴 수 있겠습니까? 더욱이 결정적인 한 마디가 있습니다"라는 대목이 나온다. 이기성은 을사추조적발 당시 형조를 찾아갔던 5인 외에 또 다른 한 사람이었다.

"그렇다면 자네는 여태도 깨닫지 못했군그래. 사람들에게 의심을 사지 않으려 해도 되겠는가?"

또 말했다.

"자네가 서학서에 대해서는 다시는 옳으니 그르니 말하지 말게나. 이것은 하책일 뿐이지만, 자네가 이를 써보겠는가?"

이윤하가 말했다.

"감히 명을 따르지 않겠는가?"

하지만 그 행동과 일을 살펴보면 내 계책을 쓴 것을 보지 못했다. 이때만 해도 서로 말로 다툰 것이 여러 번이었어도 정만큼은 변함이 없었으니, 신해년(1791, 정조15) 이전까지는 그랬다. 그 뒤로는 내가 입을 닫고 말을 하지 않았다. 대저 벗 사이에 허물이 있을 경우 이를 바로잡아주는 것도 괜찮고 다투는 것도 괜찮지만, 갑작스레 절교까지 하는 것은 지나친 것이다.

一日, 李曰:"我不讀西書, 久矣." 蓋以余苦諫, 而設遁辭也. 余曰:"然而君之得謗於世, 猶夫前日, 何也? 自今君對人, 必斥西書之非, 則謗可以弭矣." 曰:"於吾心, 未知其非, 以口斥之, 獨不愧於心乎?" 余曰:"然則君尙未悟矣. 欲使人無疑, 得乎?" 又曰:"君於西書, 更勿曰是曰非, 此其下策也, 君其用之乎否?" 李曰:"敢不惟命是從." 然跡其行事, 未見其用吾策也. 當此之時, 相與舌爭者, 屢矣. 而情意則自如此, 在辛亥以前也. 其後則余絶口不言. 大抵朋儕, 有過則規之可也, 爭之可也, 至於遽絶則過矣.

홍낙안 같은 경우 공적으로 올리는 글에 끼워넣거나 또 재상에게 글을 올리기까지 했으니, 이는 그저 절교해버리는 정도가 아니었다. 홍낙안이 부당한 이름을 얻은 것은 대개 그가 자초하였기 때문이다. 게다가 누대에 걸쳐 서인과 혼인을 통한 우호를 맺어 무릇 여러 가지 논의가 종종 우리와 조금 달랐고, 사람됨이 너그럽고 온화한 것과는 정반대여서 사람들이 다 꺼리고 미워하였다. 그래서 저들이 화심을 품었다는 명목을 쉽게 갖다붙일 수 있었다. 하물며 듣자니 서인들이 자기를 칭찬하면 반드시 대놓고 좋아했고, 또 저들의 잘못을 잡아내면 남들에게 실로 화심을 품은 일이라고 말하곤 했으니, 애석하다! 척사는 당당한 정론인데도 이 사람 때문에 무너지고 말았으니, 몹시 한탄스럽다. 그렇기는 해도 덕이 안정복처럼 높고, 문장이 이헌경李獻慶**133**과 같으며, 충실하기가 신사원 어른 같은 분들 또한 이 같은 비방을 받았으니, 홍낙안이야 오히려 무슨 말을 하겠는가?

若洪仁伯, 攙入於公車文字, 又上書宰相, 此不特絶之而已. 洪之得不避題目, 蓋其滄浪也. 且屢與西人結姻好, 凡諸論議, 迬迬與吾儕稍異, 爲人反於寬和, 人皆憚惡之. 故彼輩能以禍心之目, 容易加之耳. 況聞西人譽己, 必犁然自得, 又招彼輩疵累, 對人輒說以實禍心之事. 惜乎! 斥邪 **[15/7a]** 是堂堂正論, 而以此人壞了, 可歎可歎. 雖然宿德如順菴, 文章如艮翁, 忠實如舜衡丈, 亦得此謗, 洪尙何言哉.

○ 홍낙민이 일찍이 홍낙안이 재상 김종수와 결탁한 것을 입증하겠다며 말했다.

"한 의원이 일전에 나를 찾아와서 묻더군. '아무 날에 공께서 몽

---

133 이헌경(1719~1791): 본관은 전주, 초명은 성경星慶, 자는 몽서夢瑞, 호는 간옹艮翁이다. 부친은 참판 이제화李齊華다. 1743년 채제공과 함께 정시 문과에 병과로 급제했다. 1751년 정언이 된 뒤 사헌부와 사간원, 홍문관의 직책을 두루 맡았다. 그 후 동부승지, 대사간, 한성부판윤 등을 역임하고 1790년(정조14) 기로소에 들어갔다. 신광수申光洙, 정범조丁範祖, 목만중 등과 함께 남인의 문장가로 꼽힌다.

촌夢村에 가서서 머물러 주무셨는지요?' 내가 말했지. '나는 평소에 김종수를 알지도 못한다네.' 그러자 의원이 말하더군. '공께서는 제게 감추지 마십시오. 제 아우가 재상의 문하였던 적이 있는데, 일전에 제게 남인인 홍주서洪注書가 김종수 대감과 더불어 서로 친해 여러 날 머물러 자고 갔다고 했는걸요.' 지금 우리 중에 새로 급제하고 성이 홍씨인 사람은 나 아니면 홍낙안뿐일세."

○ 洪樂敏, 嘗以仁伯, 締結金相, 立證曰:"有一醫人, 日前來問我曰: '某日公往夢村, 留宿乎?' 余曰: '吾素不識金相.' 醫曰: '公無隱我. 吾弟嘗在金相門下, 日前爲我, 言南人洪注書, 與相公相善, 留宿數日而去.' 云云. 今吾儕中新及第, 姓洪者, 非我則仁伯也."

이 때문에 사람들이 모두 이를 믿었으니, 그 계획을 꾸밈이 간사하고 교활하였다. 그 뒤 채제공이 집안사람들에게 말했다.

"홍낙안이 김종수와 체결했다고 말하는 것은 전부 헛소리다. 올봄에 원행園行(현륭원 행차)할 때 내가 김종수와 함께 대궐 문밖에 같이 앉아 있는데, 김종수가 어떤 사람과 근래의 뜬말의 폐해에 대해 논하다가 이렇게 말하더군. '나는 홍낙안이 어떻게 생겼는지도 모르는데, 세상 사람이 나와 몹시 친하다고 하니, 이 또한 뜬말이 아니겠는가?' 평소 그의 언행으로 볼 때, 틀림없이 거짓으로 꾸며서 덮어 지켜주려는 말을 한 것은 아닐 것이다."

以是人皆信之, 其設計奸且巧矣. 其後樊相語家人曰:"洪樂安締結金相云者, 儘虛語也. 今春園行時, 吾與金同坐閤外, 金與人論近世浮言弊, 乃曰: '吾不識洪樂安面目, 世人謂與余親厚, 此亦非浮言乎?' 蹟其平日言行, 必不作矯飾掩護之詞."

[27]

강이원은 얼마간 재간이 있고 말하기를 좋아했다. 채홍원에게 아첨하여 붙어 한 세상에 명성을 얻었으므로 기세가 당당하였다. 하지만 사람됨이 음험하고 사나웠다. 게다가 술주정을 부려대서 가까이할 수가 없었다. 당시에 재상댁 귀한 손님이라 일컬은 자 중에 벼슬아치로는 이익운을 꼽고, 벼슬하지 않은 선비로는 강이원이 있다고 하였으니, 지극히 가소롭다.

姜履元, 薄有能幹, 好言論. 諂附頤叔, 以致聲譽於一世, 氣勢堂堂. 而爲人陰鷙, 且使酒不可近. 時稱相門貴宅者, 搢紳則季受, 章甫則有履元, 極可笑也.

[28]

약봉藥峯 심단沈檀[134] 판서의 서대犀帶는 그 집안에 대대로 전해진 물건이었다. 임자년(1792, 정조16) 사이에 분실했는데, 이치훈의 무리가 모두 이렇게 말했다.

"목인규가 이 허리띠를 훔쳐내서 재상 김종수에게 바쳤다. 김종수가 만약 조정에 들어오면 목만중을 마땅히 국자장國子長, 즉 성균관대사성으로 만들어줄 것이다."

---

134 심단(1645~1730): 본관은 청송, 자는 덕여德輿다. 호가 약봉, 약현藥峴 또는 추우당追尤堂이다. 3세 때 부친이 세상을 뜨자 외조부인 윤선도 밑에서 공부했다. 1673년 정시 문과에 급제했다. 1680년 경신대출척 때 유배 갔다가 1689년 기사환국으로 풀려나 교리, 부응교, 수원부사를 역임했다. 이후 평안도관찰사, 이조판서, 예조판서, 대사헌, 판의금부사를 지냈다. 1730년 봉조하가 되었다. 경종 연간에 남인 분화 과정에서 허목을 추숭해 윤휴와 허적을 비판하여 문외파를 이끌었다. 성호 이익이 묘지명을 썼다.

하루는 홍낙민이 동촌東村의 여사旅舍로 원외랑 윤행철尹行喆[135]을 찾아와 말했다.

"심단의 서대가 김종수의 집에 있는 것은 입 달린 사람이면 다들 말하는데 다만 분명한 증거가 없을 뿐일세. 자네는 김종수와 사이가 좋은 줄을 우리가 모두 알고 있네. 자네가 만약 한 마디 말로 입증해준다면 이번에 해좌海左 정범조丁範祖[136]가 이조참의가 되고, 영광군수 자리가 비어 있으니 자네를 위해 도모해볼 수 있을 걸세."

윤행철이 말했다.

"내가 비록 굶어죽더라도 어찌 자기를 속이고 남을 속이는 사람이 될 수 있겠는가?"

홍낙민이 불쾌한 기색을 하고 떠나갔다.

목만중이 이 말을 듣고서 말했다.

"서대의 일은 나도 들은 지가 이미 오래다. 이것은 뜬소문이어서, 내가 가만히 있었던 것일 뿐이다. 이제야 저들의 진짜 속내를 알았으니, 내가 상소하여 스스로 해명하겠다. 이렇게 한다면 김종수도 차자箚子를 낼 것이다. 저들의 무리가 어찌 말을 날조한 죄를 면할 수 있겠는가?"

윤행철이 이 말을 듣고는 두 번 세 번 애걸해서 그만두게 하였다.

---

135 윤행철(1740~?): 본관은 남원이다. 1786년 식년시 문과에 급제해 벼슬길에 올랐다. 승문원부정자, 정언, 지평, 봉화현감, 옥구현감 등을 지냈다.

136 정범조(1723~1801): 본관은 나주羅州, 자는 법세法世, 호가 해좌. 시호는 문헌文憲이다. 우담 정시한의 후손으로, 원주 법천法泉에 살았다. 삼사를 거쳐 예문관제학 등을 역임했으며, 벼슬이 형조판서에 이르렀다. 문장으로 영북嶺北의 거벽으로 일컬어졌다. 아들 정약형은 단명하여 요절했다. 순조 원년에는《정조실록》편찬에 참여했다.

목만중이 내게 말해주면서 한동안 혀를 찼었다.

藥峰沈尙書犀帶, 卽其家靑氈也, 壬子年間見失. 致薰輩皆言, 睦仁圭偸出此帶, 納于金相鍾秀. 金相若入來, 餘窩當作國子長云云. 一日洪樂敏, 訪尹員外行喆於東村旅舍, 曰: "沈帶在金相家, 有口皆言. 但無明證耳. 君之與金相相好, 吾儕皆知之. 君若以一言立證, 則今海左爲三銓, 靈光有闕, 可爲君圖之." 尹曰: "吾雖餓且死, 豈可自欺欺人乎?" 洪作色而去. 餘翁得聞此說, 而言曰: "犀帶事, 吾聞之久矣. 此是浮言也, 吾泯黙而已. 今則得渠眞贓矣, 吾可上 **[16/7b]** 疏自明. 如此, 則金箚亦出矣. 渠輩豈得追造言之罪乎?" 尹聞之, 再三哀乞, 以得止. 餘翁嘗爲我言, 咄咄不已.

○ 목만중과 채제공은 시사詩社를 결성한 것이 40년이어서 교분이 몹시 가까웠으므로 다른 사람이 이간질을 할 수가 없었다.[137] 을사년(1785, 정조9) 이후 채제공의 귀에 들어간 것은 모두 도파 사람의 말이어서, 이미 열에 일곱은 의심스러웠다. 무신년(1788, 정조12)에 재상으로 들어간 뒤에도 미동을 들락거렸지만, 새로 귀하게 된 이들이 좌석에 가득해서 감히 한 마디도 꺼내지 못했으니, 위태로운 신세가 채홍리와 다를 게 없었다. 이에 이치훈이 비로소 손을 쓸 수가 있었다.

○ 餘翁與樊相, 結詩社四十年, 交契甚密, 人不可得以綦間也. 乙巳後入樊相之耳者, 皆桃坡言也, 已七分疑之也. 戊申入相後, 亦嘗出入美洞, 而新貴滿座, 不敢出一言. 齷齪身世, 與述台無異. 於是致薰始得下手.

137 목만중과 채제공은 …… 할 수가 없었다: 1780년대 채제공이 명덕산에서 번사樊社라 불리는 시사를 마련했고, 목만중을 비롯해 이정운, 오대익, 채홍리, 유항주 등이 이 시회에 참여했다.

[29]

이치훈이 한번은 직접 이렇게 말했다.

"내가 임금과 비밀스러운 약속이 있어서, 매일 밤 옷을 차려입고 궁중에 들어간다네. 이 때문에 내 형이 죽지 않을 수가 있었고, 이 때문에 내 외숙이 좋은 관직을 얻을 수 있었네. 이 때문에 나 또한 과거에 급제한 것이라네."

성상께서 태평하고 공정하게 다스리시거늘, 어찌 이 같은 일이 있겠는가? 설령 있었다 하더라도 그것을 입에다 발설할 수 있단 말인가?

致薰嘗自言:"吾有密契於今上, 每夜以袍帶入禁中, 以是而吾兄得不死, 以是而吾舅得美官, 以是而吾亦占第." 聖朝淸明, 豈有此事耶? 設有之, 其可發諸口乎?

[30]

광해군 때에 허균許筠은 《칠극七克》을 구입해와서 안채에다 두었다.[138] 성호星湖 이익李瀷[139] 선생 또한 《칠극》을 얻어 본 적이 있었다.

---

138 허균은 《칠극》을 …… 두었다: 허균(1569~1618)이 1614년 여름에 천추사千秋使로, 1615년 겨울에는 동지사겸진주부사로 중국에 다녀오면서 수천 권의 책을 구입해왔는데, 이 가운데 천주교 수양서인 《칠극》이 포함되어 있었다. 《칠극》은 스페인 출신 예수회 신부 판토하D. Pantoja(1571~1618)가 지은 책으로, 1614년 북경에서 7권으로 간행되었다. 죄의 원인을 극복할 수 있는 일곱 가지 덕행을 제시한 수덕서로, 초기 천주교 신자들에게 큰 영향을 미쳤다.

139 이익(1681~1763): 본관은 여주, 자는 자신子新, 호가 성호다. 증조부는 이상의李尙毅이고, 조부는 이지안李志安이며, 부친은 매산梅山 이하진李夏鎭이다. 이하진은 대사헌과 대사간을 지내고, 1680년 경신대출척 때 진주목사로 좌천되었다가 평안도 운산에 유배되었다. 이하진은 이후산의 딸을 맞아 해瀣, 잠潛, 서漵와 목창명睦昌明, 조하주曹夏疇에게 시집간 딸 등 3남 2녀를 두었고, 재취 부인

성호는 학문이 몹시 해박하여 읽지 않은 책이 없었다. 서양의 책도 또한 섭렵하였다. 《성호사설 星湖僿說》을 지어, 이마두 利瑪竇(마테오 리치)[140]를 일컬어 '진짜 성인'이라고 하였다. 이는 대개 그 천문지리에 대한 주장을 취한 것이었다. 서조수 徐祖修는 그가 진짜로 받들어 믿은 것으로 착각해서 글을 지어 이를 비난하고 배척하였다.[141] 이수 耳叟 황덕길 黃德吉[142]이 기치를 세워 무고임을 밝히려 하였지만, 마침내 순

을 맞아 침沉, 익瀷과 정득주鄭得柱에게 시집간 딸 등 2남 1녀를 두었다. 이익은 운산 유배지에서 태어났다. 부친 사망 후 안산으로 돌아와 둘째 형 이잠에게 글을 배웠다. 1706년 이잠이 장희빈을 두둔하는 상소를 올렸다가 역적으로 몰려 47세로 죽었다. 이후 과거를 버리고 학문에만 몰두했다. 83세 때인 1763년 세상을 떴다. 경전 연구에 전념해, 질서疾書 연작을 통해 경학 연구의 새로운 기축을 열었다. 동시에 서학에 대한 관심으로 《칠극》과 《천주실의》, 《직방외기》 등 서학서를 많이 읽었다. 이로 인해 성호의 제자 그룹이 훗날 신서파와 공서파로 갈리는 원인을 제공하기도 했다. 이병휴, 이철환, 이가환 등 집안 제자와 그들의 제자 그룹 중에 신서파가 많았고, 안정복과 황덕길 같은 제자들과 홍낙안, 이기경, 강준흠 등에 의해 공서파의 흐름이 생겨나, 서로 대립했다.

140 이마두(1552~1610): 이탈리아 예수회 선교사 마테오 리치Matteo Ricci다. 1571년 예수회에 가입한 뒤, 1582년 인도를 경유해 마카오에 도착해서 중국어를 공부한 후 1583년 정주 허락을 얻었다. 1601년 북경으로 가서 신종神宗에게 자명종과 양금을 선물해, 북경 거주를 허락받았다. 중국어로 서양 학술서를 번역하는 일에 몰두해서 유클리드 기하학 저술인 《기하원본》과 천주교 교리서 《천주실의》, 《교우론》, 《기인십편》 등 다양한 저술을 한문으로 펴내, 조선 지식인들에게도 큰 영향을 끼쳤다. 《성호사설》 권4에 '이마두'에 대한 언급이 세 차례 나온다 (〈육약한陸若漢〉, 〈애체靉靆〉, 〈화상요돌畵像坳突〉).

141 서조수 …… 비난하고 배척하였다: 원문에는 서조수의 '조祖'가 빠져 있다. 이 내용은 〈순암선생연보順菴先生年譜〉 1788년(정조12) 무신조에 나온다. 황덕일黃德壹(1748~1800)이 서조수가 〈반새설反僿說〉을 지어 이익을 헐뜯자 이 사실을 안정복에게 알려주었고, 이에 관해 변론하는 답장을 보냈다. 서조수의 글에는 '유형원과 이익이 마테오 리치의 무리가 되었다'는 내용이 들어 있었다.

142 황덕길(1750~1827): 본관은 창원, 자는 이길耳吉, 호는 하려下廬 또는 두호斗湖

암 안정복이 그만두게 하였다.**143**

光海時, 許筠購來七克篇, 在內間. 星湖亦嘗得見七克. 星湖爲學淹博, 無書不讀. 於太西書, 亦嘗涉獵之. 作僿說, 稱利瑪竇曰眞聖人也, 盖取其天文地理之說也. 徐△修錯認其眞箇崇信, 作文以譏斥之, 黃耳叟德吉, 欲擧幡卞誣, 卒爲順菴所止.

[31]

《성호사설》은 대개 얻은 대로 적어둔 것이어서, 정리에 차례가 없고 말도 겹치는 것이 많았다. 만년에 안정복에게 깎아서 바로잡을 것을 명하여 10권으로 만들었는데, 바로 오늘날 세상에 돌아다니는 것이다. 예전에 안산군수 아무개가 이 책을 보겠다고 청하자, 집안사람이 잘못해서 초고본을 보내니, 이에 몰래 한 본을 베껴두었다가 당시 권력을 가진 무리에게 전파하였다. 서조수가 얻어 본 것은 바로 이 본本이었다.**144** 정본에는 마테오 리치가 성인이라는 말이 없었다. 이

다. 부친은 황이곤黃以坤이다. 안정복의 문인으로서 성호학파의 도통을 이은 인물로 평가받는다. 이황, 정구, 허목, 이익으로 이어지는 학통을 계승했으며 평생 학문에 전념하여 많은 저술을 남겼다.

143 이수 황덕길이 …… 그만두게 하였다: 안정복의 〈답황신수서答黃莘叟(德壹)書 무신(1788, 정조12)〉《순암선생문집》 권8)에 관련 내용이 보인다.

144 서조수가 얻어 본 것은 바로 이 본이었다: 안정복의 〈답황신수서 무신〉에 "이 글을 세상에 내놓을 때 내가(안정복) 지정한 사람에게만 주어 깊이 간직해두고 꺼내 보이지 않았는데, 이지승李趾承이 빌려가 돌려가며 베껴쓰는 바람에 다른 사람에게 흘러들어간 것이니, 이게 불행을 초래하였습니다. 또 조재만趙載萬 군이 안산군수로 있을 때 원양元陽이 모두 원본을 빌려주어 돌려가며 베낀 것을 보았다고 하였는데, 모인某人이 어떤 본을 보았는지 모르겠습니다"라고 한 내용이 보인다.

윤하는 성호의 외손인데, 일찍이 "우리 할아버지 또한 서양 책의 주장
을 존신尊信하였다"고 하였다.

僿說, 盖其隨得隨錄者, 故用事無次第, 語又重複. 晚年命順菴刪正, 爲十
卷, 卽今行于世者也. 昔安山倅某, 請見此書, 家人誤以草本遺之, 乃潛謄一本,
傳播時輩. 徐所見得者, 卽此本也. 正本則無利瑪竇聖人之語. 李潤夏卽星湖外
孫也, 嘗言: "吾祖亦尊信西書之說." 云.

[32]

섬계剡溪 이잠李潛[145]이 세상을 뜨고 나서 정산貞山 이병휴李秉
休[146]를 세워 후사로 삼았다. 을해년(1755, 영조31)에 이르러 이잠의 처
자식을 노비로 삼아야 한다는 계사를 올리자,[147] 본가에서 이잠의 사
판祠版을 대나무 상자에 담아서 이함휴李咸休의 집으로 보냈다. 이함
휴는 이잠의 서자였다. 그러고는 이렇게 선언했다.

---

145 이잠(1660~1706): 본관은 여주, 자는 중연仲淵, 호가 섬계 또는 서산西山이다.
이잠은 오시복吳始復의 딸과 혼인하여 자식이 없고, 측실에서 갑휴甲休·을휴乙
休·함휴咸休·우휴羽休와 곽종성郭宗城에게 시집간 딸을 두었다. 1706년(숙
종32) 9월 17일 왕세자인 경종을 보호할 목적으로 김춘택, 이이명 등 서인이
세자에게 불리하다는 상소를 올렸다가 국문을 받던 중 몰려 18차의 형문 끝에
47세를 일기로 장살당했다. 이만부李萬敷가 묘갈명을 썼다.

146 이병휴(1710~1776): 본관은 여주, 자는 경협景協, 호가 정산이다. 성호 이익의
넷째 형 이침李沉의 셋째 아들로 태어나서 이익의 둘째 형인 이잠에게 출계했
다. 예산군 덕산현 장천리에서 태어났으며, 이익에게 학문을 익혔다. 과거에 뜻
을 버리고, 이익의 경학과 예학을 계승했다. 윤동규에게도 배웠으며, 신후담愼
後聃, 안정복과 교유했다. 제자로는 권철신과 이기양 등이 있다. 이병휴의 묘지
명은 이남규李南圭가 썼다.

147 이잠의 처자식을 …… 계사를 올리자:《승정원일기》에는 이잠의 처자를 노비로
삼아야 한다는 계사가 나오지 않고,《영조실록》의 내용과도 꼭 맞지 않는다.

"서자가 있는지라 국가의 법전에 따라서 애초에 후사를 세우지 않았다."

당시의 권력자가 듣도록 했던 것이다. 용호龍湖 윤동규尹東奎[148] 어르신이 성호 이익에게 글을 올려 이 일을 따졌다. 성호가 상경하자, 강세동 어른이 나무라며 말했다.

"이것은 인륜의 중한 일인데, 어찌 집에만 있느라 몰랐다고 말할 수 있습니까?"

성호가 기가 꺾여 사과해마지않았다. 얼마 안 있어 대간의 논의가 그치자, 후사를 세우는 일이 마무리되었다.

剡溪李潛旣死, 立貞山爲後. 至乙亥發剡溪收孥之啓, 本家盛剡溪祠版于竹笥, 送于咸休家. 咸休剡溪庶子也. 仍宣言曰:"有庶子也, 故依國典, 初不立後." 欲使時輩聞之. 尹龍湖丈, 上書星湖而爭 [17/8a] 之. 及星湖上京, 姜龍安丈讓曰:"此人倫之重者, 其可曰在家不知耶?"星湖摧謝不已. 未幾臺論停, 而立後事完矣.

○ 성호는 이잠의 아우여서 과거에 응시할 수가 없었다. 그래서 글을 읽으며 뜻을 구한 지 50년에 마침내 대유大儒가 되었다. 만년에 벼슬 한 자리를 얻은 것은[149] 외가 쪽 아우에게 세력이 있어서였다.

---

148 윤동규(1695~1773): 본관은 파평, 자는 유장幼章, 호는 소남邵南이다. 한성부 용산방에 살다 인천 도남촌에서 45년여를 살다가 서울로 돌아와 지냈다. '용호'는 서울 용산龍山 앞쪽을 흐르는 한강 이름으로, 윤동규가 용산에 거주했기 때문에 윤용호장尹龍湖丈이라 한 것이다. 이익의 문인으로 안정복, 이가환, 권철신 등과 친교를 맺었다.

149 만년에 벼슬 한 자리를 얻은 것은: 이익은 1727년(영조3)에 선공감가감역繕工監假監役에 제수되었으나 나아가지 않았다. 1763년(영조39) 우노예전優老例典에

○ 星湖以剡溪之弟, 不得赴擧, 乃讀書求志五十年, 卒成大儒. 晩年得沾一命, 乃外弟之有力也.

[33]

이윤하가 일찍이 말했다.

"이 책 또한 이미 대궐 안에 흘러들었다네."

내가 크게 나무라며 말했다.

"대궐의 일을 자네가 어찌 안단 말인가?"

이때부터 이윤하가 나를 대하면 감히 말을 꺼내지 못했다. 하지만 이는 그들에겐 다반사였다. 신유년(1801, 순조1)에 정약종丁若鍾**150**이 정조 임금을 무함한 것만 보더라도 알 수가 있다. 그가 사학의 죄에 물든 것은 고사하고, 바로 이 한 가지 이야기만 가지고도 죽음을 용서할 수 없다고 말할 만하다.

李潤夏嘗言: "此書亦已流入大內." 余切責之曰: "宮禁事, 君何以知之?" 自此李對我不敢發. 然此是渠輩茶飯也. 觀辛酉若鍾之誣先朝, 可知也. 其所染邪

따라 첨중추부사僉中樞府事로 승자陞資의 은전을 받았으나, 그해 12월에 세상을 떠났다.

150 정약종(1760~1801): 본관은 나주, 세례명은 아우구스티노다. 정약전의 동생으로, 진주목사 정재원의 네 아들 중 셋째다. 젊어서는 한때 신선설에 빠졌다가 서학서를 접한 이후 여기에 몰두했다. 1800년 주문모 신부가 조직한 명도회의 회장을 맡아 선교에 진력했고, 한문본 교리서에서 중요한 내용을 간추려 한글본《주교요지主教要旨》를 펴냈다. 김건순과 함께 교리서를 종합, 정리해《성교전서聖教全書》라는 책을 쓰던 중 박해를 당해 순교했다. 1801년 2월 26일에 대역죄로 이승훈, 최창현, 홍낙민 등과 함께 서소문 밖에서 참수되었다. 정약종이 정조 임금을 무함했다는 것은, 사헌부의 공사에서 정약종이 정조도 서학을 받아들였다는 취지의 공초를 낸 것을 두고 한 말이다.

罪姑捨, 卽此一款, 可謂殺無赦.

○ 을묘년(1795, 정조19), 최헌중崔獻重**151**의 상소 중에 서루西樓 운운한 대목이 있었다.**152** 이 또한 은연중에 이 뜻을 담고 있었으니, 통분함을 이길 수 있겠는가! 처음에는 명망을 등에 업었다가 끝에 가서는 손가락질하며 배척하니, 이 어찌 신하 된 자가 할 수 있는 바이겠는가? 아! 국가가 저들에게 무엇을 저버렸기에 저들이 감히 이렇게 한단 말인가? 신해년(1791, 정조15)에 윤지충과 권상연이 사형당하고, 을묘년(1795, 정조19)에 윤유일尹有一**153**이 장杖을 맞아 죽었으니, 처분

---

151 최헌중(1745~1809): 본관은 삭녕이고, 자는 치회稚晦다. 초명은 현중顯重이다. 1775년 정시 문과에 급제했다. 관직은 사헌부지평, 홍문관수찬, 함양군사정어사咸陽郡査正御史, 부수찬과 대사간을 역임했고, 품계는 통덕랑通德郞에 이르렀다. 최헌중의 상소는《정조실록》1795년 7월 25일자와 8월 4일자 기사에 보인다. 1801년 2월 4일자의 상소에서도 천주교를 역률로 다스려야 한다고 주장했다.

152 상소 중에 서루 운운한 대목이 있었다: 서루는 문맥으로 보아 혜경궁 홍씨의 거처를 가리키는 듯하나 분명치 않다. 이해 수찬 최헌중이 상소하여 서학을 비판하며 성학聖學에 힘쓸 것을 아뢰자, 구구절절이 약석藥石과 같다는 비답을 내리고 최헌중을 사간원대사간으로 발탁했다. 그런데 다음 달 2일 대사헌 이의필이 상소해 최헌중이 사학을 배척한다는 핑계로 성상을 기롱했으므로 정형正刑에 처할 것을 청했다. 이에 정조는 당파를 편드는 습성을 징치한다는 뜻으로 이의필의 상소를 정원政院의 뜰에서 불사르게 하고, 단천부端川府에 유배하도록 명했다.《승정원일기》1795년 7월 25일, 8월 2일, 8월 3일) 현재《승정원일기》에 수록된 최헌중의 상소문에서 서루 운운한 대목은 보이지 않는다.

153 윤유일(1760~1795): 원문에는 모두 윤해일尹海一로 잘못 적었다. 윤유일은 본관이 파평이고, 윤장尹鏘의 아들로 초기 천주교 신자다. 본명은 바오로다. 여주 점들(지금의 경기도 여주군 금사면 금사리)에서 태어나, 양근 한감개(지금의 양평군 강상면 대석리)로 이주해 살았다. 권철신의 문하에서 배웠고, 권일신과 정약종에게 교리를 배워 입교했다. 1789년 북경의 고베아 주교에게 가는 밀사가 되어 갔고,

이 이처럼 엄정하였다. 저들의 무리가 비록 한 세상을 현혹시키려 한들 그렇게 할 수 있겠는가?

○ 乙卯崔獻重疏中, 有西樓云云, 亦隱映帶得此意, 可勝痛哉! 初則籍重, 末乃指斥, 此豈臣子之所可爲耶? 噫! 國家何負於渠, 渠敢爲此耶? 辛亥持忠相然伏法, 乙卯尹海一杖斃, 處分如是嚴正. 渠輩雖欲熒惑一世, 其可得乎?

○ 서인들이 채제공을 두들기고 뒤흔들 것이라는 이야기는 이미 들어 알고 있었는 데다가 100년간 조정에서 버림받아 칩거하던 끝에 임금이 남인을 곤경에서 건져내고 죄를 털어내어 겨우 성립될 수 있었는데, 만약 사학으로 내몰린다면 남은 부류가 거의 없게 될 것이기에 차마 그렇게 하지는 못하였다. 그러므로 이단이었던 이들을 일반 백성으로 만들라는 내용으로 여러 차례 윤음을 내리셔서 스스로 새로워지게끔 하셨던 것이다. 성상께서 어찌 사학의 무리를 돌봐주고 홍낙안을 억누르셨겠는가? 하지만 겉으로만 본다면 한쪽은 아무리 주류誅戮을 시행해도 소굴은 편안하고, 한쪽은 아무리 죄책감이 없어도 처지는 불안하니, 이 때문에 저들은 마음대로 유세를 부려 사람을 꾀고 협박하고 능멸하여 짓밟아 못하는 짓이 없었다. 이러고도 모자라서 감히 하지 못할 말을 꺼내기까지 하니, 아! 애통하다.

○ 西人鼓撼之說, 旣先入矣. 且念百年廢蟄之餘, 拯拔之, 拂拭之, 僅得成

북경에서 고베아 주교를 만나 성직자 파견 준비에 대해 논의한 뒤 1790년 봄에 귀국했다. 이후 지황(사바), 최인길(1765~1795, 마티아) 등과 함께 성직자 영입을 위해 노력하다가, 1794년 12월 중국인 주문모 신부를 조선에 잠입시키는 데 성공했다. 이후 주 신부의 입국 사실이 발각되면서, 36세 때인 1795년 5월 12일에 최인길, 지황 등과 함께 체포되어 혹독한 형벌을 받고 당일에 죽었다.

立, 若以邪學驅之, 殆無噍類, 不忍也. 故乃以人其人之意, 屢發絲綸, 欲其自新也. 聖上何嘗扶邪黨, 而抑樂安也哉? 然自外面觀之, 一邊雖行誅戮, 而窩窟晏如, 一邊雖無罪責, 而蹤迹不安. 是以渠輩, 肆氣作勢, 誘人脅人, 凌轢人, 無所不至. 此猶不足, 乃發不敢言之言, 吁亦痛矣.

○ 이러한 때 채제공이 진실로 바르고 삿된 것을 변별하여, 대궐에 들어가 임금께 고하여 한 세상의 시비를 바로잡을 수만 있었더라면, 사설邪說의 만연함이 어찌 이 지경에 이르렀겠는가? 채제공은 이를 구분할 수가 없었고, 만년에는 또 정약용 집안과 혼인을 맺는 통에[154] 점점 고질이 되어, 세상의 도리가 어긋나게 하고, 사람들의 마음을 흩어지게 만들어 수습할 수 없는 지경에 이르고 말았다. 이것은 채제공이 그 책임을 면할 수가 없다.

○ 當此之時, 樊相苟能卞別邪正, 入而告之, 以正一世之是非, 則邪說蔓延, 豈至於斯哉? 樊翁不能辦此, 晚來又與丁若鏞結姻, 漸漸成痼, 使世道乖張, 人心渙散, 至於莫可收拾之境, 此則樊相不得辭其責.

○ 홍시보洪時溥[155]의 아들 홍영관洪永觀[156]과 유리환兪理煥[157]의 아

---

154 정약용 집안과 혼인을 맺는 통에: 채제공의 서자인 채홍근蔡弘謹과 정재원의 서녀가 결혼했다.

155 홍시보(1749~?): 본관은 남양, 자는 박여博汝다. 치재耻齋 홍인우洪仁祐의 후손이다. 서울 관현觀峴에 살았다. 1775년 별시 문과에 급제했으나, 정조 즉위 후 시파의 득세로 파방罷榜되었다. 1792년 지평에 제수되었고, 벼슬이 승지에 이르렀다. 1803년 이기경 등과 함께 권유權裕를 탄핵하는 연명 소를 올렸다가 경상도 하동부에 찬배되었다. 아우가 홍시제인데 또한 급제했고, 아들 홍영관도 급제했다.

우 유서환兪瑞煥[158]이 이횡李鋐[159]의 막내아우 이갱李鏗[160]과 창동 이
횡의 집에서 함께 공부를 했다. 강준흠의 아우 강순흠姜淳欽[161]이 오
자, 이횡의 부친인 도정공都正公 이광덕李光德이 이를 막지 못했다. 그
러자 유서환이 갑자기 아프다면서 오지 않았다. 이튿날 홍시보가 강
세정을 이횡의 집에서 만나 큰 소리로 말했다.

"그대가 아들을 이곳에 보내 여러 사람을 연루시키려는 겐가? 내
아들도 데려가겠네."

말을 주고받을 적에 목소리와 낯빛이 모두 사나웠다. 도정공 이광

---

156 홍영관(1777~?): 본관은 남양, 자는 성지成之다. 홍시보의 아들이다. 사위로 우
의정을 지낸 한계원韓啓源이 있다. 1811년 유생의 제製에서 수석을 차지해 직
부전시直赴殿試했고, 1822년 홍문록에 이름이 올랐다. 정언, 대사간, 우부승지
를 지냈다. 정약용의 큰형 정약현丁若鉉의 둘째 사위이며 황사영黃嗣永과는 동
서간이다.

157 유리환(1776~1826): 본관은 기계杞溪, 자가 대경大卿이다. 부친은 유성주兪星
柱이고, 동생이 유서환이다. 사위는 홍영관의 아들 홍대칭洪大稱이다. 고모부
가 권급權伋과 한진하韓鎭夏(한백원韓百源의 부친)다. 장인은 홍희영洪喜榮이다.
1801년 증광시 문과에 급제했다. 1801년 2월 14일, 신봉조申鳳朝가 유리환을
오석충, 이학규와 함께 천주교 신자로 지목해 신문을 요청한 기록이 보인다. 승
문원부정자를 지냈고, 1815년 홍문록에 이름을 올렸다.

158 유서환(1781~1814): 본관은 기계, 자는 희명羲命이다. 유리환의 아우다.

159 이횡(1767~?): 본관은 경주, 자가 여성汝聲이다. 부친은 의금부도사를 지낸 이
광덕이고, 이갱의 형이다. 1795년 식년시에 진사로 급제했다. 권엄의 둘째 사
위다.

160 이갱(李鏗, 1774~?): 본관은 경주, 자가 희길希吉이다. 이광덕의 둘째 아들이었
으나 이존덕李尊德에게 출계했다. 정약용의 숙부 정재진丁載進의 둘째 사위다.

161 강순흠(1776~1854): 원문에서 강준흠의 동생을 '강순흠姜舜欽'이라 한 것은 오
류로 보인다. 이용휴의 사위 중에 강순흠姜舜欽이 있는데, 음이 같아서 혼동한
듯하다. 강준흠의 동행 강순흠姜淳欽은 본관은 진주, 자는 백현伯賢이다.

덕이 양쪽에 유감을 풀라고 권했지만 소용이 없었다.

○ 洪博汝子永觀, 兪理煥弟瑞煥, 與李汝聲之季鏗, 開硯 **[18/8b]** 于倉洞汝聲家. 姜伯源弟舜欽至, 汝聲大人都正公, 不之拒也. 兪忽稱疾不來. 翌日博汝遇明初氏於汝聲家, 大言曰: "君送子于此, 欲連累諸人耶? 吾兒亦當率去." 酬酢之際, 聲色俱厲. 都正公勸解兩憾, 而不可得也.

명초 강세정도 이영李英에게 성을 내며 말했다.

"그쪽에서 이미 나를 끊었거늘, 내가 어찌 홀로 옛정이 있겠는가?"

이때부터 한동네에 살면서도 경조사 때 서로 문안조차 하지 않았다. 신유년(1801, 순조1) 이후 벗들이 전부 홍시보, 이횡, 목만중, 강준흠과 절교하거나 그렇지 않으면 또한 끊임없이 배척하였다. 하지만 이것은 나라에 죄를 얻은 것도 아니고, 나는 끊어버릴 만한 의리가 없었다. 게다가 척사의 명분은 바르고 큰 데 반해, 화심을 품은 흔적은 아직 드러나지 않았음에랴! 이 때문에 나는 이들과 왕래하는 것이 보통 때와 같았다. 얼마 못 가 사흉팔적四凶八賊이라는 주장이 나왔다. 사흉 운운한 것은 나와 이원규, 성영우, 목인규를 가리키고 팔적 운운한 것은 넷에 더해 조중일과 윤익배尹翼培,[162] 최조와 김정원을 추가한 것이다. 흉적이 어떠한 죄명이기에 이치훈과 정약용의 무리가 이처럼 쉽게 남에게 뒤집어씌운단 말인가? 그 또한 천하의 변괴를 모두 지닌 자들이다.

明初氏又怒李英, 曰: "渠旣絶我, 我豈旣獨有舊情乎?" 自是居同閈, 而慶弔不相問. 辛酉後朋儕無不絶交於洪李睦姜, 否則亦擯斥之不已. 然此非得罪

---

162 윤익배(1765~?): 원문에는 '윤익배 尹益培'로 나오나 뒤에서 '익益' 자를 '익翼'으로 수정했다. 윤익배는 본관은 파평, 자는 풍후風后다. 1807년 식년시에 생원으로 급제했다. 생부는 윤기尹愭(1741~1826)인데 윤협尹協에게 입양되었다.

於國家也. 吾無可絶之義, 且況斥邪之名正大, 禍心之迹, 未著乎! 故吾與之過
從如常. 未幾四凶八賊之說, 出矣. 其曰四凶云云者, 指吾與李遠揆成永愚睦仁
圭也, 其曰八賊云者, 添入趙重日尹益培崔照金鼎元也. 凶賊是何等罪名, 而李
致薰丁若鏞輩, 勒加於人, 若是易易? 其亦天下之變怪, 無所不有者也.

[34]

이원규가 한번은 내게 말했다.

"이단을 물리치는 것은 공자와 맹자 때부터 시작되었네. 모두 능히
우리의 도를 밝히려고 사설邪說을 배척했던 것인데, 지금은 이처럼 할
수가 없다 보니 배척하는 사람은 항상 억울함을 당하고, 배척을 당하
는 사람이 늘상 기세를 편다네."

이 말은 진실로 확고한 논의다. 하지만 안정복의 〈서학변西學辨〉
또한 저들에게 주먹질과 발길질을 당했으니, 이것으로 저들이 양주와
묵적보다 심하게 미쳐 날뛰는 줄 알겠다. 비록 맹자가 다시 살아온다
해도 반드시 이를 깨끗하게 물리칠 수는 없을 것이다.

聖一嘗謂余曰: "闢異端, 自孔孟始之. 皆能明吾道, 以斥邪說也. 今也不能
如此, 故斥之者常詘, 而被斥者常伸." 此言誠是確論, 然安順菴西學辨, 亦被彼
輩拳踢, 是知彼之猖獗, 甚於楊墨. 雖鄒聖復起, 必未能闢之廓如也.

○ 해좌 정범조는 산야에 묻혀 사는 사람이다. 하지만 시의時議에
굴복하여 홍인호 대감과 혼사를 끊었고, 삼전三銓(이조참의)이 되자 경
연經筵의 의망擬望에 이가환 대감을 올리려 들었다. 그 기세가 두려워
할 만한 것을 대개 알 수가 있겠다.

○ 海左, 便是山野人, 然而爲時議所屈, 絶婚於雲台, 及爲三銓, 欲擬藻台
於經筵之望, 其氣勢之可畏, 槩可知矣.

○ 문천文川 목조영睦祖永[163]이 한번은 집으로 정약전丁若銓[164]을 찾아갔다. 정약전이 크게 꾸짖어 말했다.

"목씨 성을 가진 자가 기사년(1689, 숙종15)에 엎어지고, 경술년 (1730, 영조6)에 사그라들었으나, 요행히 남은 종자가 있었다. 지금에 목만중이 또 선비들을 죽이려 든다는 말인가? 이후로 목만중은 현헌玄軒 목세평睦世枰[165]의 사당에는 들어가 절을 올릴 수 없도록 해야 한다."

기사년에 수옹睡翁 목내선睦來善[166]이 귀양을 가고, 경술년에 묵

---

163 목조영(1734~1810): 본관은 사천泗川, 자가 경원景遠, 호는 경빈聲濱이다. 부친은 목성유睦聖有, 조부는 목천광睦天光이다. 사마시와 문과에 급제해 1768년에 병조좌랑, 1782~1786년 문천군수를 지냈다. 1772년에 격쟁擊錚하여 목내선의 원통함을 하소연했다가 영조의 엄한 꾸지람을 받은 일이 있다.

164 정약전(1758~1816): 본관은 나주, 자는 천전天全, 호가 손암巽庵이다. 연경재研經齋 또는 매심재每心齋로도 썼다. 조부는 정지해丁志諧이고, 아버지는 진주목사 정재원이다. 어머니는 해남 윤씨로 윤덕렬의 딸이다. 정약용의 형이다. 어려서부터 성호 이익의 학문에 심취했고, 권철신의 문하에 나아가 공부했다. 1783년 사마시에 합격해 진사가 됐고, 1790년 증광시 문과에 급제했으며, 전적과 병조좌랑을 지냈다. 큰형 정약현의 처남인 이벽, 매부 이승훈 등과 가깝게 지내며 천주교에 입교했다. 1801년 신유사옥 때 아우 정약용과 함께 귀양 갔다. 처음 신지도를 거쳐 흑산도에 유배되었다. 그곳에서 복성재復性齋를 열어 생도를 가르치다가 16년 만에 그곳에서 세상을 떴다. 저서로《현산어보玆山魚譜》와《논어난論語難》,《송정사의松政私議》등이 있다.

165 목세평(1487~?): 본관은 사천, 자는 공달公達, 호가 현헌이다. 대사성 김식金湜의 외가 쪽 아우로, 그의 문하에서 공부했다. 학행으로 별과別科에 천거되었으나 과거에는 낙제했다. 기묘사화가 일어난 뒤 다시 과거를 보지 않았다. 아들 목첨睦詹이 문과에 급제해 귀현貴顯하게 되었으므로 관작을 추증했다. 손자 목장흠睦長欽과 목대흠睦大欽이 모두 문과에 올랐고, 증손 목취선睦取善도 문과에 급제했다.

166 목내선(1617~1704): 본관은 사천, 자는 내지來之, 호가 수옹이다. 할아버지는

재黙齋 목천임睦天任[167] 형제가 억울하게 죽었는데, 모두 목조영의 선대였기 때문이다. 하지만 여옹餘翁 목만중과는 상관이 없었다. 어찌 정약전이 고사에 어두운 것이 아니었겠는가? 목만중의 죄를 성토하려고 하면서 그 말이 남의 집안 선대를 범하는 것이 옳겠는가? 목조영은 참으로 엉뚱하게 걸려든 셈이라 하겠지만, 정약전의 의기가 호방하고 웅건하기가 이와 같았다.

○ 睦文川景遠氏, 嘗訪丁若銓於家. 丁大喝曰: "姓睦者, 蹶於己巳, 衄於庚戌, 幸而得有遺種. 今萬中又欲戕殺士類耶? 此後不可使萬中, 入拜玄軒廟." 云云. 己巳睦翁竄, 庚戌黙齋兄弟寃死, 皆景遠氏先故. 而於餘翁不干焉, 豈若銓未諳故事耶? 欲討餘翁之罪, 語侵他家先故, 可乎? 景遠氏眞所云 '魚網鴻罹'[19/9a] 也, 其意氣之豪健如此.

이조참판 목첨이고, 아버지는 지중추부사 목서흠睦敍欽이다. 허목의 문인이다. 1650년 증광시 문과에 급제해 지평, 교리, 판결사 등을 지냈고, 1672년 동지부사로 청나라에 다녀왔다. 1675년 형조판서, 이듬해 대사헌을 거쳐 예조와 호조의 판서를 역임했다. 남인으로 1680년 경신대출척 때 삭직되었다. 그 뒤 우참찬이 되고, 1689년 우의정에 이르렀다. 이해의 기사환국에서 서인西人을 제거하는 데 앞장서 좌의정에 올랐다. 1694년 남인이 몰락하는 갑술옥사가 일어나 절도에 위리안치되었다. 1699년에 풀려나 전리田里에 돌아왔다.

167 목천임(1673~1730): 본관은 사천, 자는 대숙大叔, 호가 묵재 또는 묵암黙菴이다. 지중추부사 목서흠의 증손으로, 할아버지는 좌의정 목내선이고, 아버지는 대사헌 목임일睦林一이다. 1721년 식년시 문과에 급제했고, 관직은 직장에 이르렀다. 신임옥사 때 고변자인 목호룡睦虎龍과 친하게 내왕했다 하여 유배되었다가 정미환국으로 석방되었다. 1730년 무신란戊申亂 때 모의 가담자로 연루되어 1730년에 붙잡혔고, 국옥에서 가노家奴들의 불리한 진술로 매를 맞아 죽었다. 1743년 복관되었다. 형 목천현睦天顯도 아우 목천임에 연좌되어 먼 섬으로 귀양 갔다.

○ 당시 한쪽 사람들은 목만중을 일컬어 '목적 木賊'이라 불렀고, 또 꾸짖는 말을 지어 '속새(束莎)'라고 했다. 대개 우리나라 말이다. 목적을 일러 속새라 한 것은[168] '목睦'과 '목木'이 또 음이 같아서이니, 너무 심하게 미워한다고 할 수 있다.

○ 時一邊人, 稱餘翁, 曰木賊, 又作謔語, 曰束莎, 盖我國方言. 謂木賊曰束莎, 睦與木, 又是音同, 可謂疾之已甚者也.

○ 서울에 사는 목씨들은 모두 목만중과 관계를 끊었다. 여장 목인기는 당질이었지만, 왕래가 몹시 드물어 경조사에만 갈 정도였는데도, 문언文彦목조원은 그를 원수와 같이 보았다. 다만 목조영 어른의 종형제 되는 경집景執목윤중睦允中[169] 형제와 하심夏心목상중睦尙中[170]과는 한집안의 우의를 잃지는 않았다고 한다.

○ 睦氏之住京輦者, 皆絶餘翁, 汝章堂姪也, 而過從甚罕, 能如慶弔而已, 文彦祖元, 卽視同仇讐, 獨景遠丈從兄弟景執氏允中兄弟, 及夏心尙中, 不失族誼云矣.

168 목적을 일러 속새라 한 것은: 목적木賊은 양치식물로 속새과에 속하는 상록의 여러해살이 풀 이름이다. 줄기는 높이가 30~60센티미터가량 되고, 가운데는 비었다. 가지가 없고 마디가 분명하다. 그늘진 습지에서 자란다. 한의학에서 목적은 속새의 줄기를 일컫는데, 안질과 산증, 직장탈출증, 치질, 분변혈, 하혈의 치료 약재로 쓴다. 여기서는 목만중을 목적의 우리말 이름인 속새로 은어처럼 불렀다는 뜻이다.

169 목윤중(1742~1816): 본관은 사천, 자가 경집, 호는 사남沙南이다. 시와 문장에 능했고 글씨도 잘 썼다. 한양 서강가에 살았고, 윤기尹愭와 가깝게 교유했다.

170 목상중(1767~1815): 본관은 사천, 자가 하심이다. 유학幼學으로 정조의 질문에 대답한 내용이 《경사강의經史講義》에 남아 있으나 급제 기록은 없다. 부친은 목조흥睦祖興이고, 심능효沈能孝의 딸과 결혼했다.

○ 이때 임금께서 이석에게 이 일의 허실에 대해 조용히 알아보게 하였다. 이석은 이벽의 아우여서, 일찍이 사학의 무리를 붙들어 지켜주었다. 또 그는 채제공과 사이가 친밀했으므로 일이 있을 때마다 반드시 서로 상의하였다. 이 때문에 힘껏 채제공이 일러주는 말로 고하였으므로, 임금에게 전혀 의심을 받지 않았다. 또 이벽은 제법 총명하고, 얼마간 재예가 있었다. 당초에 권일신權日身[171]과 이승훈이 설법할 적에 윗자리로 모셨으나, 다행히 명성이 없어서 그다지 드러나지는 않았다.

○ 時, 上使李晳, 密探本事虛實. 晳蘗之弟也, 嘗扶護邪黨, 又是樊相之密客也, 每事必相議, 故力以蔡相所告之言, 告之, 則自上斷然無疑. 且蘗頗聰明, 薄有才藝, 當初權李說法時, 推尊上席, 幸而無名聲, 不甚顯焉.

○ 목만중은 내게는 아버지뻘이다. 또 편지로 질문한 것도 여러 번이었다. 강준흠 부자와 이기경은 함께 공부를 같이 한 정의가 있었고, 홍낙안 또한 함께 공부한 인연이 있었다. 그래서 온 세상이 배척하여 물리칠 때에도 보통 때처럼 왕래했으므로 온 세상에서 드러내놓고 심한 비방을 받게 되었다.

○ 餘崙, 是吾父執也, 又以文字質問者數矣. 百源父子及休吉, 俱有同硏之

---

171 권일신(1751~1791): 본관은 안동, 세례명은 프란치스코 하베리오Francis Xavier다. 부친은 관찰사 권암權巖이고, 형이 권철신이며, 안정복의 사위다. 1784년 겨울에 이승훈에게 세례를 받았고, 초기 교회의 중심인물로 활약했다(〈신유사옥 죄인 이가환 등 추안辛酉邪獄罪人李家煥等推案〉, 1801년 2월 11일, 권철신 공초). 1791년 박해 때 체포되었으나 굴하지 않았다. 이에 조정에서는 제주도 유배형을 내렸는데, 7차 심문 때 80세 노모 때문에 마음이 흔들려 회오문悔悟文을 지어올렸다. 결국 예산 유배지로 떠나기 전에 매 맞은 것으로 인해 매부 이윤하(마태오)의 집에서 세상을 떠났다.

誼, 仁伯亦有同研之誼. 故擧世排擯了際, 余則過從如常, 甚爲一世之標謗矣.

○ 권일신은 안정복의 사위였다. 그 형 권철신과 더불어 안정복의
문하에 폐백을 올려 문인이 되었다. 안정복이 〈서학변〉을 짓고서, 권
철신 형제에게 여러 차례 편지를 보내 깨우쳐 돌아오기를 바랐지만,
권철신은 이에 대해 도리어 비난하였다. 남에게 안정복의 단점을 힐
난하여, "그의 학문은 오로지 사학史學이다"라고 하거나, 또 "홍상간洪
相簡 **172**에게 붙어 아첨하였다"고 하였다. 순암 안정복이 세상을 뜨자,
권일신 부자는 한 번도 곡하러 오지 않았으니, 사람 된 도리가 여기에
이르러선 흔적도 없이 사라졌다.**173**

○ 權日身, 順菴女壻也. 與其兄哲身, 執贄於順菴之門. 及順菴作西學辨,
屢移書哲身兄弟, 冀其回悟, 哲身乃反噬之. 數順菴短處于人, 曰: "其學專是
史學." 又曰: "諂附於洪尙簡." 順菴卒, 日身父子, 一不來哭, 人理至此掃如也.

○ 이기양은 장자의 풍모가 있었다. 혼인한 집안의 자제**174** 때문에
한 세상에 표방할 수 있었지만, 실은 사술邪術에 빠져 미혹된 것은 아

---

172 홍상간(1745~1777): 원문은 '홍상간洪尙簡'으로 되어 있으나 홍상간洪相簡의 오
류로 보인다. 홍상간은 조부는 홍계희洪啓禧(1703~1771)이고, 부친은 홍지해洪
趾海(1720~1777)다. 1776년 숙부 홍술해洪述海(1722~1777)의 아들 홍상범洪相範
(?~1777)이 정조를 시해하고 은전군恩全君을 추대하려는 역모를 꾀하다가 발
각되었을 때 홍필해洪弼海, 홍지해, 홍찬해洪纘海 등과 함께 주살당했다.

173 순암 안정복이 …… 흔적도 없이 사라졌다: 순암 안정복이 죽은 1791년 7월에
권일신은 진산 사건으로 인해 조문을 갈 수가 없는 상황이었다. 그러나 자신이
갈 수 없었다면 아들이라도 보내야 했다는 의미가 담겨 있다.

174 혼인한 집안의 자제: 이가환, 권철신, 홍낙민과 사돈간이었다.

니었다. 처음에 안정복에게 수학할 때는 반드시 동구 밖에서 말에서 내려 종종걸음으로 나아왔다. 간혹 묻는 사람이 있으면 이렇게 대답했다.

"어진 이가 있는 마을에 들어설 때도 또한 반드시 예를 표하거늘, 하물며 내 스승을 섬기는 일임에랴?"

그가 문의현감으로 있을 때, 순암 안정복이 이기양에게 편지를 써서, 그 아우더러 잡서를 보지 못하게 해달라고 청하면서, 한글 편지를 가지고 증거로 삼았다. 대개 그 아우 이기성은 바로 순암의 손녀사위로, 사학에 빠져 있었다. 그 어머니 심씨[175]가 순암의 며느리에게 편지를 써서 그가 외도에 빠지는 것을 걱정했으니, 어진 어머니라 할 수 있다. 순암이 이 말을 듣고는 이 말을 편지 속에다 언급했으니, 실제로는 이상한 일이랄 것도 없었다. 이기양이 성을 내며, 다른 날 가마를 타고서 안방 문밖까지 이르러서 내리며 크게 소리 지르면서 말했다.

"남에게 규방 안의 일을 말하니, 독서한 사람도 또한 이렇게 합니까?"

이렇게 말하고는 더 이상 말도 섞지 않고서 가마를 타고 가버렸다고 하니, 이 또한 변괴다.

○ 李基讓有長者風, 以其姻婭子弟之故, 得標榜於一世, 實非沈惑於邪術者也. 當初受學於順菴, 必於洞口外下馬, 趨而進焉, 或有問者, 對曰: "於賢人入里, 亦必式, 況吾師事乎?" 其在文義也, 順菴貽書基讓, 請其弟勿看雜書, 以諺書證之. 盖其弟基誠, 卽順菴孫女婿也, 惑于邪學, 其母沈氏作書于順菴子婦, 憂其外入, 可謂 [20/9b] 賢母也. 順菴聞之, 攙及此語于書中, 實非異事. 基讓恚之, 他日乘轎至寢門外, 乃下大喝, 曰言人閨閤中事, 讀書者亦如是乎云云, 更不交語, 乘轎而出云, 是亦變怪.

---

175 어머니 심씨: 심경한沈經漢의 딸이다.

[35]

집안 아저씨 되는 이도길李道吉 씨가 무진년[176] 겨울에 산송山訟 때문에 해미의 감옥에 갇혔을 때, 말과 행동이 이상한 죄수가 하나 있었다. 물어보니 사학으로 붙잡혀서 갇힌 자였다. 오래되어 친숙해지자, 매번 서학책의 묘한 대목을 말해주었다. 또 이렇게 말했다.

"서학은 신분 상승의 발판입니다. 지금 채제공 대감과 이가환 판서 또한 모두 외워 본받고 있고, 선비의 과거 합격과 벼슬, 천한 사람의 돈과 곡식이 모두 이 속에서 나옵니다."

이는 틀림없이 홍낙민의 무리가 채제공을 빙자해 팔아먹은 말인데도 어리석은 백성들이 취해 믿곤 한다. 이것을 보면 채제공이 사학의 우두머리가 된다는 말은 홍낙민의 무리에게서 나왔지, 홍낙안이나 이기경에게서 나온 것은 아님이 분명하다.

李戚叔道吉氏, 戊辰冬, 因山訟, 逮于海美獄. 有一囚言動異常, 問之以邪學滯囚者也. 久而得親熟, 每言西書妙處. 又曰: "此是發身階梯也. 今蔡相國李尙書, 亦皆誦法, 士子科宦, 賤人錢穀, 皆從此中出." 云云. 此必是洪樂敏輩, 藉賣樊相之說也, 而愚氓取以爲信. 觀此則樊翁之爲邪學領袖者, 出於樂敏輩也, 非出洪李也明矣.

[36]

이원규와 김정원이 한번은 내게 이렇게 말했다.

"사학 하는 무리가 삿된 무리인 것은 진실로 말할 게 못 되네. 하지

---

[176] 무진년: 무진년이라면 1808년인데, 이때는 채제공과 이가환이 모두 세상을 뜬 뒤여서 문맥에 조리가 없다. 1798년 무오년의 오자로 보인다.

만 이를 바른 도리로 배척하지 않으니, 이것이 바로 저들이 화심을 품었다고 말하는 것일세. 이것은 마을 이웃끼리 싸움인데, 우리가 어찌 그 사이에서 공적을 세울 수 있겠는가? 화심을 품었다느니 삿된 무리라느니 하는 말들도 모두 좋은 제목은 아닐세. 그들이 서로를 공격하는 것이 물과 불의 형국이라, 그 형세가 반드시 피를 보고서야 그칠 테니 문을 닫아걸어야 할 것이야."

이것이야말로 절실한 이야기다. 이수 황덕길이 말했다.

"사학은 진실로 배척해야 하나, 이를 바른 도리로 배척하지 않는다면, 이것은 연나라를 가지고 연나라를 치는 것과 무엇이 다르겠는가?"[177]

聖一宗五, 嘗言于余, 曰: "邪徒之爲邪徒, 固無可言. 而斥之不以其道者, 此乃彼輩所謂禍心也. 此鄕隣之鬪, 吾輩豈可立迹於其間乎? 禍心邪徒, 俱非好題目, 其相攻擊如水火, 其勢必見血而止, 閉戶可也." 云云. 此是切實之論矣. 黃耳叟云: "邪固可斥, 而斥之不以其道, 則此何異以燕伐燕也?"

○ 천하의 백천만 가지 일에는 선악과 옳고 그름이 본디 나뉘었으니, 작은 지혜를 가지고 바꿀 수 있는 것이 아니다. 안목을 갖춘 사람이라면 절로 알 수가 있다. 당동벌이黨同伐異의 논의가 일어남에 이르러서는 우이牛李의 득실[178]이 존엄하지 않아 어진 사람과 아첨하는 사

---

177 연나라를 가지고 …… 다르겠는가?: 무도한 제나라가 연나라를 치는 것은 연나라로 연나라를 치는 것과 같다는 말로, 《맹자》〈공손추 하下〉에 나온다. 사학을 치더라도 도리로 해야 한다는 뜻으로 한 말이다.

178 우이의 득실: 당나라 목종穆宗에서 무종武宗에 이르는 시기에 조정 대신 우승유牛僧孺와 이종민李宗閔이 붕당을 맺어 이길보李吉甫, 이덕유李德裕 부자 등과

람을 변별할 수 없었다. 이 두 무리에 이르러서는 옳은 것을 그르다 하고 그른 듯한 것을 옳다고 하니, 이른바 '누가 까마귀의 암수를 알겠는가?'[179]라고 하는 것과 다를 바 없다. 이 두 가지에 대해서는 어느 한쪽을 편드는 논의를 해서는 결코 안 되고, 크게 공정하고 지극히 바른 입장을 유지하려고 해야 한다. 다만 내 마음은 이미 정해져 있으나, 한쪽 사람은 밀어넣고, 한쪽 사람은 이를 만류하니, 신세가 피곤하기 짝이 없다.

○ 天下百千萬事, 善惡曲直, 自有界分, 不可以小智, 變易者也. 具眼者, 自可知之. 至於黨同伐異之論作, 而牛李之得失, 未尊賢佞, 不可得以辦之也. 至於此二黨, 以是而非, 似非而是, 殆所云誰知烏之雌雄者也. 於斯二者, 決不可作扶抑之論, 欲着跟於大公至正之地. 但吾心已定矣, 一邊人推之, 一邊人挽之, 身世不勝疲困.

○ 일종의 양시양비兩是兩非의 논의가 있었다. 하지만 양측이 다 잘못이라는 양비론은 그나마 공심公心이 있지만, 둘 다 옳다는 양시론은 천한 장부의 일이라 하겠다. 《춘추》에서는 의로운 싸움이란 없기 때문에 둘 다 잘못이라고 했다. 둘 다 잘못이라고 하면 양쪽에서 의심을 받게 마련이다.

○ 有一種兩是兩非之論. 而兩非者, 稍存公心矣, 兩是者, 是賤丈夫事也.

불목不睦하여 서로 싸웠다. 두 파벌의 다툼이 40년간 지속되는 사이에 조정은 엉망이 되었다. 여기서는 당파 간의 득실을 따진다는 뜻으로 썼다.

179 누가 까마귀의 암수를 알겠는가: 《시경》〈소아, 절남산지십 小雅節南山之什〉에서 "모두 다 내가 성인이라 말하니, 누가 까마귀의 암수를 알리오〔具曰予聖, 誰知烏之雌雄〕"라고 한 데서 나왔다. 시비 판단의 어려움을 비유하는 표현으로 쓴다.

놀암기략

春秋無義戰, 故兩非之, 兩非之則受疑於兩邊.

[37]

판서 권엄은 비록 양쪽에서 의심을 받았지만, 비방과 헐뜯음이 그 자신에게는 미치지 않았으니, 그는 온전한 사람이다.

[21/10a] 權尙書曮, 雖受疑於兩邊, 而訾謷不及其身, 是爲完人.

○ 휴길 이기경은 본래 성질이 급했다. 하지만 상중喪中에 글을 올린 것은 성질이 급해서가 아니라, 형세가 어쩔 수 없었기 때문이었다. 장악원에서 문계問啓[180]할 때 많은 이야기가 있었지만, 채제공이 모두 지워서 없애버렸다.[181] 단지 이승훈과 더불어 서학서를 보았다는 한 가지 일을 가지고 하염없이 말한 것은, 사실은 이승훈의 처지 때문이었지, 이기경과 홍낙안을 해치는 데 뜻이 있었던 것은 아니었다. 서인西人의 말을 가지고 겁을 주어 "이승훈과 서학서를 보았다면 또한 사학의 무리이니, 서인이 나란히 거론하여 죄를 성토하려고 한다"고 하였다. 이기경이 이를 몹시 괴롭게 여겨 여러 번 채제공에게 편지를 보내 다급함을 고하였지만, 채제공은 연석筵席에 올라가면 아뢰겠다고 해놓고 오래도록 처분이 없었다. 그렇다 보니 이기경이 마침내 글

---

180 문계: 죄과로 퇴관退官당한 사람을 임금의 명으로 승정원의 승지가 계판啓板 앞에 불러 그 까닭을 물어서 아뢰는 일.

181 장악원에서 …… 없애버렸다: 정조는 채제공에게 명하여 목만중, 홍낙안, 이기경 등을 불러 진산 사건의 사실 여부를 조사하게 했다. 이것이 바로 장악원 조사 사건이다. 며칠 뒤 이기경이 상중에 상소하여 조사한 일이 공정치 못하다고 공격하니, 정조는 크게 노하여 이기경을 경원으로 귀양 보냈다. (정약용, 〈정헌묘지명貞軒墓誌銘〉, 《여유당전서》 권15)

을 올리는 행동을 한 것이다. 이 때문에 내가 홀로 "이는 서둘러서 될 일이 아니다"라고 말하는 것이다. 끝내 이기경을 천 리 떨어진 변방 끝자락에 상복을 입은 채 보내게 만들었으니, 또한 채제공도 그 책임을 감히 벗어나지 못할 것이다.

○ 李休吉, 固劻勤矣. 然其喪中上書, 非劻勤也, 勢不獲已也. 樂院問啓, 有許多說話, 而樊翁皆抹去之. 只以與承薰看西書一事, 娓娓說云, 實爲承薰地也, 非有意於害休吉仁伯. 以西人之言, 嚇之, 曰: "與承薰看西書, 亦邪黨也. 西人欲幷擧討罪."云. 休吉甚苦之, 屢致書于美洞, 告急美洞, 美洞許以登筵陳奏, 而久無發落. 則休吉遂有上書之擧, 是故, 余獨曰: "此非劻勤也." 終使李閣服於千里絶塞, 亦樊翁不敢辭其責矣.

○ 강준흠은 이름난 집안의 자손으로, 또 그 문장의 재능이 아낄 만하였다. 창동에서 통문을 낸 뒤에도 또한 자주 채제공과 이가환에게 가서 절을 하였으니, 사귐을 맺고자 해서였다. 채제공과 이가환이 모두 그를 소외시킨 것은 좌우에서 장난치는 아이들이 이간질을 했기 때문이었다. 어찌 오는 사람은 막지 않는다는 뜻과 이렇게 다르단 말인가?

○ 姜是名家子, 又其文華可愛也. 倉洞發文後, 亦數數往拜於美洞貞谷, 欲納交也. 而美洞貞谷, 皆疏外之, 以其左右孅兒之惎間也. 何其異於來者不拒之義耶?

[38]

홍낙안과 이기경, 강준흠이 함께 채당蔡黨과 사당邪黨에게 죄를 얻었지만, 만약 그 지은 죄를 논한다면 이기경과 강준흠은 홍낙안에 비해 가볍다. 그런데도 우리 쪽과 절교하고는 홍당洪黨에 밀어넣은 것이다. 아! 한때의 세력을 끼고서 100년의 원한을 심었으니, 이것은 채당의 잘못이다.

洪李姜, 具得罪於蔡黨邪黨, 而若論其負犯, 則李姜校輕於洪, 而自我絶之, 推而納諸洪黨, 噫! 挾一時之勢, 樹百年之怨, 是蔡黨之過也.

○ 이가환은 채제공과 목만중에 대해 정의情誼가 본래 그다지 도탑지 않았으니, 그 문장력을 시샘했기 때문이었다. 유독 채제공과 목만중만은 서로 가까웠다. 채제공이 영의정에 오른 뒤로 이가환은 점점 친밀해지고 목만중이 점차 소외되자, 목만중과 이가환은 원수가 되고 말았다.

○ 貞谷於美洞餘窩, 情誼本不稠密, 以其文猜也. 獨美洞餘翁相善, 及美洞大拜後, 貞谷漸漸親密, 餘翁漸漸疎外, 而餘翁貞谷, 作一仇敵.

○ 임자년(1792, 정조16)과 계축년(1793, 정조17) 사이에 한 무리의 사람들이 옥폭동玉暴洞[182]에 모여서 서학을 제창하여 천명할 것을 발원하는 글을 짓고, 하늘에 맹서하였다. 글이 이루어지자 이를 〈유통보제流痛普濟〉라 하였다. 이학규李學逵[183]가 이 말을 윤종연尹鍾淵[184]에

---

182 옥폭동: 지금의 서울시 서대문구 옥천동玉川洞과 영천동靈泉洞에 걸쳐 있던 마을로, 옥폭玉瀑(물이 희고 맑아서 옥물이 떨어지는 것 같은 폭포라는 뜻)이 있었다.

183 이학규(1770~1835): 본관은 평창, 자는 성수(醒叟 또는 惺叟), 호가 낙하생洛下生이다. 아버지는 이응훈李應薰이고, 어머니는 이용휴의 딸이다. 부인은 나주 정씨다. 유복자로 태어나 이용휴에게서 공부했다. 외숙부 이가환과 이삼환의 훈도를 받았다. 약관에 포의로 《규장전운奎章全韻》편찬사업에 참여했다. 1801년 신유사옥에 삼종숙 이승훈과 함께 갇혔다가 전라도 능주로 유배 갔고, 같은 해 10월 황사영백서 사건으로 다시 국문을 받고 김해로 유배지를 옮겼다. 23년 만

게 누설했고, 윤종연은 심규에게 알려주니, 심규가 채제공에게 일러주었다. 채제공이 이 일로 저들의 무리에게 질문하니, 이에 심규가 사학하는 무리에게 깊은 죄를 얻었다.

○ 壬子癸丑間, 一隊人會于玉瀑洞, 以倡明西學, 發願爲文, 誓天. 書成, 謂之流痛普濟. 李學逵洩此語於尹鍾淵, 鍾淵告于沈汝漸, 汝漸告于樊翁. 樊翁以此, 質問于彼輩, 於是, 汝漸深得罪於邪黨.

○ 을묘년(1795, 정조19) 이후에 저들의 기염이 조금 수그러들었다. 이는 세상의 도리가 한차례 뒤바뀌었기 때문이다. 당시에 윤유일이 포도청에 체포되었는데, 그 정황과 행적이 의심스러웠다. 임금께서 이에 크게 깨달으시고 이가환과 정약용을 모두 외직에 보임하고 이승훈은 유배 보냈다.[185] 중국 사람이 건너왔다는 이야기가 이 옥사에서 처음으로 나왔다.[186] 권일신과 이승훈은 수족이 신유년(1801, 순조1)[187]에

인 1824년에 해배되었다. 만년에는 신위申緯, 정약용과 왕래했고, 충주로 이주해 세상을 떴다.

184 윤종연: 본관은 해남이다. 윤규학尹奎鶴의 아들로 윤규형尹奎炯에게 입양되었다.

185 이가환과 정약용을 …… 유배 보냈다: 1795년 7월 이가환을 충주목사에, 정약용을 금정찰방에 보임하고, 이승훈은 예산현으로 유배했다. (정약용, 〈자찬묘지명〉 〈집중본〉, 《여유당전서》 권16) / 《정조실록》 1795년 7월 25일, 26일).

186 중국 사람이 …… 처음으로 나왔다: 1795년 5월 한영익韓永益이 주문모 신부의 존재를 알고 이석에게, 이석은 채제공에게, 채제공은 정조에게 보고했다. 이에 정조는 포장 조규진에게 체포하도록 명했는데, 주문모 신부는 피하고, 최인길·윤유일·지황 등이 장살되었다. 이때 목만중이 박장설을 사주해 이가환을 논하도록 했다. 정조는 박장설을 두만강, 동래, 제주, 압록강으로 정배하여 사방 끝을 돌아다니게 했다. (정약용, 〈자찬묘지명〉, 《여유당전서》 권16)

187 신유년: 신해년(1791, 정조15)의 오기인 듯하다. 권일신은 신해년 11월에 죽었

이미 탄로가 났다. 하지만 이가환과 정약용의 경우는 이것이 없었다. 그래서 매번 큰 소리로 말했다.

"나는 애초에 이 같은 일이 없었는데, 홍낙안과 이기경의 무리가 모함해서 얽어넣은 것일 뿐이다."

을축년(1805, 순조5)[188]에 이가환을 문비 間備[189]하시라는 계청 啓 請[190]과 정약용이 스스로를 해명하는 상소가 나왔다. 그러자 홍낙안과 이기경이 모함하여 얽은 죄가 모두 헛수고가 되었다.

이렇게 되자 이가환과 권철신, 정약용이 함께 말했다.

"지금은 내가 이미 분명하게 길을 바꿨다."

내가 황덕길에게 말했다.

"이들의 말을 믿으시는지요?"

황덕길이 말했다.

기 때문이다. 1791년 11월 홍인호가 그의 처벌을 재촉 및 요청한(《승정원일기》 1791년 11월 5일) 것을 시작으로, 11월 7일 그의 처리 문제가 논의되었고, 11월 8일 형조에서 그의 공초를 보고했으며, 11월 12일 그의 집을 수색해 서학서를 소각했다. 11월 16일 유배지인 충청도 예산으로 압송하기에 앞서 열흘 동안 어머니를 보고 돌아오도록 했는데, 옥에서 풀려난 지 얼마 안 돼 죽었다. 《승정원 일기》 1791년 11월 16일 / 정약용, 〈녹암권철신묘지명〉, 《여유당전서》 권15)

188 을축년: 원문에는 을축년(1805)이라 했는데, 다산이 〈자명소〉를 발표한 것은 1797년의 일이다.

189 문비: 잘못을 저지른 관원에게 글을 보내 잘못을 책망하고 충고하면 당사자도 답변을 보내 잘못을 인정하거나 반박하는 제도다. 일반적으로 '추고'와 같은 개념이다. 신하가 임금에게 추고하시라고 계사를 올리면, 임금은 승정원 등에 문비하라고 계하한다.

190 이가환을 문비하시라는 계청: 1797년 4월 도총관 이가환을 엄하게 추고하고, 이어서 숙배하라고 신칙했다. 다음 달 대호군 이가환에게 다시 문계하라고 명했다. 《일성록》 1797년(정조21) 4월 25일, 5월 23일자에 관련 내용이 보인다.

"말하기가 어려운 문제일세. 못 믿겠다고 하면 스스로 새로워지겠다는 길을 끊는 것이 되고, 믿는다 하면 굽혀서 지켜주는 것에 가까울 걸세."

또 말했다.

"당초에 저지른 일조차 분명하게 말하지 않았으니, 오늘에 고쳤다는 것은 믿을 수가 없는 점이 있다."

진실로 확고한 논리다.

○ 乙卯以後, 渠輩氣焰小衰. 此是世道之一變易也. 時尹海一, 被捉於捕廳, 情迹可疑. 上乃大覺, 家煥若鏞皆補外, 承薰編 **[22/10b]** 配. 華人出來之說, 始發於此獄. 權日身, 李承薰, 手脚已露於辛酉. 若貞谷及若鏞, 無是焉. 故每大言曰:"吾初無是事, 洪李輩構誣之耳." 及乙丑, 貞谷問備之啓, 若鏞自明之疏出, 而洪李構誣之罪, 皆爲落空. 至是, 李權丁俱曰:"今則吾已赫然改圖耳." 余語耳叟曰:"此輩之言, 信乎?" 耳叟曰:"難言也. 如不信也, 則絶其自新之路矣, 如信也, 則近於曲護." 又曰:"當初所犯, 旣不明言, 今日改圖, 有未可信." 誠確論也.

○ 상사 윤기환尹箕煥**191**은 충청도 땅의 뛰어난 선비로, 학문과 식견으로 이름이 알려졌다. 반재泮齋(성균관)에서 이인행李仁行**192**과 유

---

191 윤기환(1763~?): 본관은 파평, 자는 좌명左明이다. 1789년 식년시에 진사 장원으로 합격했다. 당시 거주지가 부여였다.

192 이인행(1758~1833): 본관은 진보眞寶, 자는 공택公宅이다. 호는 만문재晚聞齋, 일성日省, 신야新野를 썼다. 경상도 영주 출신으로 퇴계 이황의 형 이해李瀣의 후손이며, 부친은 이관섭李觀燮이다. 1790년에 응제대책應製對策으로 온릉참봉에 발탁되었고, 1801년 고산현감을 지냈으며, 벼슬이 세자익위사익위에 이르렀다. 채당에 속한 인물로, 서학에 대해서도 우호적이어서 정약용과 가까웠다.

회문柳晦文¹⁹³을 크게 꾸짖었다.

"너희는 영남 사람인데, 행실이 이미 비루하여, 날마다 재상의 문으로 가니 무슨 짓인가? 비록 채백규蔡伯規(채제공)가 없다 한들 우리가 남인이 되지 못하겠느냐!"

이에 강이원이 그의 무리들을 불러모아 통문을 내어 그를 성토코자 하였다.¹⁹⁴ 윤기환이 듣고는 크게 두려워하여 관까지 벗고서 사죄하는 바람에, 한때의 웃음거리가 되었다.

○ 尹上舍箕煥, 湖右奇士也, 以文識名. 大責李仁行, 柳晦文于泮齋, 曰尒嶠南人, 行己又卑陋, 日造相門何爲哉, 雖無蔡伯規, 吾儕不得爲南人耶. 於是姜履元, 招集徒黨, 欲發文討之, 尹聞之大恐, 免冠謝罪, 爲一時笑囮.

○ 이숙 채홍원이 일이 있어 문밖으로 나갔다가 날이 저물어서야 돌아왔다. 채제공이 물었다.

"왜 이렇게 늦었느냐?"

채홍원이 대답했다.

"돌아오는 길에 이승훈을 찾아보고 왔습니다."

채제공이 큰 소리로 말했다.

정약용이 해배된 뒤 두릉으로 찾아와 〈남북학술설南北學術說〉 등의 토론을 주고받은 글이 정약용의 친필로 남아 있다.

193 유회문(1758~1818): 본관은 전주, 자가 엽여燁如, 호는 한평寒坪이다. 1783년 진사가 되고, 이조참판에 증직되었다. 대산大山 이상정李象靖의 문인이며, 이상정의 아들인 이완李埦의 딸과 혼인했다. 그의 아들이 정재定齋 유치명柳致明이다.

194 강이원 …… 성토코자 하였다: 정약용의 〈강인백 이원에게 보냄(與姜仁伯履元)〉《여유당전서》권19)에 윤기환의 일로 강이원에게 보낸 편지가 실려 있다.

"이승훈은 무엇 하러 찾아갔더란 말이냐? 이승훈은 여태도 서학서를 읽고 있더냐?"

이는 가을바람에 후회가 싹터서였다.[195]

○ 蔡頤叔, 有事出門外, 日暮始還. 樊翁問曰: "何其遲也?" 對曰: "歸路訪李承薰而來." 翁高聲曰: "訪承薰何爲哉? 承薰尙讀西書否?" 此其秋風悔萌也.

○ 이가환이 외직에 보임된 뒤, 심규가 채제공에게 고하였다.

"이제 와서 이 사람을 돌아보며 아까워할 것이 없습니다."

채제공이 아무 말도 하지 않았다. 이때 백륜伯倫 유하원柳河源[196]이 자리에 있다가 공수拱手하며 말했다.

"심규의 말이 옳습니다."

그래도 채제공은 대꾸하지 않았다. 채제공은 평소에 남 욕을 잘하는 사람이었는데, 두 사람의 말이 혹 그의 마음에 맞지 않았다면, 어찌

---

195 가을바람에 후회가 싹터서였다: 수隋나라 왕통王通의 《문중자文中子》에 "한고조의 〈대풍가〉는 편안할 때에 위태로움을 잊지 않음이니, 그것이 곧 패주가 되려는 마음을 가졌던 것인가? 한무제의 〈추풍가〉는 즐거움이 극에 이르러 슬픔이 온 것이니, 그것이 곧 회개하는 마음이 싹튼 것인가(大風安不忘危, 其覇心之存乎. 秋風樂極哀來, 其悔心之萌乎)"라고 한 데서 나온 말이다.

196 유하원(1747~?): 본관은 진주, 자가 백륜(伯倫 또는 伯崙), 호는 원고圓皐다. 생부는 유위진柳威鎭이며, 유영진柳榮鎭에게 입양되었다. 채제공의 문인으로 오대익, 유항주, 이정원, 목만중, 조시겸, 이규경, 정범조 등과 함께 풍단시회楓壇詩會에 참여했다. 1774년 문과에 급제하고, 1785년 상소를 올려 영남 지역에 천주교가 널리 유포되어 천당·지옥의 설로 혹세무민하고 있으니, 이를 금지할 것을 주장했다. 그 뒤에도 헌납으로 이주석李周奭의 일을 논하다가 흑산도에 유배되었는데, 좌의정 채제공도 이에 연루되어 면직되었다. 1812년 통정대부에 올랐고 이어서 부호군, 호군, 형조판서, 한성부판윤 등을 역임했다.

그저 묵묵히 대답하지 않았을 뿐이었겠는가?

○ 貞谷外補後, 沈汝漸告樊翁, 曰到今不必顧惜此人. 翁黙然, 時柳伯倫在座, 拱手而言, 曰汝漸言是也. 翁又不應. 翁平昔善罵人者, 二言如或不槪於其心, 豈徒黙然不應而已哉?

○ 신해년(1791, 정조15) 이후 목만중이 채제공을 만나서 어쩌다 사학을 언급하면 채제공이 준엄하게 배척하여 입도 뻥끗하지 못하게 했다. 을묘년(1795, 정조19) 이후에 채제공이 목만중에게 말했다.

"자네, 조용히 나 좀 볼 수 있겠는가?"

그 말하는 기색을 살펴보니, 하고 싶은 말이 있는 듯했다. 이튿날 아침 미동으로 찾아가자, 당상堂上을 아무도 없도록 비웠다. 채제공이 말했다.

"지금 사학이 날로 치성해가는데, 우리 중에 여기에 물든 자가 몇 사람이나 되는지 내가 얻어들을 길이 없네. 자네가 나를 위해 말해주게나."

목만중이 말했다.

"나 자신이 화심을 품었다고 지목받은 지 오래입니다. 감히 그 성명을 두루 거론하지는 못하겠구려. 하지만 오늘날 남에게 지목을 받는 자가 진실로 세 사람만은 아닐 것이오. 이후로 사학에 젖어 물들게 되면 장차 어떤 지경까지 이르게 될지 모르겠으니, 이것이 걱정입니다. 갑술년(1694, 숙종20)[197] 이후 여러 차례 변고를 겪다 보니 남인은 거의 씨가

---

197 갑술년: 갑술환국을 말한다. 김춘택金春澤 등 서인들이 인현왕후 복위 운동을 일으키자, 당시 집권 세력이었던 민암閔黯, 이의징李義徵 등 남인들이 이를 빌

말랐습니다. 다행히 대감을 얻어 온전히 보전하여 북돋워 자랄 수가 있었소. 사학이 처음 일어날 때만 하더라도 대감이 저들을 조사해서 솎아내어 다스리지 않았던 것은 스스로 새로워지게 하려 했던 것일 겝니다. 하지만 저들이 도리어 대감의 세력을 빙자해서 겉으로는 온 세상을 위협하고, 속으로는 여러 사람을 그르쳐 이 지경에 이르렀으니, 우리 남인이 장차 멸망에 이르게 생겼소그려. 아! 남인의 명목이 대감으로부터 세워져서, 또 대감에게서 끊어지니, 안타깝고 안타깝습니다!"

채제공이 한참 동안 멍한 채 있었다.

○ 辛亥後, 餘翁見樊翁, 語或及邪學, 樊翁峻斥之, 使不得開口. 乙卯後, 樊翁語餘翁曰: "君能從容見我否?" 視其辭色, 如有所欲言者. 翌朝詣美洞, 堂上虛無人. 翁曰: "今邪學日熾, 吾儕中染跡於此者幾人, 我無由得聞. 請君爲我言之." 餘翁曰: "身被禍心之目, 久矣. 不敢歷擧其姓名, 然而今日爲人指目者, 固非三 **[23/11a]** 人. 此後侵淫薰染, 將不知至于何境, 是可憂也. 甲戌後, 屢經變故, 午人殆無類矣. 幸得大監, 全保而培植之. 及邪學初興, 大監未能鉤覈鋤治, 欲其自新也. 渠輩乃反憑籍大監之勢, 外而威脅一世, 內而詿誤諸人, 乃至于此, 午人將底於滅亡. 噫! 午人名目, 自大監而立之, 又自大監而絶之, 可惜可惜!" 樊翁憮然良久.

○ 을묘년(1795, 정조19) 겨울, 채제공이 아프다 하고는 손님을 사절하고 홀로 외딴 방에서 지내니, 집안사람이 아니고는 만나볼 수가 없

미로 서인들을 제거하려다가 되레 자신들이 화를 당했다. 이를 계기로 남인이 실각하고 서인 일당 정권으로 바뀌는 급격한 정권교체가 이루어졌다. 이로써 인현왕후는 복위되었고, 반면 장희빈은 왕후에서 빈으로 강등되었다. 이후 왕세자(경종) 보호 문제를 놓고 노론과 소론의 대립이 격화되었다.

었다. 채제공이 짧은 차자箚子를 지어 이가환 등 여러 사람의 죄를 청하려고 하였다. 초고가 완성되자 자리의 보료 아래 넣어두었다. 홀로 채윤전蔡潤銓[198]만 그 같은 정황을 알고 있었지만, 거기에 쓴 말이 얼마나 심각한 내용인지는 자세히 알지 못했다.

이튿날 새벽 채홍원이 아침 문안을 마치고 나서 이렇게 고하였다.

"간밤에 미용美庸(정약용의 자)[199]이 와서 이야기하더군요. '대감께서 우리 세 사람을 죽이려 하시는데, 세 사람이 죽으면 자네만 편안할 수 있겠는가? 자네는 사람을 물에 빠뜨릴 때 빠지는 사람이 반드시 손으로 끌어당겨 함께 들어간다는 말을 들어보지 못했던가?' 미용의 이 말이 몹시 두려우니, 만약 차자를 올리시면 화가 반드시 이를 것입니다."

채제공이 눈을 감은 채 대답하지 않았다. 아침밥을 먹는데, 수저를 쓸 때가 되자 거꾸로 세워 밥상머리를 탕탕 소리가 나도록 두들겼고, 이어서 온종일 화난 것마냥 아무 말도 하지 않았다. 날이 저물어 등촉이 오자 이에 차자의 초고를 꺼내서 태워버렸다. 채윤전이 나를 위해 이처럼 말해주었다.

내가 말했다.

---

198 채윤전(1748~1801): 본관은 평강, 자는 문약文若, 초명은 일영一永이다. 1789년 식년시에 진사로 급제했다. 당시 거주지가 진산이었다. 채제공의 추천으로 현륭원 천장 때 지사地師에 뽑혔다. 이후 사재감주부, 의금부도사, 감찰, 서부도사, 의영고주부, 정산현감, 곤양군수 등을 역임했다. 채제공의 〈채윤전 문약이 찾아온 것을 기뻐하며〔喜蔡潤銓文若至〕〉(《번암집樊巖集》 권17)에 채제공 부인의 묫자리를 채윤전이 구했다는 내용이 있어 풍수지리에 일가견이 있었던 인물로 보인다. 채제공은 또 양근에 마련한 채윤전의 집에 상량문 〈채윤전이 양근에 새로 지은 집 상량문〔蔡潤銓楊根新屋上樑文〕〉(《번암집》 권58)을 지어주기도 했다.

199 미용: 원문에는 '미용美容'으로 되어 있으나 오자이므로 수정했다.

"이 차자가 충분히 처음의 잘못을 늦게나마 수습할 만했는데,²⁰⁰ 임금께 올리지 못한 것이 안타깝네."

채홍원이 죽는 것에 겁낸 것은 어째서일까? 자신이 저지른 바가 없었다면, 어찌 죽음에까지 이르겠는가?

○ 乙卯冬, 樊翁告病謝客, 獨處孤室, 非家人不得見. 翁作小箚, 請罪李家煥諸人. 草成, 攝置座縟下. 獨蔡潤銓在傍, 知其狀, 然其措語緊緩, 未之詳也. 翌曉頤叔問寢訖, 告曰: "昨夜美容來言, 大監欲殺我三人, 三人死, 則君獨能晏然乎? 君獨不聞, 濟人於水, 人必援手而入者乎? 美容此言, 甚可畏也. 若上箚則禍必至矣." 翁瞑目不答. 朝飯, 至用匙箸倒竪, 床頭錚錚有聲. 仍終日不語, 若有忿怒者. 日暮燭至, 乃取箚草焚之. 潤銓爲余, 道之如此. 余曰: "此箚, 足可收之桑楡, 而恨未之上徹耳." 頤叔之懘於死, 何也? 身無所犯, 豈至於死耶?

[39]

성균관의 유생들이 이단을 배척하는 상소를 올릴 때 이가환과 이승훈, 정약용의 이름을 차례로 열거했다. 이후와 한성겸韓性謙²⁰¹ 등이 이견을 내세우며, 상소문의 명단에서 우리 이름을 오려냈다. 그래서

---

200 처음의 잘못을 …… 만했는데: 원문은 '수지상유收之桑楡'다. 후한後漢 때 장수 풍이馮異가 적미赤眉의 난을 토벌하기 위해 나섰다가 처음 싸움에서 대패하고, 얼마 뒤에 다시 군사를 정비해 적미의 군대를 격파했는데, 황제가 글을 내려 위로하기를 "처음에는 회계會稽에서 깃을 접었으나 나중에는 민지澠池에서 떨쳐 비상하니, 참으로 '동우에 잃었다가 상유에 수습하였다(失之東偶, 收之桑楡)'라고 할 만하다"고 한 데서 나온 말이다. 동우는 해가 뜨는 새벽을, 상유는 해가 지는 저녁을 뜻한다. 흔히 초년의 실패를 노년에 만회한다는 뜻으로 쓴다.

201 한성겸(1750~1822): 본관은 청주, 자는 공선公善이다. 부친은 한주화韓柱華이며, 처부는 윤선도의 5대손 윤덕림尹德林이다. 1795년 식년시에 진사로 급제했다.

따로 한 편의 상소문을 구성하여 이중경李重庚 [202] 을 소두疏頭로 삼아 장차 올리려고 하였는데 나와 이원규, 심영석沈英錫, [203] 심식沈湜 [204] 만 소청疏廳 [205] 에 나아가지 않았다. 이때 마침 이은유李殷儒 [206] 와 유석명柳石鳴 [207] 이 나를 찾아왔기에, 내가 말했다.

"상소문의 초고는 나왔는가?"

"그렇소."

"몇 사람을 죄주라고 청하였소?"

"아무도 없소."

202 이중경(1745~?): 본관은 연안, 자는 백야白也다. 부친은 이명섭李命燮이다. 1792년 식년시에 생원으로 급제했다.

203 심영석(1767~1841): 본관은 청송, 자는 군실君實, 호는 침송枕松이다. 1800년 별시 문과에 급제한 후 참판을 거쳐 1826년(순조26) 6월 제주목사로 부임했다. 재임 중 선정으로 칭송을 받았다. 1831년 8월 경기도 양주목사로 부임해 1년 1개월 동안 재임했다. 문과에 급제해 우윤을 지낸 이명준의 사위로,《눌암기략》을 지은 이재기가 그의 큰처남이다.

204 심식(1771~1815): 본관은 청송, 자가 유직幼直이다. 조부는 심각沈殼, 부친은 심경석沈景錫이며, 심오沈澳의 아우다. 처부는 이지광李趾光이다. 1809년 증광시에 급제했고, 명릉별검을 지냈다. 서울 사람으로 심영석과는 한집안이다.

205 소청: 상소를 올리기 위해 모여서 논의하는 장소를 말한다.

206 이은유(1758~1820): 본관은 연안, 자는 중호仲皓다. 박천博泉 이옥李沃의 현손玄孫이며, 부친은 이경연李絅延이다. 1795년 진사시에 급제했다. 규장각 소장의 《동린록》 26책 787면에 〈진사이은유저반중서進士李殷儒抵泮中書〉가, 789면에 〈저문외지구서抵門外知舊書〉가 실려 있다.

207 유석명(1761~?): 본관은 진주, 자는 자소子紹다. 아버지는 유운우柳雲羽다. 1792년 진사시에 합격했다. 서울에 살았고 동생은 유옥명柳玉鳴이다. 유석명이 《눌암기략》의 저자인 이재기에게 준 〈유진사석명여이재기서柳進士石鳴與李在璣書〉와 이재기의 답신 〈이재기답유석명서李在璣答柳石鳴書〉가 《동린록》 26책 792면과 793면에 수록되어 있다.

"그렇다면 논척한 자는 1만 리 밖에 있는 서양 사람이란 말인가? 어찌 그다지 성의가 없는가?"

이은유와 유석명이 말했다.

"논척할 만한 자가 누구겠는가?"

내가 말했다.

"권일신의 아들 권상문權相問 **208**이 지금 포도청에 체포되었으니, 이 또한 두렵고 아까운 자가 아니겠는가?"

이은유가 말했다.

"이석하에 대해서는 어찌하려는가?"

"이석하의 매부가 권상문에게는 사촌형제인데도, 이 사람을 감히 논척하지 못하였으니, 세도를 알 수 있네."

인하여 그들과 함께 한바탕 웃었다. 상소하여 좋은 비답을 받자 저들의 무리가 기뻐 뛰었다. 성균관의 유생들이 이중경의 상소 가운데 '사림을 어육으로 만든다(魚肉士林)'는 말이 있다 하여 벌을 주었다. 상소문을 다듬을 적에 석장碩章 최홍진崔鴻晉 **209**이 말했다.

---

208 권상문(1768~1801): 본관은 안동, 자가 순호舜好, 세례명은 바실리오다. 원문에는 '상문尙文'으로 글자를 잘못 적었다. 권일신의 셋째 아들로, 이후 권철신에게 입양되었다. 오석충의 딸과 결혼했다. 황사영이 1790년 사마시에 급제했을 때 축하차 찾아갔고, 1793년 상중에 황사영이 조문을 오기도 했다《사학징의》 권1, 〈정법죄인질〉, 권상문 진술). 1801년 6월 신유박해 때 체포되어 혹독한 형벌을 받는 와중에 배교한다는 말을 했으나 형조로 압송되었다. 12월 26일 참수형을 선고받고, 이튿날 고향인 양근에서 참수되었다.

209 최홍진(1745~?): 본관은 전주, 자가 석장이다. 생부는 최광택崔光宅이고, 최광욱崔光昱에게 입양되었다. 안산에 거주했다. 1792년 진사시에 합격하고, 1801년 문과에 급제했으며, 승문원교검을 지냈다.

"이 네 글자가 너무 무거우니 고쳤으면 하네."

결국 이 때문에 비방을 얻었다고 한다.

館儒上關異疏, 歷擧李家煥, 李承薰, 丁若鏞之名. 李墀, 韓性謙等立異, 割吾儕名於疏錄. 乃別搆一疏, 以李重庚爲首, 將上之. 余與聖一, 君實, 幼直, 獨不赴疏廳. 適李殷儒柳石鳴訪我, 我曰: "疏草出乎?"曰: "然."曰: "請罪幾人?"曰: "無有."曰: "然則所斥者, 萬里外西洋之人乎? 何其不誠也?"李柳曰: "誰可斥者?"余曰: "權日身子尙文, 見今逮在捕廳, 此亦可畏可惜耶?"**[24/11b]** 李曰: "其於聖勛, 何哉?"曰: "聖勛妹婿於尙文, 爲從兄弟. 此不敢斥之, 世道可知也."仍與之一笑. 疏上而承優批, 渠輩雀躍. 館儒罰重庚疏中有魚肉士林之語. 治疏時, 崔碩章曰: "此四字過重, 請改之."以是得謗云.

○ 병진년(1796, 정조20)에 박장설朴長卨[210]의 상소[211]가 나온 뒤에 정약용이 상소를 올려, 지난날 잘못한 죄를 통렬하게 말하며 스스로

---

210 박장설(1729~?): 본관은 밀양, 자는 치교稚敎, 호가 분서汾西다. 경기도 통진에서 살았다. 1774년 증광시 문과에 급제했고 장령, 집의를 거쳐 부사직을 지냈다. 1799년 대사간에 임명되었고, 1801년 부호군이 되었다. 노론 벽파 김종수계열의 인물로, 사학邪學을 공격하는 데 앞장선 공으로 참판에 승진했다.

211 병진년에 박장설의 상소: 1795년(정조19) 5월 11일 저녁 최인길, 윤유일, 지황 세 사람이 붙들려와서 12시간 만인 이튿날 새벽 고문 끝에 죽었다. 세 사람이 죽고 53일이 지난 7월 4일에야 대사헌 권유가 이 납득하기 힘든 3인의 죽음에 대한 진상조사를 요청하는 상소문을 올렸다. 이어 사흘 뒤인 7월 7일 행부사직行副司直 박장설은 서유방의 죄와 천주교의 폐해를 상소하다 조적朝籍에서 삭제되고 시골로 쫓겨났다. 이때 이가환을 집중적으로 공격하면서 조카 이승훈의 사서를 구입하게 했다거나, 이가환이 낸 책문策問에서 서양 사람의 설에 입각해 오행五行을 바꿔 사행四行으로 하고 자신의 도제인 정약전을 1등으로 뽑았다는 등의 공격을 했다. 원문에 '병진丙辰'이라 한 것은 상소를 올린 연도로 맞지 않는다. 박장설의 상소는 을묘년(1795)의 일이다.

새로워지겠다고 청하였다. 이승훈의 무리가 힘껏 다투면서 말했다.

"그랬다가는 우리가 삿된 무리라고 자처하는 것일세. 다른 날 홍낙안과 목만중이 비록 우리를 죽인다 하더라도 우리가 할 말이 없게 된단 말일세."

정약용이 듣지 않자, 이 일로 남매 사이가 거의 불목_{不睦}하게 되었다고 한다. 질병에다 비유하자면, 겉으로 드러난 증상은 치료하기가 쉬워도, 드러나지 않은 증상은 치료하기가 어렵다. 정약용의 상소문은 드러난 증세였다. 이것이 우악한 비답을 받게 된 까닭이었다.

○ 丙辰, 朴長卨疏出後, 丁若鏞上疏, 痛言前日詿誤之罪, 請爲自新之地. 李承薰輩, 力爭曰: "然則吾儕自處以邪類, 他日洪睦雖殺我, 我其無辭矣." 丁不聽, 以是娚妹, 幾乎不睦云. 譬諸疾病, 陽症易治, 陰症難治, 丁疏是陽症也, 此所以承優批者也.

○ 이가환이 문계할 때, 애초에는 본래의 일을 감춰 숨겼다. 이 또한 이승훈 무리의 계책이었다. 임금의 지엄한 하교를 받은 뒤에야 사실대로 말하였다.

○ 貞谷問啓, 初則隱諱本事, 此亦承薰輩之計也, 及承嚴敎然後吐實.

[40]

금등 金縢의 일[212]이 계축년(1793, 정조17)에 처음 일어나자, 임금께

---

212 금등의 일: 금등金縢은 비밀문서를 쇠줄로 묶어 단단히 봉해 넣어둔 상자를 일컫는 말이다. 개봉할 수 없는 문서란 뜻이다. 영조가 사도세자 죽인 일을 후회해 "피 묻은 옷이여, 피 묻은 옷이여. 그 누가 안금장과 전천추인가? 오동이여, 오동이여. 나는 귀래망사지대를 후회하노라(血衫血衫, 孰是金藏千秋? 桐兮桐兮, 予

서 채제공을 의리주인義理主人으로 지목하였다. 문하에 출입하는 자들이 모년某年의 의리에 대해 모두들 시끄럽게 떠들어댔다. 만약 자기의 무리가 아니면 배척하면서 서인의 자투리 의론이라고들 하니, 지극히 가소로웠다. 상서 홍수보가 치사致仕를 청하는 상소에서 말했다.[213]

"장헌세자께서 14년간 대리청정을 하셨으니, 사책史冊에 남은 크고 아름다운 모범을《국조보감國朝寶鑑》의 규례대로 모아 한 권의 책으로 만들 것을 청합니다."

윤시동尹蓍東[214]과 심환지가 식객을 시켜 상소하여 신축년(1721, 경종1)과 임인년(1722, 경종2)의 사초史草를 씻어낼 것을 청하자,[215] 담소

梅望思之臺)"라는 글을 지어 신위神位 밑에 있는 요의 꿰맨 솔기를 뜯고 그 안에 넣어두었던 것을, 채제공이 이때 정조에게 알려 처음 공개되었다. 관련 내용이《정조실록》1793년 8월 8일자 기사에 나온다. 이 글에 나오는 당나라 때 안금장과 한나라 때 전천추는 충성스러운 간언으로 이름 높던 신하였다. 또 한나라 무제는 강충江充의 참소로 여태자戾太子를 죽였다. 나중에 무고인 것을 알게 된 무제가 강충의 일족을 멸하고, 태자 죽인 일을 후회하여 귀래망사지대歸來望思之臺를 세웠다.

213 홍수보가 …… 말했다:《정조실록》1795년(정조19) 10월 6일자에 실려 있다.

214 윤시동(1729~1797): 본관은 해평海平, 자가 백상伯常, 호는 방한方閒이다. 예조판서 윤세기尹世紀의 증손으로, 아버지는 윤득민尹得民이다. 1754년 증광시 문과에 급제해 정언과 지평을 지냈고, 제주목사를 거쳤다. 대사간과 대사헌, 개성유수와 형조판서를 지냈다. 김종수, 심환지 등과 함께 노론 벽파의 중심인물이었다. 1795년 이조판서를 거쳐 우의정에 올랐다. 시호는 문익文翼이다.

215 사초를 씻어낼 것을 청하자:《정조실록》1795년 10월 6일에 정언 이안묵李安黙이 올린 상소문으로, 신축년(1721)과 임인년(1722)에 왕통 문제로 소론이 노론을 숙청한 신임사화辛壬士禍 문제를 재론하며, 사학邪學의 폐단과 서유방·서유린의 죄상을 논했다.

홍극호 어른께서 상소하여 이를 통렬하게 논척하였다.[216] 이 일로 죄를 지어 십수 년간 폐출廢黜되었으니, 그렇다면 이것도 서인의 자투리 의론이란 말인가?

金縢事, 始發於癸丑. 上目之以義理主人. 出入門下者, 於某年義理, 喙喙皆鳴, 若非其黨則斥之, 曰西人餘論, 極可笑. 洪尙書乞致仕疏曰: "莊獻世子, 十四年代理, 其鴻謨美範, 垂諸史冊者, 請依國朝寶鑑例, 裒成一編." 尹蓍東沈煥之, 使其客上疏, 請洗去辛壬史草, 淡所丈上疏, 痛斥之. 以是坐廢十數年, 此亦西人餘論乎?

이 두 편의 상소가 그들에게서 나왔더라면 그 명성을 날리는 것이 어떠했겠는가? 그 성이 홍씨라는 이유로 혹시라도 허가한 적이 없었으니, 여기에서 공의公議가 끊어져버린 것이다. 채제공이 도당록을 재차 완료하면서 담소 홍극호를 빼버렸음에도, 서인들 또한 이를 믿지 않았으니, 나중에 반드시 공의가 있을 것이다. 홍극호가 이 상소를 한 뒤에 또 서인에게 밉보여서, 추악한 자로 만들어버려 마침내 청요직淸要職에 뽑히지 못하였으니, 한탄스럽다.

使此二疏, 出於渠輩, 則其揚扢聲名, 顧何如也? 以其姓洪也, 故未嘗或許可之, 於是乎公議絶矣. 樊翁再完堂錄, 淡所見拔, 西人亦不直之, 後來必有公議. 淡翁此疏後, 又見忤於西人, 作一鼇簁, 遂不得淸選, 可嘆.

---

216 홍극호 어른께서 …… 논척하였다: 《정조실록》 1795년 11월 3일자에 실린, 부사과副司果 홍극호가 유성한과 이안묵 등에 관한 일로 올린 상소를 말한다.

[41]

이가환이 한번은 내게 조용히 말했다.

"아는 이들을 거두는 것이 우리의 고심일세. 어떤 괴상하고 귀신 같은 무리들이 반드시 깨끗이 쓸어버리려고 하여 지금에 와서 문득 두 개의 당여黨與가 되고 말았네. 그 마음씀의 옳고 그름은 변별하기가 몹시 쉽다네. 자네는 앞으로 거취를 어떻게 정하려는가?"

또 말했다.

"두 집안의 부형이 살아 계실 적에 근심과 즐거움을 함께하였으니, 이제 두 마음을 가져서는 안 되네."

내가 이에 대답하기가 곤란해서 웃으며 말했다.

"나이가 어리고 재주가 서툴러 제 거취는 세상에서 따질 만한 것이 못 됩니다. 또 시에 말하지 않았던가요? '여기 있어도 싫어하는 이가 없고, 저기 있더라도 미워하는 이가 없다'[217]고요. 이것이 제 뜻입니다."

貞谷嘗從容謂余曰: "收拾知舊, 卽吾輩若心耳. 何物怪鬼輩, 必欲湛滅之, 今則便成二黨, 而其設心之淑慝, 辨之甚易. 君之去就, 將於何爲定?" 又曰: "兩家父兄在世時, 憂樂共之, 今不 **[25/12a]** 可携貳." 余於是難於爲答, 笑曰: "年淺才疎, 去就不足輕重於一世. 且詩不云乎? '在此無斁, 在彼無惡.' 是吾之志也."

○ 우윤右尹 조무범趙武範[218] 어른은 사학을 배척함이 몹시 엄했다. 한번은 나를 위해 이렇게 말해주었다.

---

217 여기 있어도 …… 이가 없다: 선진先秦 시기의 지은이를 알 수 없는 일명시佚名 詩 〈진로振鷺〉에 나오는 구절이다.

218 조무범(1722~?): 본관은 한양, 자는 미성美成이다. 1754년 증광시에 급제했다.

"홍낙민과 이승훈은 좋은 사람이 아닐세. 자네는 이를 잘 알아두게나."

조중일은 우윤 어른의 아들이고, 용안현감 강세동 어른의 사위였다. 두 어른의 이런저런 말씀을 들어보니, '말하기 좋아하고 남 평가하기를 좋아하니, 이것이 큰 병통'이라고 하였다. 한번은 나를 입 없는 바가지라고 조롱하기에 내가 말해주었다.

"내가 세도를 맡게 된다면 내가 할 만한 것이 있을 걸세. 그렇지 않을 경우 결단코 함부로 행동할 수는 없네. 공자의 도덕은 없으면서 《춘추》를 짓겠다고 하는 것이 옳겠는가? 나도 내 마음속에 간직한 《춘추》가 있긴 하네만, 아버님이 돌아가셨을 때 홍낙민의 조문을 받지 않았던 것은 또한 과도한 행동이었네."

○ 趙右尹丈, 斥邪術甚嚴, 嘗爲余言, 曰:"洪樂敏李承薰, 非吉人, 君其識之." 趙重日右尹丈之子, 姜龍安丈之婿也. 得聞其二丈之餘論, 喜言論好評人, 此是大病痛. 嘗嘲余以無口瓠, 余曰:"使我任世道之責, 我有所可爲者, 否則決不可妄動. 無孔子道德, 而欲作春秋, 可乎? 吾則有皮裏春秋, 居父憂, 而不受弔於樂敏, 亦過擧也."

○ 목조원은 목만중의 가까운 친족인데도 항상 그의 살점을 씹어먹고자 하였다. 강복흠姜復欽[219]은 강세정의 조카였지만, 얼굴을 가리고 그 문을 지나쳤다. 인심이 이 지경에 이르렀으니, 차라리 말을 않으려 한다.

219 강복흠(1776~?): 본관은 진주, 자가 계인啓仁이다. 《송담유록》을 지은 강세정의 조카다. 부친은 강세선姜世選이다. 척사론자였던 대사간 성정진의 사위다.

○ 睦祖元, 餘窩之近族也, 常欲食其肉. 姜復欽明初氏之姪也, 而掩面過其門. 人心至此, 寧欲無言.

[42]

송백진宋伯進의 대인[220]이 일찍이 말하였다.

"내 매부인 능지기 홍인하洪人河[221]가 늘 내게 말하기를, '그대가 여색을 낚으려거든 나를 따라 설법에 가지 않겠는가? 설법할 때에는 남녀가 벌거벗고서 한방에 모여 있는데, 비록 가까운 친족이라도 서로 피하지 않고, 여러 눈이 지켜보는 곳에서 교접하면서도 조금의 부끄러운 기색이 없다네. 대개 색욕이 움직이는데 의도적으로 참는 것은 마음을 속이고 하늘을 속이는 것이라더군. 그래서 반드시 이처럼 한다는 게야'라고 하였다."

宋伯進大人, 嘗言: "吾妹婿洪陵直仁河, 常謂我曰: '君欲漁色, 盍從我說法也? 說法時, 男女赤身, 屯聚一室, 雖至親無相避, 交接於十目所視處, 而小無羞色. 盖色慾動, 而用意忍住, 是欺心欺天, 故必如是.' 云."

220 송백진의 대인: 송규환宋圭煥(1737~1795)을 말한다. 백진伯進은 그의 아들 송섬宋暹(1767~1812)의 자이며, 본관은 여산이다. 송섬은 1795년 진사시에 합격했다. 송규환은 자가 현서玄西이며, 두 누이가 있어 홍인하와 이재민에게 시집갔다.

221 홍인하(1744~?): 원문에는 홍인하洪仁河로 되어 있으나 오기로 보인다. 본관은 풍산이며, 자는 백공伯功, 호는 행남杏南이다. 채봉彩峯 홍만수洪萬遂의 증손으로, 생부는 벽암癖菴 홍한보洪翰輔이며, 홍한보의 형 홍면보洪冕輔에게 입양되었다. 충주에 거주했으며, 1794년 장릉참봉에 제수되었다. 생부 홍한보는 권암의 아들 권숙신權淑身을 사위로 맞아 사돈이 되었다.

○ 사학 하는 무리의 법문法門에는 재물을 함께 나누고 여색을 함께 하도록 하였으므로 과부와 홀아비 및 가난하여 스스로 먹고살 수 없는 자들이 모두 기꺼이 내달아가곤 하였다. 비록 천한 종놈이라도 한번 그들의 무리에 들어가면 마치 형제처럼 보아 신분 차별이 있는 줄을 몰랐으니, 이것이 그들이 어리석은 백성을 속여 미혹시키는 꾀였다. 정사년(1797, 정조21)과 무오년(1798, 정조22) 사이에 사서邪書가 크게 유행하자, 책을 빌려주는 자가 큰 이익을 얻었는데, 언문책이 절반을 넘었다고 한다.

○ 邪徒法門, 通貨通色. 故媚女鰥夫及貧窶而不能自食者, 皆樂赴焉. 雖奴隷之賤, 一入其黨, 視之若兄弟, 不知有等分. 此其誆惑愚氓之術也. 丁巳戊午間, 邪書大行, 賃書者獲大利, 諺文過半云.

○ 당초에 권일신과 이승훈이 설법할 때 그 주된 뜻이 오로지 무리를 세우는 데 있었다. 지위가 있고 재지才智가 있는 자는 반드시 계획을 세워 끌어들였다. 서학이 사돈 맺은 집안끼리 만연하게 된 것은 부녀자들 때문이었다.

○ 當初權李說法時, 其主意專在樹黨. 有地處, 有才智者, 必設計引入. 其蔓延於姻婭之家, 以婦女之故也.

○ 집안 아저씨뻘 되는 이정준李貞俊[222] 씨가 충청도에 있는데, 하루는 이가환을 찾아가 만나보고는 친척간의 우의에 대해 이야기를 나

---

[222] 이정준(1745~1805): 생부는 이세범李世範으로 이세검李世儉에게 입양되었다. 이재기의 구촌숙이다.

넜다. 주인이 물었다.

"충청도 또한 시끄럽습니까?"

그가 대답했다.

"농가農家라 남과 만날 일이 드물어 문밖에 무슨 일이 있는지 모르겠습니다. 상경할 때 갈원葛院의 주막집을 지나는데 한 손님이 '무성산武城山 223 안에 사적邪賊이 있다'고는 합디다. 하지만 자세한 것은 알지 못합니다."

주인과 손님 사이에 주고받은 말은 불과 이런 내용이었는데, 이승훈이 앞뒤를 싹 잘라버리고는 이익운에게 알리며 말했다.

"이재기가 소동의 뿌리를 안답니다."

당시 이익운은 밀직사密直司(승지)에 있었으므로 이 말을 임금에게 아뢰어 나를 헤아리지 못할 처지에 빠뜨리려 한 것이었다.

○ 族叔貞俊氏, 在湖中. 而一日往見貞谷, 講戚誼也. 主人問曰: "湖鄉亦有騷屑否?" 答曰: "農家罕與人接, 不知門外有甚事. 上京時, 過葛院店舍, 有一客言曰: '武城山中有賊.' 云, 而未知詳也." 主客酬酢, 不過如斯. 李承薰忽截 **[26/12b]** 去頭尾, 傳告于季受, 曰: "善始知騷屑根因." 時季受在密直, 欲以此言, 轉聞于上, 陷我不測之地也.

이익운이 이 말을 가지고 심영석에게 물었고, 심영석이 내게 전해주었다. 내가 이에 편지를 써서 이를 나무라 모함과 참소를 당할 위급함을 늦추려고 하였으니, 마지못해서 한 일이었다. 이승훈은 답장에서 말을 몹시 얼버무렸는데, 참으로 발뺌하는 말뿐이었다. 얼마 지나지

---

223 무성산: 충남 공주의 우성면과 사곡면, 정안면 경계에 걸쳐 있는 산이다.

않아서 이정권李廷權²²⁴이 이창록李昌祿을 사주해서 내게 투서하여 말했다.

"이것은 사학의 무리들이 몰래 하는 계획이다."

그러고는 계묘년(1783, 정조7)²²⁵과 을사년(1785, 정조9)의 일을 두루 열거하여 입증하였다. 대개 그들의 무리가 내가 한편에게 받아들여지지 않았다고 여겨, 이것으로 자기들의 무리로 끌어들이려고 한 것이다. 내가 본래 척사에는 간여하지 않았던지라 대답 없이 도로 돌려주었다.

며칠 뒤에 이창록이 한글 편지를 지어서 이가환에게 투항하겠다고 빌었다. 이들 무리의 정황은 귀신 같고 물여우 같아서 실로 일상적인 정리로는 헤아릴 수 있는 것이 아니었다. 이정권은 이기경의 집안 조카였다.

季受以此說問君實, 君實傳于余. 余乃作書以責之, 以紓盛弩之急, 非獲已也. 李承薰答書, 語甚糊塗, 眞遁辭也. 未幾李廷權嗾李昌祿, 投書于余, 曰: "此是邪黨暗中之計也." 仍歷擧己卯乙巳事以證之. 盖渠輩以余不容於一邊, 因此欲引入于渠黨也. 余以本事, 不干於斥邪, 無答而還投之. 數日後, 昌祿作諺書, 乞降於貞谷. 此輩情狀, 如鬼如蜮, 實非常情之所可測也. 李廷權, 休吉族姪也.

[43]

이존창李存昌²²⁶은 천안의 상천常賤이었다. 일찍이 군적軍籍에 이

224 이정권(1751~1821): 본관은 전주, 부친은 이만경 李晩慶이다.

225 계묘년: 원문에는 '기묘己卯'인데, 기묘년은 1759년(영조35)이어서 맞지 않는다. 이는 계묘년에 이승훈이 북경에서 세례받고 천주교를 수입해온 일을 가리킨 듯하다.

름이 오르자, 글을 지어 부사에게 호소하였는데, 부사가 그 재주를 어여삐 여겨서 면할 것을 허락해주었다. 처음에 홍낙민에게서 서학서를 받고 온 마음을 쏟아 열심히 익혔기 때문에 그 공부가 점차 고명해져서, 충청도 사람들은 그를 대교주大敎主라 일컬었으니, 참으로 이른바 청출어람이었다. 이기성의 무리가 그를 보면 반드시 공경하여 부지런히 절을 올렸다고 한다. 청주의 감옥에 있을 때는 옥졸들이 모두 그에게 홀려서 미혹되는 통에, 여러 차례 형벌을 가했어도 죽지 않을 수 있었다고 한다.

李存昌天安常賤也. 嘗簽名於軍籍, 爲文訴于太守, 太守憐其才, 而許免之. 初受西書于洪樂敏, 以其專心孜孜也, 故其術漸次高明, 湖中人稱之以大敎主, 眞所謂靑出於藍也. 李基誠輩見之, 必恭勤納拜云. 在淸州獄, 獄卒皆被其狐迷, 屢加刑訊, 而得不死云.

○ 신해년(1791, 정조15) 이후 사옥邪獄을 다스리는 자가 철저하게 회개하여 새사람이 되었다고 공사供辭를 진술하면 모두 놓아보내주

226 이존창(1752~1801): 충청도 예산 여촌(속칭 여사울) 출신으로, 권일신에게서 교리를 배우고 입교했다. 고향인 내포內浦 지역에 천주교를 전함으로써 '내포의 사도'가 되었다. 1787년 예산군수 신사원에게 처음 체포되었고, 이후 1791년에도 체포되어 배교한 뒤 석방되었다. 1795년에 다시 체포되어 옥중생활과 연금생활을 하다가 천안 행수군관으로 차정되기도 했다. 그 후 1801년 2월 5일 또 체포되어 서울로 압송, 2월 26일 정약종과 함께 사형 판결을 받고 공주로 이송되어 참수형을 받았다. 그의 딸 멜라니아는 김대건 신부의 조모이고, 멜라니아의 조카딸이 최양업 신부의 어머니인 이성례 마리아다(배티 사적지 편, 《최양업 신부의 서한》, 천주교 청주교구, 1996, p.173).

었다. 권일신 부자와 최필공崔必恭[227]의 무리 같은 자들이 이들이었다. 이들은 마음과 입을 다르게 써서 눈앞의 화를 면하기만 도모하였으니, 그들이 말한 마음을 속이고 하늘을 속이는 짓이라는 주장과 어찌 이다지도 다르단 말인가? 듣자니 그들은 오늘 예수에 대해 꾸짖고 욕을 하더라도 다음 날 불가에서 참회하는 것처럼 세례를 받고 경문을 외우면 또한 천당에 높이 올라갈 수 있다고 한다. 사학 중에도 또한 거짓 학문이 있음을 알 수 있겠다.

○ 自辛亥以後, 治邪獄者, 以革面革心, 納供, 則皆許放送. 如權日身父子, 及崔必恭輩, 是已. 此輩心口異用, 圖免目前之禍, 何其異於渠所云欺心欺天之說也? 聞渠輩今日詬罵耶蘇, 明日洗頂誦經, 如佛氏之懺悔, 則亦得超升天堂云. 可知邪學中, 亦有僞學也.

[44]

을묘년(1795, 정조19)의 전교 중에 이런 내용이 있었다.

"홍낙안이 여태껏 정학正學을 붙들어세운 칭찬을 받지 못한 것은 그 속내를 미워해서다."

---

227 최필공(1744~1801): 세례명은 토마스다. 혜민서의 의원으로, 1790년 사촌동생 최필제崔必悌(1770~1801)와 함께 교리를 배워 입교했다. 당시 47세가 되도록 가난하여 결혼도 하지 못했었다. 1791년 신해박해 때 '수감하되 특별히 보살펴라'는 정조의 특별한 당부에 굴복해 배교한 뒤 관서關西의 심약審藥으로 차송差送되었고, 임금의 도움으로 혼인까지 했다. 1794년 말 주문모 신부가 입국하자 신부를 찾아가 성사를 받고 교회 활동에 전념했다. 1799년 8월에 다시 체포되었고, 끝까지 배교를 거부했으나, 임금은 그를 석방케 했다. 1800년 12월 17일 또 체포되어, 1801년 2월 26일 58세의 나이로 처형되었다. 2014년 서울 광화문광장에서 교황 프란치스코에 의해 동료 순교자 123위와 함께 시복되었다.

이에 한편의 사람들이 말했다.

"정학을 붙들어세운다(扶正)는 두 글자로 이미 이들 무리의 사특함을 밝혔으니, 핵심은 오로지 결론에 놓여 있다."

또 한쪽의 사람들은 이렇게 말했다.

"구중궁궐에 이미 마음을 비추는 거울을 매달아놓았다."

내가 성인은 하늘과 같고 천도는 예측할 수가 없어서 어진 이가 보면 어질다고 하고, 의로운 사람이 보면 의로운 법이니, 두 가지 주장이 같지 않은 것도 괴이할 것이 없다고 여긴 적이 있었다.

乙卯傳敎中, 有曰: "洪樂安尙未蒙扶正之獎者, 竊惡其心迹." 於是一邊人曰: "扶正二字, 已燭渠輩之爲邪, 精神專在於結語." 一邊人曰: "九重已懸照心之鏡." 余嘗以爲聖人如天, 天道不可測也, 故仁者見之, 以爲仁, 義者見之, 以爲義, 無怪乎二說之不同也.

○ 송진수宋晉修[228]는 대사간의 후예였는데, 낫 놓고 기역 자도 알지 못했다. 수령으로 재직 중인 친구를 찾아다니며 구걸하여, 박자솔놈이朴字率老昧로 세상에 행세하는 자였다. 주머니 안에 간직한 한 장의 기름종이에는 아는 사람 수십 명의 이름을 주욱 써놓았는데, 가는 곳마다 사람들에게 꺼내 보여주며 말했다.

"이것은 회덕 원님의 글씨다. 회덕 원님이 내게 통문을 내어 사학하는 무리의 죄를 성토하도록 하였는데, 내가 어찌 차마 이런 일을 하겠는가?"

사람들이 간혹 물어보았다.

---

228 송진수: 대사간을 지낸 송응개宋應漑의 8대손으로, 부친은 송현구宋賢龜다.

"기름칠은 왜 하였소?"

그가 말했다.

"종이에 보풀이 생길까 염려해서일세."

회덕 원님은 바로 명초明初(강세정) 씨였다.**229** 이존덕李存德의 무리
가 마치 기이한 재화라도 되는 양 살펴보고는 도성 안팎의 아는 이들
에게 떠들고 다녔다. 하지만 이 말을 들은 자들이 반신반의하였다. 믿
는 자는 "송가를 박대했기 때문에 이 같은 추한 꼴이 드러났다"고 했
고, 의심하는 자는 "설령 이 같은 계획이 있다 해도 어찌 이 사람에게
드러낼 수가 있겠는가?"라고 하였다.

○ 宋晉修, 大諫之裔也. 目不識丁. 行乞于知舊作宰處, 以朴字率老味, 行
于世者也. 囊中藏一油紙, 列書知舊數十人姓名, 到處出示於人, 曰: "此懷德
守筆也. **[27/13a]** 懷德倅, 欲使我發文, 討黨邪之罪, 我豈忍爲此?" 人或問:
"塗油何爲?" 曰: "恐紙生毛也." 懷德守明初氏也. 李存德輩, 視若奇貨, 倡說
于中外知舊, 聞者疑信參半. 信者曰: "對宋薄, 故露此醜也." 疑者曰: "設有此
計, 豈可宣露於此人乎?"

○ 나는 채제공이 정승의 자리에 오른 뒤로 일절 그 문에 발길을
두지 않았다. 을묘년(1795, 정조19)에 과거에 급제해서 유가遊街할
때**230** 가서 뵙고 절을 하니, 채제공이 기쁜 낯빛으로 말했다.

"자네가 시간 있을 때 내게 찾아올 수 있겠는가?"

---

229 회덕 원님은 바로 명초 씨였다: 강세정은 1799년 6월에 회덕현감이 되었다.

230 을묘년에 …… 유가할 때: 이재기 자신이 1795년 식년시에 진사로 급제했을 때
　　의 일을 말한다. 그는 1800년에 실시된 별시 문과에서는 장원으로 급제했다.

내가 말했다.

"네, 그렇게 하겠습니다."

그 뒤에 또 머뭇거리다가 가지 못했다. 기미년(1799, 정조23)에 세상을 뜨자, 임금께서 《번암집樊巖集》을 교정하라는 하교가 있으셨다.[231] 벼슬아치와 유생 중에 조금이라도 문명이 있는 자들은 모두 미동 옛집에 모여들었다. 나 또한 무리를 따라 작업에 참여한 것이 여러 날이었다. 하지만 조중일과 윤익배만은 오지 않았다. 하루는 조중일이 갑자기 나를 찾아와서 책망하며 말했다.

"까짓 죽은 정승이 무슨 기염이 있다고, 자네가 쫓아가 붙좇으려하는 겐가?"

내가 정색을 하고 말했다.

"채제공은 원래 사학邪學을 물리치는 데는 엄격하지 않아서 과연인심을 납득시킬 수는 없었네. 하지만 그는 40년간 우리의 영수였고, 이제 세상을 뜨매 내 마음이 나도 모르게 슬프다네. 자네가 이런 말을하니 참으로 화심禍心일세그려."

조중일이 낯빛이 변하더니 일어나서 가버렸다.

○ 余於樊翁大拜後, 一不踵其門. 乙卯遊街時, 往拜之, 翁賜顏色曰: "君可有時訪我否?" 余曰: "唯." 其後又逡巡不往. 及己未捐館, 上有樊菴集校正之敎. 搢紳章甫, 稍有文名者, 咸聚美洞舊第. 余亦隨衆執役者數日, 獨趙重日尹

---

231 임금께서 …… 하교가 있으셨다: 1799년 1월 18일 채제공이 죽자 문인들이 채제공의 자편自編 유고遺稿를 수습하여 교정했고, 다시 이해 가을 정약용과 이가환 등이 채제공의 시문을 교정하고 정리해 올리니 정조가 범례를 내려주었고, 이에 따라 1800년 4월경 이정운, 최헌중, 한치응 등이 《번암집》 편차를 완성했다.

益培不赴. 一日趙忽訪我, 誚之曰:"死政丞有何氣焰, 君欲趨附耶?"余正色
曰:"蔡相元不嚴於斥邪, 果不能厭伏人心. 而此是四十年吾儕領袖, 今焉捐館,
余心不覺悵然. 君有此言, 眞禍心也."趙色變而起.

○ 이때 홍낙안에게 딸이 있었다.[232] 조중일의 조카와 더불어 나이
가 짝이 될 만하였다. 이원규가 사이를 놓아 성사되기를 권했으나, 홍
낙안이 끝내 듣지 않았다. 조중일이 홍낙안에게 노한 것이 이 일에서
비롯되었다.

○ 時仁伯有女, 與趙夏瑞之姪, 年可作對, 聖一居間勸成, 而仁伯終不聽,
夏瑞之怒仁伯始於此.

○ 채제공이 파주로 부처[233]된 뒤에 한성겸과 이은유, 홍이만洪頤
萬[234] 등이 갑자기 승보시陞補試에서 제목이 내걸린 뒤에 대사성에게
시장試場을 파할 것을 청하며 말했다.
"이제 막 상소문을 써서 역적을 성토하려 하니, 의리상 시험을 열
기에 마땅치가 않습니다."
대사성 김방행金方行[235]이 말했다.

---

232 홍낙안에게 딸이 있었다: 홍낙안의 딸은 신필구申弼求에게 시집갔다. 홍낙안의
매부로 조진경趙進慶, 이상성李尙誠, 이원규가 있다.

233 채제공이 파주로 부처: 1792년(정조16) 역적 신기현申驥顯의 아들 신집申㠎이
조흘강照訖講에 합격한 일로 시험관 윤영희尹永僖가 대간의 논핵을 당했는데,
윤영희는 채제공의 오촌당질이다. 정언 이명연李明淵 등이 채제공을 연루시켜
결국 채제공도 장단長湍에 부처되었다.

234 홍이만(1759~?): 본관은 남양, 자는 중양仲養이다. 1795년 진사시에 합격했다.

235 김방행(1738~1793): 본관은 안동, 자는 정보正甫다. 부친은 부제학 김시찬金時

"장차 어떤 역적을 치려 하는가?"

"어떤 역적입니다."**236**

"우리가 이 역적을 성토한 것이 여러 해 되었다. 어찌하여 지금에야 비로소 이를 치려는 겐가? 이것은 시일이 급한 사안이 아닐세. 답안지를 제출한 뒤에 상소문을 쓰더라도 또한 늦지 않을 걸세."

여러 사람이 한동안 힘껏 다투었으나 끝내 시험장을 파하는 것을 허락지 않았다. 문을 열어 나가게 해달라고 청했지만 그마저도 허락하지 않았다. 그래서 협문狹門을 통해 나갔다. 당시 내가 20여 획을 얻어 한 차례 합격하였던 것은 본디 어쩌다 오는 일이었고, 시험을 한 차례 헛되이 보내는 것은 아쉬운 일이다. 하지만 저들은 결단코 두 마음을 품어서는 안 된다고 큰 소리로 논의하다가 다 늦은 저녁에야 천천히 나왔다. 이에 나와 더불어 이름을 다투던 자가 말했다.

"지난번에 먼저 시험장을 파하자는 논의를 제창한 사람은 이아무개입니다."

대사성이 이 말을 믿어, 그 뒤로 연거푸 낮은 등수를 써서, 마침내 급제하지는 못하였다고 한다. 나의 득실은 몹시 적지만, 저들의 하는 일은 기괴하고도 기괴하다.

○ 樊相付處坡州後, 韓性謙李殷儒洪頤萬等, 忽於陞試懸題後, 請泮長罷

粲이다. 1773년 문과에 급제했다. 친구 홍상간이 역적으로 죽자 그 시체를 거두어 매장했다가 유배를 당했으며, 1778년에 특별 방면되었다. 1791년 평안도사, 대사성에 임명되었으나 이듬해 응시한 유생들이 예모를 어긴 자들이 많아 문초를 받았다. 1793년 황해도관찰사로 기용되어 재직 중 임지에서 죽었다.

236 어떤 역적입니다: 채제공의 이름을 직접 쓰기 어려워 '어떤 역적'이라고 표현한 것이다.

場, 曰:"今方治疏討逆, 義不當開試."伴長金方行曰:"將討何逆?"曰:"何逆也."泮長曰:"吾輩聲討此逆, 有年矣. 何爲以今始討之耶? 此非時日之急也, 呈劵後治疏, 亦非晩也."諸人力爭半晌, 終不許罷場. 則請開門出去, 又不許. 乃從狹門出. 時余已得二十餘畫一解. 自是儻來虛度一科, 可惜. 然彼以大論聲言, 決不可携貳, 晩後緩緩出來. 於是與余爭名者, 許于泮長曰:"向者首倡罷場之論者, 李某也."泮長信之, 其後連書低等, 卒不得發解云. 吾之得失甚少, 而彼輩之行事, 奇怪奇怪.

○ 이학규와 신여권申與權[237]은 이종사촌형제로,[238] 도곡에 이웃하여 살았다. 하루는 서학책 한 권이 신여권 집 우물가에 떨어져 있는데, 이웃 사람에게 발각되어 감춰 숨길 수가 없었다. 두 사람이 서로에게 떠밀어, 이학규는 "이것은 신씨 집안에서 나온 것이다"라고 하고, 신여권은 "그가 자기 책을 잘 보관하지 못했다"고 하였다. 사학邪學이 흡사 모자라도 되는지 서로 벗었다 썼다 하니, 이 말을 들은 자가 배꼽을 잡았다.

○ 李學逵, 申汝權, 姨兄弟也, 而隣居桃谷. 一日西書一册, 落在汝權家井

---

237 신여권(1768~1843): 원문에서 신여권申汝權이라 한 것은 신여권申與權의 오자다. 본관은 고령이다. 부친은 신희연申熹淵이며, 이가환의 생질이다. 1801년 황사영백서 사건에 연루되어 체포되었다. 정약용의 숙부 정재진의 맏사위다. 도저동에 살았다. 《고령신씨세보》에는 이름이 신노권申老權이고 초명은 흥권興權이라고 적혀 있다. 모친이 여흥 이씨, 이용휴의 딸이라고 했으니, 동일한 인물이다. 흥권이 여권으로 바뀐 연유는 알 수 없다.

238 이학규와 신여권은 이종사촌형제로: 이용휴는 아들 이가환과 사위로 허만許晩, 이동욱, 신희연, 이응훈李應薰, 강순흠을 두었다. 신희연의 아들이 신여권이고, 이응훈의 아들이 이학규다.

上. 被隣人發覺, 不可得以掩諱, 則兩人互相推諉, 學逵曰 [28/13b] 此其自申
家來者, 汝權曰渠不善藏渠書. 邪學好帽子, 自相脫着, 聞者絶倒.

○ 사길士吉 김수신金秀臣 **239**은 병진년(1796, 정조20) 별시에 응시하
면서 이기경에게 시험에 필요한 도구를 부탁했다. 막상 과거에 급제
한 뒤에는 홍낙민의 집에서 응방應榜 **240**하였다. 거의 양쪽을 농단하는
것에 가깝지 않은가?

○ 金士吉, 將赴丙辰別試, 託試具於李基慶, 擢第後應榜於洪樂敏家, 不幾
近於左右壟斷乎?

○ 김정원과 이원규가 내게 말했다.

"오늘날 처세의 방법은 마음속에 두 가지 종류의 주장을 준비하고
있다가, 이 사람을 만나면 이 주장을 펴고, 저 사람과 대하면 저 주장
을 펴서 사람들의 구설수를 피해야 하니, 이는 참으로 소인의 마음 씀
씀이다. 우리가 그것이 잘못인 줄 깊이 알면서도 때로 이를 저질렀으
니, 좋지 못한 때를 만났다고 할 수 있다."

이 말이 너무 꼭 맞아서 혀를 차게 한다.

○ 金宗五李聖一謂余曰: "當今處世之道, 準備兩種說於心中. 對此人發此
說, 對彼人發彼說, 以避人脣吻. 此眞小人情態也. 吾儕深知其非, 而有時犯之,

---

239 김수신(1752~?): 본관은 안동, 자가 사길이다. 1796년 별시에 장원으로 급제했다.

240 응방: 급제자가 창방 행사에 응한다는 뜻이다. 이때는 공복公服을 갖춰입어야
하고 축하하는 행사를 치르므로 적지 않은 비용이 들었다. 창방唱榜은 과거에
급제한 사람을 호명하여 패牌를 수여하는 의식이다. 대과大科에는 홍패紅牌를
주고 소과小科에는 백패白牌를 주었다. 방방放榜이라고도 한다.

可謂生丁不辰." 此言咄咄逼眞.

○ 이때가 되어서는 우리의 처신이 몹시 어려웠다. 계축년(1793, 정조17)에 화성華城에 궁실을 지은 것 또한 비방을 피하자는 뜻이었다. 어떤 시에서 "이번에 가는 곳도 한가로운 자리이니, 지금 사람 온통 다 급류에 휩쓸리는구나"라 하였으니, 꼭 맞는 말이다.

○ 當此時, 吾輩處身極難. 癸丑築室華城, 亦避謗之意也. 有詩曰: "此去猶閑地, 今人摠急流." 實際語也.

○ 을묘년(1795, 정조19)에 그들이 사학을 금지하는 법망이 조금 느슨해지자, 때때로 내 앞을 지나다녔다. 이렇게 여러 사람이 있는 자리에서 만나게 되면 반드시 좌우를 돌아보며 말을 섞으려 하지 않았다.

○ 乙卯渠輩, 禁網稍闊, 有時過從於我前. 此邂逅稠座, 必左右顧而不肯接語.

○ 성일원成一源[241]의 아버지와 조부는 모두 남인이었다. 기미년

---

241 성일원: 원문의 성일원成一元은 오자로 보인다. 노상추盧尙樞(1746~1829)의 《노상추일기》 1800년(정조24) 3월 초3일자에 "성일원이 도성 안에 들어와 통문을 작성해서 성균관에 들여보냈는데, 그 내용은 기호의 남인 선배를 무함하고 모욕하는 것이었다. 성암省庵 김효원金孝元 이후로 문정공 허목, 고산 윤선도, 백호 윤휴, 남파南坡 홍우원洪宇遠 등의 제현諸賢과 지금의 고관高官들을 차례로 열거했다고 한다. 그 이유를 물으니, 성일원이 지금 매죽梅竹 성삼문成三問의 사손嗣孫이 되기를 도모하고 음관蔭官의 청직淸職에 들기를 바라므로, 돌연 자신의 근본을 배반하고 당색을 바꿀 꾀를 낸 것이라 한다"라는 기록이 보인다. 이 사실을 알고 지평 이기경이 상소로 아뢰자, 정조는 성일원 및 당초 연명 상소에 참여하지 않은 유생도 처벌하라고 명했다. 또 다음 달 정조는 이기경

(1799, 정조23) 봄에 성일원이 갑자기 성균관에 통문을 내서 남인 선배를 하나하나 열거하며 무함誣陷하니, 진실로 일대 변괴였다.

사론士論이 들끓어 상소문을 지어 이를 성토하고자 하였다. 순동巡洞에 사는 유용인柳龍仁의 집에 소청을 차려놓고, 오영吳瑛[242]을 소두로 삼고, 내가 상소문을 짓고, 김정원이 상소문을 읽기로 했다. 얼마 안 있어 대관臺官 이기경이 이 일을 말했으므로 상소문 끝에 이 일을 언급했다. 문내門內의 여러 사람이 그가 먼저 말을 꺼낸 것에 성이 난 데다 뒷전이 된 것을 부끄럽게 여겨, 상소하는 일을 막아 어그러뜨리려 했다. 우리 몇 사람이 여러 날 설전을 벌였지만 끝내 뜻을 돌리지 못했다.

강이원이 편지를 보내 이견을 세우자, 더욱 해괴하고 요망하게 되어, 소청을 둔 지 8~9일이 지나도록 마침내 상소문을 쓰지 못하였다. 들으니 이가환이 이 같은 논의를 힘써 주장했다고 하니, 이 또한 큰 실착이 아닐 수 없다.

대개 성일원은 바로 학사 성삼문의 방계 후손이었다. 호서의 유생을 사주하여 성삼문의 후예가 될 수 있도록 상소로 청하고자 하였다. 그러므로 이런 일을 만들어 서인의 총애를 받으려 했다고 한다.

○ 成一元父祖, 皆午人也. 己未春, 一元忽通文頖中, 歷擧南人先輩誣辱之, 誠一大變怪也. 士論拂鬱, 欲治疏討之, 設疏廳於巡洞柳龍仁家, 吳瑛爲疏頭, 余爲製疏, 宗五爲讀疏. 未幾臺官李基慶言事, 疏尾及此事. 門內諸人, 怒

의 상소 및 승지 이익운의 상소 등을 불태우도록 명했다.《일성록》1800년 2월 22일,《승정원일기》1800년 2월 22일과 3월 2일자에 관련 내용이 보인다.

242 오영(1761~?): 본관은 동복, 자가 영옥英玉이다. 경기도 광주에 살았다. 1804년 식년시에 진사로 급제했다.

其先發, 恥爲後殿, 乃欲沮敗疏事. 吾輩數人舌爭數日, 終不回聽. 姜履元移書
立異, 尤爲駭妄. 設廳八九日, 卒不得治疏. 聞貞谷力主此論云, 此亦大失着.
盖成一元, 卽學士三問傍孫也. 欲喉湖西儒生, 疏請爲成學士後, 故作此擧, 以
納寵於西人云.

[45]

한편의 사람들은 문묵文墨으로 교유하며 자녀도 혼인시켜 그 동아
리 안을 벗어나지 않았다. 을묘년(1795, 정조19) 이후에 이승훈이 처음
으로 혐의를 벗어날 계책을 만들어, 그 아들은 이수 황덕길에게 배우
게 하고, 또 사윤士潤 심유沈浟[243]와 사돈을 맺었다. 이는 황덕길과 심
유가 사학에 물들지 않고 독서로 이름이 있었기 때문이었다. 심유는
이기경의 외가 쪽 형님이어서 혼사를 의논할 때 이기경에게 이 사실
을 모르게 하니, 군실 심영석의 사촌동생인 유직 심식이 여러 차례 그
래서는 안 된다고 말했다. 그러자 성이 나서 매질하였다. 심규와 심영
석 또한 모두 힘껏 이를 말렸지만 듣지를 않았다. 몇 해가 지나지 않
아 그의 아우 유첨幼瞻 심오沈澳[244]가 또 그 딸을 정약용 집안에 시집

---

243 심유(1748~1808): 본관은 청송, 자가 사윤이다. 부친은 심창석이고, 척사의 입
장에 섰다. 소남 윤동규의 문하에서 공부했으며 안정복, 황덕일, 정약용과도 교
유가 있었다. 처부는 이세효李世孝이고, 처외조가 이광부李光溥다. 아들 심동
량沈東亮이 이승훈의 딸과 결혼했다. 심동량의 딸은 정학유의 아들 정대무의
딸과 결혼했다. 1778년 연말경에 심유를 빈으로 모시고 남인 100여 명이 향사
례를 열었다. 또 1784년 초 겨울에 안정복은 심유의 요청에 따라〈천학설문天
學設問〉을 지은 바 있다.

244 심오(1754~1826): 본관은 청송, 자가 유첨, 호는 인곡寅谷이다. 생부는 심창석이
고, 심경석에게 입양되었다. 딸이 정약용의 둘째 아들 학유學游와 결혼했다.

보냈는데, 그는 대개 가난해서 변심한 사람이었다.

一邊人, 文墨交遊, 子女婚嫁, 不出於其圈子內. 乙卯後, 李承薰始生梟徙之計, 使其子, 受學於黃耳叟. 又與沈士潤結姻, 盖以黃沈不染於邪, 而有讀書名故也. 士潤休吉外兄也, 議婚時不使休吉知之, 君實從弟幼直, 屢言其不可, 則怒而答之. 汝漸君實, 亦皆力沮之而不聽. 未數年其弟幼瞻, 又以其女, 妻丁若鏞, 盖貧窮而喪性者也.

○ 이수 황덕길이 이승훈의 아들이 오는 것을 막지 않았던 것은 배우러 오면 받아준다는 도리였으니,[245] 허물이 되기에는 부족하다. 하지만 홍낙안과 이기경은 사학을 보호한다고 말하니, 너무 지나치다. 성재聖宰 홍희현洪羲玄[246]은 목만중의 사위였는데, 성씨마저 홍씨였다. 이 때문에 한편에게 의심받아 벼슬길이 막혔다. 하지만 자주 이가환을 찾아가 절을 올리자, 사람들이 다들 거취에 어둡다고 말했다. 나는 홀로 그렇게 생각하지 않는다. 홍희현의 어머니가 바로 이가환의 사촌여동생이다. 다른 단서가 없는데 어찌 이를 끊을 수 있겠는가?

○ 耳叟之不拒承薰子來, 斯受之義也, 不足爲累. 而洪李則謂之護邪, 過矣過矣. **[29/14a]** 聖宰在餘翁東庠, 且是姓洪者也. 以是疑阻於一邊. 然而數數往

---

245 배우러 오면 받아준다는 도리였으니:《맹자》〈진심 하盡心下〉에 "부자께서 교과를 설치함은 지난날의 잘못을 좇아 허물하지 않으며, 오는 자들을 막지 아니하여, 만일 배우려는 마음을 가지고 오면 받아주실 뿐이다(夫子之設科也, 往者不追, 來者不拒, 苟以是心至, 斯受之而已矣)"라고 한 말에서 나온 것이다.

246 홍희현(1765~1809): 본관은 풍산, 자가 현지玄之 또는 성재이고, 초명은 낙현樂玄이다. 부친은 홍첨한洪瞻漢(1734~1770)이다. 부친의 묘갈명을 목만중이 썼다. 1802년 정시 문과에 급제했다. 벼슬은 병조좌랑, 지평, 장령을 지냈다. 목만중의 사위다.

拜貞谷, 人皆謂之闇於去就. 余獨不以爲然. 聖宰母氏, 卽貞谷從娣也. 豈可無他端而絶之耶?

○ 채제공의 상喪이 겨우 1년이 지났는데, 채홍원이 미동美洞[247]의 옛집을 내다 팔고, 정곡貞谷으로 이사하였다. 이가환 대감과 정약전, 이치훈 형제가 모두 이 동네에 있었다. 그 하는 일을 살펴보면 거의 여우와 도깨비에게 홀린 사람들 같았다.

○ 樊菴之喪, 纔經一朞, 頤叔斥賣美洞舊第, 而移居貞谷, 以藻台及丁若銓 李致薰兄弟, 皆在此洞也, 觀其行事, 殆似爲狐魅所迷者也.

[46]

여성 이횡은 사리 분별이 분명치 않은 적이 없었고, 의논도 준엄하지 않은 적이 없었다. 하지만 시비를 가리는 일이 그 자신에게는 미치지 못했으니, 이것은 정말 미치기 어려운 지점이다.

李汝聲辨未嘗不明, 議未嘗不峻, 而雌黃不及於其身, 是卓乎難及處.

[47]

조린照隣 홍욱호洪旭浩[248] 씨가 홍의호洪義浩,[249] 홍낙안과 서로 좋

---

247 미동: 중구 남대문로 1가와 을지로 1가에 걸쳐 있던 마을. 글자를 무늬로 넣은 담장이 아름다워 미장동美墻洞, 또는 고운담골이라 했는데, 이를 줄여 미동이 되었다. 정곡은 정릉貞陵을 말한다.

248 홍욱호(1740~1817): 본관은 풍산, 자가 조린(照隣 또는 照鱗)이다. 원문에는 조린照隣으로 되어 있으나 목만중의《여와집》에는 조린照鱗으로 나온다. 호는 간구옹艮九翁이다. 증조는 홍만조洪萬朝, 조부는 오천梧泉 홍중징洪重徵이며, 부친은 홍순보洪純輔다.

게 지냈고, 행숙行叔 권건權健²⁵⁰과 여초汝初 이원회李元會²⁵¹는 홍욱
호의 가까운 친구였다. 하지만 두 홍씨는 속이 좁고, 이원회는 사나우
며, 권건은 잡스러우니, 이것이 병통이 되는 곳이다.

洪照隣氏旭浩, 與養仲仁伯相好, 權行叔李汝初爲照隣氏密友也, 而洪隯李
屬權駁雜, 此其病處也.

○ 신유년(1801, 순조1) 큰 옥사에 사형된 자가 ○○명이고,²⁵² 장杖
을 맞아 죽은 자도 이 숫자를 넘는다. 귀양 간 사람 또한 100명 이하
가 아니었다. 이때 형조와 포도청에 체포된 자가 국청鞠廳의 죄수보다
갑절 내지 댓곱절가량인데, 이른바 사족士族은 모두 남인이었고, 오직
김건순金健淳²⁵³과 김백순金伯淳²⁵⁴ 등 몇 사람만 서인이었다. 중인과

---

249 홍의호(1758~1826): 본관은 풍산, 자는 양중養仲, 호가 담녕澹寧 또는 담원澹園
이다. 1784년 급제해 초계문신에 선발되었고, 호조·예조·공조의 판서 등을 역
임했다. 1803년 사은부사로, 1815년과 1823년에는 동지정사로 청나라에 다녀
왔다. 그의 측실에서 태어난 아들 홍희복洪羲福(1794~1859)이 채홍리의 딸과
혼인하여 사돈이 되었다.

250 권건(1745~?): 본관은 안동, 자가 행숙이다. 부친은 권사언權士彦이다.

251 이원회(1749~1802): 본관은 전주, 자가 여초다. 생부는 이엽李燁, 부친은 이섭李
燮이다. 경기도 고양 출신으로, 1777년 생원이 되었다.

252 사형된 자가 ○○명이고: 숫자가 들어갈 자리에 빈칸을 두어 정확한 수를 적
지 않았다.

253 김건순(1776~1801): 본관은 안동, 자는 정학正學이고, 호는 가굴嘉橘이다. 세례
명은 요사팟이다. 경기도 여주 출신이다. 노론의 집안에서 김이구金履九의 둘째
아들로 태어났고, 병자호란 때의 척화신斥和臣 김상헌의 후손인 여주의 종가에
양자로 갔으며, 유한재의 딸과 결혼했다. 1797년 8월 입교해 이희영, 이중배,
원경도 등에게 교리를 전했다. 강이천의 '해도병마설海島兵馬說'에 연루되어 체
포되었다가 석방되었다. 1799년 6월 6일 주문모 신부로부터 세례를 받았고, 신

일반 백성은 또 사족의 갑절 내지 댓곱절가량 되었다. 옥사를 다스릴 때 대부분 무죄로 석방되어, 윤행임尹行恁[255]은 이를 일러 '억울한 옥사(楚獄)'라고 했는데, 지나치고 잘못된 것이 많았기 때문이었다.

이가환이 죽음에 이른 것은 섬계 이잠의 조카였기 때문이었으니,[256] 이것은 위관委官[257]이 의도한 부분이었다. 이가환이 여러 차례 파양해줄 것을 청한 것[258]은 죽게 될 것을 알았기 때문이었다. 그가 공

유박해 때 체포되어 3월 29일 참수당했다. 이로 인해 김상헌의 종손 자격을 박탈당했다. 〈백서〉와 달레의 《한국천주교회사》에는 순교한 것으로 되어 있으나, 관변 측 자료에 의하면 배교한 것이 확실하다.

254 김백순(1770~1801): 본관은 안동, 조부는 김여행金礪行, 부친은 김이중金履中이다. 서울 사람으로, 김건순의 집안 형님이다. 신유박해 때 요서妖書와 요언妖言을 전해 많은 사람을 현혹시켰다는 죄로 1801년 5월 11일 서소문 밖 형장에서 참수형으로 죽었다. 끝까지 신앙을 잃지 않은 인물이다. 《추안급국안》에 처형 당시 나이가 32세로 나온다.

255 윤행임(1762~1801): 본관은 남원, 자가 성보聖甫, 호는 석재碩齋다. 1782년 문과에 급제하고 검열, 주서를 거쳐 초계문신으로 선발되어 규장각대교에 임명되었다. 시파時派로서 도승지, 선혜청제조, 관상감제조, 이조참판, 홍문관제학을 거쳐 실록청이 개국될 때 양관 대제학을 겸했다. 신유박해로 강진현 신지도에 유배되었으나, 곧 풀려나와 예조판서와 전라도관찰사를 역임했다. 전라도관찰사로 재직할 때 옥당玉堂으로부터 서학을 신봉했다는 탄핵을 받아 신지도에 안치되었다가 곧 참형당했다. 헌종 초에 신원되었고 영의정에 추증되었다.

256 섬계 이잠의 조카였기 때문이었으니: 1801년 신유박해가 일어나고, 사헌부집의 민명혁閔命赫은 2월 9일에 "이가환은 흉추凶醜(이잠)의 여얼餘孼로 화심禍心을 품고 불평분자들을 끌어모아 스스로 교주敎主가 되었으니 이승훈, 정약용도 함께 하옥하여 엄히 국문하소서"라고 하였다. (정약용, 〈정헌묘지명〉, 《여유당전서》 권15) / 《순조실록》 1801년 2월 9일)

257 위관: 국청을 설치하여 죄인을 국문할 때 총괄 책임을 맡은 사람으로, 대신 중에서 임명했다.

258 이가환이 여러 차례 파양해줄 것을 청한 것: 파양은 양자관계의 법적 효력을 해

초에서 대답한 말은 두서가 없고 어지러웠다. 어째서이겠는가? 하늘이 그 넋을 빼앗아갔기 때문이라고 할 수 있다. 사술邪術의 한 끝자락을 홍낙임洪樂任[259]에게 끌어다대려 한 것이 바로 당시 권력자들의 고심이었다.[260] 이가환이 갑자기 위관에게 물었다.

"홍낙임이 이미 형을 받았는가?"

이때 가환은 마치 넋이 나간 사람 같아서, 말이 두서없고 알맹이 없기가 이와 같았다. 위관은 감춰진 실정이 있다고 여겨 여러 번 엄한 형벌을 더하니, 이번에는 또 오석충이 홍낙임과 서로 왕래했다는 주장을 펴는 통에, 오석충이 붙잡혀왔다.

○ 辛酉大獄, 置大辟者○○人, 杖斃者, 過於此數, 編配者又不下百數. 時逮捕於秋曹捕廳者, 倍蓰於鞫囚, 所謂士族者, 皆午人. 惟金健淳伯淳若干人西人也. 中庶又倍蓰於士族, 治獄極其平反, 而尹行恁謂之楚獄, 多濫誤矣. 家煥至於死, 以剡溪之姪也, 此則委官用意處. 家煥屢請破養, 知其死也. 其供辭之慌亂, 何也? 可謂天奪其魄矣. 欲使邪術一端, 挺及洪樂任, 卽時輩苦心也. 家煥忽問委官曰: "樂任已行刑否?" 時家煥有若失魂者, 言無倫脊如此. 委官謂

제하는 법률 행위다. 이용휴의 아들 이가환은 이맹휴의 아들인 이구환의 아들 이재적李載績을 양자로 받아들였다. 아마도 아들의 파양을 요청한 것으로 보인다.

259 홍낙임(1741~1801): 본관은 풍산, 자는 숙도叔道, 호는 안와安窩다. 영의정 홍봉한의 셋째 아들로, 영조 때 문과에 장원하여 정언, 문학, 사서, 승지 등의 벼슬을 지냈다. 천주교를 믿었던 그는 신유박해로 제주도에 안치되었다가 곧 사사되었다. (《순조실록》 1801년 5월 29일)

260 사술의 …… 고심이었다: 신봉조가 상소하여 오석충이 흉얼과 체결한 일을 논박했는데, 옥문 밖 졸개가 홍낙임이 바로 흉얼이라고 했다. 안옥대신按獄大臣들이 흉얼이 누구냐고 묻자, 이가환은 오석충과 홍낙임의 체결 여부를 모른다고 했다. 홍낙임의 이름을 말했다는 것을 구실로 고문하니 살갗이 터지고 피가 흘러 정신을 잃을 지경이었다. (정약용, 〈정헌묘지명〉, 《여유당전서》 권15)

有隱情, 屢施嚴刑, 則又發吳錫忠交通樂任之說, 於是錫忠就捕焉.

　○ 홍낙민은 증거가 없어서 위관이 살려줄 뜻이 제법 있었다. 홍낙민은 사람됨이 본래 제멋대로고 독해서, 갑자기 성을 내더니 위관을 노려보며 말했다.

　"반드시 나를 죽이려 한다면 내가 죽어주마. 구차하게 목숨을 연명하면서 여러 번 형벌과 심문을 받느니, 차라리 사실대로 털어놓고 바로 형을 받아 죽으리라."

　인하여 제 입으로 당초에 서학에 물들고 현혹된 정황을 말하니, 바로 저 스스로 지은 화라고 할 수 있다.

　○ 洪樂敏無眞贓, 委官頗有傅生之意. 樂敏爲人, 本爲妄毒, 忽怒視委官曰:"必欲殺我, 我其死矣. 與其苟延性命, 而屢被刑訊, 毋寧吐出情款, 而卽日伏刑."仍自言當初侵惑之狀, 政可謂自作之孽也.

　○ 정약용과 이치훈은 비록 사학을 두호한 죄가 있었지만 본래는 사적邪賊으로 다스린 것은 아니었다. 정약용은 국청에 들어와서 여러 사적이 했던 여러 가지 흉악한 행적을 자세하게 진술하였다. 혹 사람을 물리쳐줄 것을 청하고는 기찰하여 체포하고 붙잡아 조사하는 방법을 일러주기도 했다. 자신의 두 형을 언급할 때면 반드시 고개를 푹숙이며 눈물을 흘렸다. 위관이 이 때문에 낯빛이 흔들렸다. 이치훈은 말을 이랬다저랬다 하며 스스로 자기가 척사한 일을 해명하려고 하면서 제 형이 숨긴 것을 많이 폭로하였으니, 국문에 참여한 여러 사람이 그를 마치 개돼지처럼 보았다. 이 때문에 정약용과 이치훈이 받은 형벌의 경중이 현격하게 달랐다고 한다.

　○ 丁若鏞李致薰, 雖有護邪之罪, 本不以邪賊治之. 丁入鞫廳, 詳 [30/14b]

陳諸賊行凶諸節, 或請辟人, 告以譏捕鉤黷之要. 語及兩兄, 必俯首垂泣, 委官
爲之動色. 李語言閃忽, 欲自明其斥邪之事, 多暴乃兄隱處, 參鞫諸人, 視之若
狗彘. 是以丁李之受刑, 輕重懸殊云.

○ 정약종은 사학책을 싣고 동대문을 나서다가 포도청에 체포되었
고, 공사供辭에서 선왕을 무고하였으므로, 마침내 국청을 열어 사형에
처하였다. 이것이 사옥邪獄의 시초였다. 이가환과 이승훈은 대간의 상
소로 인해 국청에 나아갔다. 그런 뒤에 여러 사적이 줄줄이 엮여들어
포교들이 사방으로 나가게 되었다.

○ 丁若鍾馱邪書出東門, 被捉於捕廳, 供辭誣先王, 遂設鞫正刑, 此是邪獄
之始也. 李家煥李承薰, 因臺疏就鞫, 然後株連乎諸賊, 緹騎四出矣.

○ 오석충은 고질병으로 자리보전하여 기식이 엄엄하던 사람이었
지만, 여러 달 옥에 갇혀 형벌을 받은 것이 거의 100차례에 이르렀는
데도 죽지 않았다. 섬에 귀양 가서도 몇 해 뒤에야 죽었으니,[261] 사람
의 죽고 사는 것은 알 수가 없는 점이 있다.

○ 吳錫忠有貞疾, 落席奄奄者也. 滯獄數朔, 受刑幾至百次而不死. 島配數
年而後死, 人之死生, 有未可知也.

○ 어떤 사람은 혹 홍낙안과 이기경이 이 옥사를 만들어냈다고 말
한다. 하지만 당초 국청을 열 당시 홍낙안은 영춘永春의 임소에 있었

---

261 섬에 귀양 가서도 몇 해 뒤에야 죽었으니: 1801년 신유박해 당시 오석충이 임
자도로 유배 가서 몇 해 뒤에 세상을 뜬 일을 말한다.

고,**262** 이기경은 관직을 그만두고 집에 있을 때여서 아마도 끼어들 길이 없었을 것이다. 신봉조申鳳朝(1745~?)가 유리환과 홍헌영洪憲榮을 추국하자고 청한 상소문**263**과 같은 경우는 어쩌면 홍낙안과 이기경에게서 나왔을지도 모르겠다.

○ 人或謂洪李鍛鍊此獄. 然當初設鞫時, 洪在永春任所, 李罷官在家, 恐無紹介之路耳. 若申鳳朝請鞫兪理煥洪憲榮疏, 或出於洪李耶?

[48]

홍낙안이 사헌부에 있을 때 신여권을 붙잡아서 포도청으로 보낸 것은 너무 지나친 처사였다.**264** 경기도사로 있을 때**265** 이종인李種仁**266**의 종두술種痘術이 서양에서 나왔다고 하여, 공문을 보내 기찰하

---

262 홍낙안은 영춘의 임소에 있었고: 《승정원일기》 1800년(정조24) 4월 9일자에 영춘현감으로 제수된 기록이 보인다.

263 신봉조가 …… 청한 상소문: 대사간 신봉조가 1801년 2월 14일 오석충, 유리환, 홍헌영, 이학규 등에 대한 상소를 했다. 같은 날 이들이 상소해 변명하자, 오히려 신봉조가 파직되었다. 《순조실록》 1801년 2월 14일

264 홍낙안이 사헌부에 …… 지나친 처사였다: 집의 홍희운과 헌납 신귀조申龜朝가 연명 차자를 올려 정배죄인定配罪人 정약용, 정약전, 이치훈, 이학규, 신여권을 모두 발포發捕하여 엄중히 국문해서 실정을 알아내도록 청했다. 《승정원일기》 1801년 10월 13일

265 경기도사로 있을 때: 《승정원일기》 1801년 6월 7일자에 홍낙안이 경기도사가 된 기록이 보인다. 이때는 개명한 이름 '홍희운洪羲運'으로 나온다.

266 이종인(1756~1823): 원문에는 이종인李宗仁으로 되어 있으나, 《시종통편時種通編》을 지은 이종인李種仁인 듯하다. 이종인은 본관은 전주, 자는 수보壽甫다. 생부는 이요필李堯弼이며 백부 이요관李堯觀에게 입양되었다. 정약용의 〈종두설種痘說〉(《여유당전서》 권10)에 "간사한 놈이 의사 이씨를 모함하여 시의時議(신유사옥)로 무고하니 의사 이씨가 고문받아 거의 죽게 되고 두종도 단절되었다"라는

여 체포해오기까지 했으니, 어찌 이다지도 경거망동한단 말인가?

洪在憲府, 捉送申汝權於捕廳, 已是過擧. 畿都時, 以李宗仁種痘之術出於
西洋, 發關譏捕, 何其妄也?

[49]

이학규의 공초에서 목만중의 이름이 나온 것은 바로 되갚아 물어
뜯으려는 계책이었다. 대왕대비께서 목만중을 대사간에 발탁하여 벼
슬을 내린 뒤에 국문하는 자리에 참여토록 한 것은 사학의 부류들을
솎아내기 위함이었다.[267] 목만중은 한 차례 나아가 앉아 있다가, 그다
음부터는 병을 핑계 대고 나가지 않았다. 또 그가 상소 중에서 논하여
열거한 몇 사람은 모두 다 이때 상소와 계청으로 이미 사형당한 사람
들이었고, 더 이상 다른 사람의 이름을 노출시키지 않았으니 남인의
체모를 얻었다고 할 수 있다.

餘窩出於李學逵之招, 卽反噬之計也. 東朝擢拜諫長, 使叅鞫坐, 爲其能鋤
治邪類也. 翁一番赴坐, 後引疾不出. 又其疏中論列數人, 皆是伊時疏啓已行誅
討者也, 更不露出別人姓名, 可謂得體.

○ 유항검柳恒儉[268]의 결안에도 또한 은화를 모아 바다를 건너가서

기록이 있는데, 홍낙안이 이종인을 무고한 사실을 두고 말한 것으로 보인다.

267 대왕대비께서 목만중을 …… 위함이었다: 대사간 목만중이 사옥을 서치鋤治할
방도를 진달하고 이가환·이승훈·권철신 등을 성토하면서, 사직 상소를 올렸
으나 거부되었다. (《순조실록》 1801년 2월 23일)

268 유항검(1756~1801): 본관은 전주, 세례명은 아우구스티노다. 전주 초남리에서
태어났고, 호남의 부호였다. 윤지충 바오로와는 이종사촌간이다. 부친은 유동

도적을 불러온다는 말이 있었다. 요사스러운 사학의 주장을 성상의 조정에서 받아들이지 못하는 것을 저들의 무리 또한 알았으므로, 이처럼 나라를 팔아먹을 계책이 있었던 것이다. 이것을 본다면 홍낙안이 서학 하는 무리를 백련교나 황건적에 견준 주장이 거짓은 아니었다. 비록 그렇기는 해도 저들 무리의 얼마 되지 않는 역량으로 남경에서 주문모 한 사람을 데려오는 것은 있을 수 있어도, 수만 리 밖 서양의 큰 선박을 어찌 오게 할 수가 있겠는가? 이것은 부질없는 생각일 뿐이다. 혹 사적邪賊 중 영리한 자가 일부러 큰소리를 쳐서 어리석은 백성을 속여 미혹시킨 것인지, 그렇지 않으면 혹 사적 중 어리석은 자가 이같이 허망한 계획을 만들어 기이한 공을 세워보려 했던 것인지는 알 수 없는 노릇이다. 황사영의 백서가 나온 뒤에야 비로소 사학 하는 무리가 역적의 무리가 되었음을 알게 되었다.

○ 柳恒儉結案, 亦有聚銀貨, 越海招寇之語. 妖說之得不容於聖朝者, 渠輩亦知之, 故有此賣國之計. 觀此則仁伯之白蓮, 黃巾之說, 非誣也. 雖然渠輩些少力量, 募得一文謨於南京, 則有之, 數萬里外西洋大舶, 其可以動得來乎? 此是閒商量耳, 無乃賊之黠者, 故爲壯談, 誑惑愚氓耶, 抑或賊之痴者, 作此妄計, 冀立奇功耶, 是未可知也. 嗣永帛書出後, 始知邪黨之爲逆黨.

근柳東根이고, 모친은 권기징의 둘째 딸이다. 1784년 가을 권철신의 집에 찾아가 권일신에게서 교리를 배워 신앙을 받아들이고, 이승훈에게 세례를 받았다. 1786년 가성직제도 아래 신부로 임명되어 호남의 포교를 전담했다. 1795년 주문모 신부를 전주로 초청해 미사를 봉헌했고, 1796년 대박청래大舶請來 사건에 깊이 관여했다. 1801년 3월 신유박해 때 체포되어, 9월 17일 전주 풍남문 밖에서 처형되었다. 장남 유중철이 동정으로 신앙생활을 하겠다고 결심하자 이를 받아들이고, 이순이와 동정 부부로 혼인하여 신앙생활을 할 수 있도록 도왔다. 1801년 신유박해 때 가족 7명이 함께 순교했다.

[50]

중국인이 조선에 들어왔다는 이야기는 윤유일의 공초에서 나왔다. 하지만 반신반의하였다. 이렇게 되어 정약용을 국문하자, 정약용이 공사供辭를 진술하였는데, 주문모周文謨[269]라는 자가 갑인년(1794, 정조 18)에 들어와서 지금 모처에 머물고 있다고 하였다. 그제야 체포하여 사형에 처했다. 다른 나라 사람이 제멋대로 서울을 들락거린 것이 8년의 장구한 세월이었는데도 능히 기찰하여 체포하지 못했으니, 나라에 법이 있다고 말할 수 있겠는가? 주문모는 사람됨이 용렬한데, 저들의 무리가 높이 떠받들어 즉 신령한 스승으로 삼은 것은 어째서일까? 형을 받는 날에는 매번 회오리바람이 세게 일어났고, 또 효수하는 날에는 큰 우레와 비가 쏟아졌다. 아마도 방문좌도旁門左道를 익힌 자여서일 것이다.

華人出來之說, 出於尹海一之招, 而疑信相半. 至是鞫若鏞, 若鏞納供, 有周文謨者, 甲寅出來, 方住某處云. [31/15a] 始發捕正法, 使異國人姿意出沒於京輦之下, 爲八年之久, 而未能譏捕, 其曰國有法乎? 文謨爲人闒冗, 渠輩所以追尊爲神師, 何也? 受刑日, 每有旋風飅已, 又大雷雨於梟首之日, 蓋其挾左道者歟?

---

269 주문모(1752~1801): 조선 최초의 외국인 신부다. 중국 강소성江蘇省 사람으로, 어려서 부모를 여읜 뒤 베이징신학교에 입학해 제1회 졸업생으로 졸업했다. 1794년 북경 주교 고베아의 명을 받고, 12월 23일 조선인 신자 윤유일과 지황의 안내로 밀입국했다. 서울에 숨어 지내며 전교하다가 1795년 5월 한영익의 밀고로 체포령이 내리자, 이후 6년간 강완숙의 집에 피신했다. 조선 교회를 이끌며 정약종을 중심으로 명도회를 조직하고, 왕실의 은언군 부인 송씨와 그 며느리 신씨를 입교시켰다. 충청도와 전주까지 순회하며 지방 전교에 나서기도 했다. 당국에서 그를 검거하기 위해 백방으로 노력했지만 잡지 못했다. 1801년 3월에 자수했고, 5월 31일 한강가 새남터에서 순교했다.

[51]

고산현감 이인행이 큰 모임 중에 이가환이 원통하다고 말했다. 이는 그가 황당무계한 사람이어서일 뿐이지만, 강세륜이 이 일로 죄를 청한 것은 지나치다.[270]

高山守李仁行, 於大會中, 說李家煥寃. 是其妄人也已矣. 姜世綸以是請罪則過矣.

○ 황사영黃嗣永[271]은 만랑漫浪[272] 집안의 종손이었다. 나이 16세에 진사가 되었다. 문장과 글씨가 모두 그 손에서 나와 명성과 영예가 대

---

270 강세륜이 이 일로 죄를 청한 것은 지나치다: 1802년 헌납 강세륜이 상소해, 이인행은 서울에서 벼슬할 때 이가환에게 의탁했고 그 인연으로 연전에 영남의 유학이 역적 이가환을 논척하자 도리어 상대방을 무해誣害했으니, 사학을 편든 데 대한 형률을 피할 수 없다고 아뢰었다. 《승정원일기》 1802년 1월 21일)

271 황사영(1775~1801): 본관은 창원, 자는 덕소德紹, 세례명은 알렉시오다. 남인으로 정랑을 지낸 황석범黃錫範의 유복자로 강화도에서 태어났다. 정약종을 사사했다. 1790년 16세에 사마시에 합격해 진사가 되었고, 정약종의 맏형인 약현若鉉의 딸 명련命連과 혼인했다. 스승이자 처숙인 정약종에게서 교리를 배워 천주교에 입교했다. 입교 직후에 발생한 신해박해의 와중에도 신앙을 지켰고, 관직 진출을 단념했다. 1795년 주문모 신부를 만나 측근에서 활동했다. 1801년 신유박해가 일어나자 충청북도 제천의 배론[舟論]으로 피신해 은거하면서 신유박해로 타격을 입은 조선 교회의 참상과 교회의 재건책을 북경 주교에게 호소하는 장문의 편지를 썼다. 이것이 〈황사영백서〉다. 이 편지를 황심黃沁과 옥천희玉千禧에게 시켜 1801년 10월에 떠나는 북경 동지사 일행 편에 보내려고 했으나 발각되어 3일 후인 음력 9월 29일 체포되었다. 서울로 압송된 뒤 대역부도죄로 음력 11월 5일 서소문 밖에서 능지처참되었고, 어머니와 작은아버지, 아내와 아들까지 모두 귀양 갔다.

272 만랑: 황사영의 7대조 황호黃㦿(1604~1656)를 가리킨다. 창원 황씨 판윤공파의 종가로, 황사영의 부친 황석범이 이 집안에 양자로 들어와 봉사손이 되었다.

단히 성대하였다. 하지만 가까운 인척인 정약종과 가까운 친척인 이 승훈에게 이끌려, 과거도 그만두고 오로지 사학의 방법만 익혀 밤낮 없이 쉬지 않았다. 내가 매번 언국彥國 황석필黃錫弼[273]에게 이를 금지 시키라고 말하니, 황석필이 말했다.

"전해들은 말이 지나친 것이오. 어찌 그 정도까지 빠졌겠소?"

또 혹은 이렇게 말했다.

"근래 들어서는 잘못인 줄 깨닫는 뜻이 제법 있소."

아마도 황석필은 강도江都에서 밥벌이를 하느라 그 조카와 사는 집이 달라서 그 은밀한 일을 다 밝게 알 수가 없었을 것이다. 게다가 사람됨이 차분하고 담백한 데다 진국이어서 번번이 그 조카에게 속아 넘어갔으므로 그 말이 이와 같았던 것이다.

신유년(1801, 순조1)에 도망가서 제천에 이르러 토굴을 만들어서 지 내다가 1년이 지나 체포되어 사형을 당했다. 문서 가운데 파리 대가리 만 한 작은 글자로 수천 마디 말을 써서 서양 사람들에게 실정을 진술 하여 도움을 청한 백서帛書가 있었고, 또 《일록日錄》 1책이 있었는데, 추악한 주장이 많아서 차마 똑바로 보지 못할 정도였다.

○ 黃嗣永, 漫浪冢孫也. 年十六成進士, 文與筆皆出其手, 聲譽甚盛. 而從 曳乎切姻之若鍾, 近戚之承薰, 廢擧專治邪法, 罔晝夜頟頟. 余每謂彥國禁止 之, 彥國曰: "傳聞過矣, 豈沈惑之至斯耶?" 又或曰: "近者頗有覺非之意." 盖 彥國就食江都, 與其姪異室, 未能盡燭其陰事. 且爲人恬淡醇厚, 每每見欺於其

---

273 황석필(1758~1811): 황사영의 친삼촌으로, '언국'은 그의 자다. 1795년 진사시 에 급제했다. 딸이 이재기의 2남 이근수李根脩에게 시집갔다. 《창원황씨족보》 에는 맏아들 이낙수李樂脩와 혼인한 것으로 나오는데, 《전주이씨족보》의 내용 이 맞다. 이낙수는 최조의 딸과 결혼했다.

姪, 故其言如此. 辛酉亡命, 至堤川, 作地窨以住. 越一年就捕正刑. 文書中, 有帛書, 蠅頭細字數千言, 陳情乞援於西洋人者也. 又有日錄一冊, 多醜說, 不忍正視.

○ 김건순 모자는 사교에 젖어 빠져든 자다. 서인은 그가 청음淸陰 김상헌金尙憲의 봉사손이라는 이유로 반드시 살리려고 했다. 이서 구李書九와 김희순金羲淳이 옥관이 되어 온갖 방법을 동원해 깨우치려 했지만 끝내 그 마음을 돌려 깨닫게 하지 못했다. 이 때문에 사형을 받기에 이르렀다. 김건순의 양모[274]는 청상과부였는데 나이가 이미 많았다. 주문모와 오래도록 한방에서 지냈다는 주장이 국청의 공사에 나왔으나, 사족의 부녀라는 이유로 불문에 부친 채 일부러 놓아두었다. 죽은 뒤에 대신이 그 절행을 아뢰어서 그 문에다 정표를 내리니, 기괴하고 기괴한 일이다.

○ 金健淳母子, 浸溺邪敎者也. 西人以其淸陰祀孫, 必欲溥生. 李書九金羲淳爲獄官, 萬端開喩, 竟不得回悟其心, 因至伏法. 健淳養母靑孀也, 而年已老大矣. 與周文謨, 久處一室之說, 出於鞫廳招辭. 以士族婦女, 勿問也, 故置之. 死後大臣筵奏其節行, 棹楔其門, 奇怪奇怪.

○ 당시 사람들이 홍낙안이 척사斥邪의 주인이 되었다고 떠들자, 홍낙안이 의기양양해서 세상에 행세하였다. 이에 홍낙안이 갑자기 하

---

274 김건순의 양모: 김건순의 생부는 김이구이고 생모는 기계 유씨다. 김건순은 나중에 김이탁金履鐸(1735~1795)의 양자로 들어갔는데, 양모는 동춘당 송준길의 증손 송요보宋堯輔의 여식이다. (김원행金元行,《미호집渼湖集》권18,〈서윤송공묘표庶尹宋公墓表〉)

나의 영수가 되자 방문 밖에는 신발로 늘 가득했다. 흠과 허물이 있는 자들은 그가 죄과罪科로 밀쳐서 빠뜨릴까 두려워했고, 그렇지 않은 자는 그 뜻이 빌붙는 데 있었으니, 우습고도 가련했다. 이때 채당이 휩쓸리듯 쫓아와서 붙었는데, 유독 여점 심규와 백륜 유하원만은 붙지 않았다. 성통聖通 심달한沈達漢 **275** 씨가 그 집 문에 이르면 주인이 그때마다 잠을 자는 바람에 겸연쩍게 돌아가고 말았다. 남을 대접함이 어찌 이처럼 각박하단 말인가?

○ 時人號仁伯爲斥邪主人, 仁伯揚揚行于世. 於是乎仁伯, 奄然作一領袖矣, 戶外之履常滿. 其有釁累者, 恐其擠陷也, 不然者, 意在沾丐也, 可笑可憐. 時蔡堂靡然趨附, 獨沈汝漸柳伯倫不附焉. 沈聖通氏造其門, 主人時時睡, 無聊而歸. 待人何若是薄也?

○ 혜보傒甫 한치응韓致應 **276**이 동래부사로 있을 때 편지를 써서

---

275 심달한(1740~1808): 본관은 청송, 자가 성통이다. 증조부는 심세필沈世弼이고, 조부는 심일흥沈一興이며, 부친은 심해보沈海普다. 부인은 윤상문尹尙文의 딸이다. 1777년 증광시 문과에 급제했다. 벼슬은 지평, 정언을 역임했다. 1792년 이익운의 구원을 청하는 상소를 올렸다가 시골로 쫓겨났고, 1803년 사헌부지평으로 재직 중 채제공을 성토하는 데 참여하지 않은 죄로 벼슬에서 쫓겨났다. 황덕길의 외종형으로, 황덕길이 쓴 제문과 묘비명이 있다.

276 한치응(1760~1824): 본관은 청주, 자가 혜보, 호는 병산畊山이다. 1784년 정시 문과에 장원으로 급제해 초계문신에 뽑혔고, 1792년 홍문록과 도당록에 이름을 올렸다. 지평을 거쳐 1795년 관동암행어사로 나갔다. 1797년 수찬과 교리를 거쳐, 1799년 사은사 서장관으로 중국에 다녀왔다. 1800년에 동래부사를 지냈으나, 1806년에 신유사옥 당시 관직을 추탈당한 채제공의 신원伸寃을 청한 승지 심규로에 동조, 윤필병 등과 함께 연명 상소한 일로 삭출되었다. 이후 비변사제조와 대사성, 대사간, 형조판서를 역임했고 1817년 동지사로 북경을 다녀왔다. 1824년 함경도관찰사로 재직 중 임지에서 세상을 떠났다. 시문詩文

홍낙안에게 축하를 건네며 말했다.

"집사께서 전날에 한 말씀이 오늘에 이르러 마치 부절을 맞춘 것
같습니다."

홍낙안이 이 편지를 꺼내 내게 보여주며 말했다.

"한치응도 내게 돌아왔다네."

기뻐하는 기색이 제법 있었다.

이때 계수 이익운은 경기도관찰사로 있었는데,[277] 목만중을 찾아
와 온종일 조용히 대화를 나누고 갔다. 또 흰쌀 몇 가마를 보내 해묵
은 원한을 풀고 눈앞에 닥친 재앙에서 건져주었다. 이기경이 이 소식
을 듣고는 목만중의 식객인 한재유韓在維[278]와 목인수睦仁秀[279]를 시
켜 이명불李明黻[280]이 사학에 물든 죄를 성토하는 통문을 보내 목만중

에 뛰어나 정약용 등과 함께 죽란시사에서 활동했다.

277 계수 이익운은 경기도관찰사로 있었는데: 이익운은 1801년(순조1) 경기감사에
　　 제수되었다. (《승정원일기》1801년 2월 4일)

278 한재유: 정조의 《홍재전서弘齋全書》에 1791년 《자치통감강목資治通鑑綱目》에 대
　　 한 대답을 정리한 《경사강의經史講義》에 성균관유생(館學儒生)으로서 대답한 글
　　 이 올라 있다. 원문은 이름을 '한재유韓在准'라 했으나, 바로잡았다.

279 목인수(1771~1832): 본관은 사천, 자는 맹영孟榮, 호는 국재菊齋다. 목지중睦持
　　 中의 아들이다.

280 이명불(1777~1801): 이정운의 맏아들은 이명보李明黼로, 보불黼黻로 짝을 맞
　　 춰 형제의 이름을 나란히 지었다. 셋째 이명적李明迪은 두 번째 부인에게서 얻
　　 은 아들이다. 하버드 옌칭도서관 소장 《백가보百家譜》에는 명보明黼와 명호明鎬
　　 라 했고, 규장각본 《남보》에는 형제의 이름이 명하明夏와 명호明鎬로 다르게 나
　　 온다. 《눌암기략》은 물론 《송담유록》과 〈신미년백서〉는 모두 바뀌기 전 이름인
　　 이명불로 적었다. 교회사 쪽의 기록에는 이명호 요한으로 나오고, 1801년 10월
　　 26일 《순조실록》 기사에도 이명호로 적혀 있다. 이명불은 사람들의 입에 익은
　　 이름이었고, 이명호는 개명한 뒤 공식적으로 불린 이름이었다. 이명불이 이름

과 이익운이 원수처럼 틈이 벌어지도록 하였으니, 일 만들기를 좋아하는 사람이라 하겠다.

○ 韓徯甫在萊府, 作書賀仁伯曰: "執事前日之言, 到今若合符節." 仁伯出示此書于余曰: "徯甫亦歸我矣."[32/15b] 頗有喜色. 時季受在畿營, 來見餘窩, 終日穩話而去. 又送白粲數斛, 以解宿昔之怨, 捄目前之禍也. 休吉聞之, 使睦客韓在淮睦仁秀, 發文討李明獻染邪之罪, 以成睦李之釁隙, 可謂好事者也.

황사영이 도망가자 기찰하여 염탐함이 날로 다급했다. 목인규가 남들에게 큰 소리로 말했다.

"황사영이 밤을 틈타 이익운의 집을 들락거린다."

을 이명호로 바꾼 것은 따로 사연이 있다. 《태상시장록太常諡狀錄》에 실린 〈이익운시장李益運諡狀〉에 "자식이 없어, 큰형의 둘째 아들로 아들을 삼았는데 초명은 명경明敬이었다. 정조께서 공에게 명하여 말씀하시기를, '경의 아들은 벗의 아들이니 내가 마땅히 이름을 지어주겠노라' 하시고는 명호明鎬로 고치게 하였다[無子, 取長公第二子之. 初名明敬, 正廟命公曰: '卿之子, 故人之子. 予當命之名矣.' 改以明鎬]"고 나온다. 《벽위편》에도 1807년 12월 이익운이 올린 상소에서 "신이 신의 형의 아들을 데려다 자식을 삼았는데, 예전 앞선 임금께서 이름을 짓고 자까지 지어주셨습니다. 이 같은 은총은 실로 드물게 있는 일입니다[十二月知事李益運疏曰: '臣取臣兄之子以爲子. 而昔在先趙, 命名而字之. 似此恩敷, 實所罕有']"라고 한 내용이 있다. 이명호는 1801년 3월 28일에 세상을 떴다. 이명불은 본관이 연안, 자는 성여聖汝다. 이경환의 딸과 결혼했다. 그는 1795년 이전에 천주교에 입교했고, 격한 성격을 고치고 예수와 성인의 모범에 따라 살려고 노력했다. 집 근처에 가수헌嘉樹軒이란 이름의 별채를 마련해두고 혼자 생활했다. 홍낙민의 아들 홍백영, 황사영 등과 가깝게 지냈다. 1801년 신유박해가 일어나자 당시 경기도관찰사였던 이익운이 집안에 화가 미칠 것을 두려워해서 배교를 강요했으나, 이명호가 듣지 않자 강제로 독약을 먹여서 죽게 했다고 한다. 자세한 내용은 달레의 《한국천주교회사》에 나온다.

이것은 목인규의 묵은 버릇이었다. 포도대장 이광익李光益[281]이 이 말을 듣고, 찾아 뿌리를 캐려고 목인규 집 하인을 붙잡아와서 수십 일 동안 가둬두자, 목인규가 몹시 괴로워하였다. 이기경이 틀림없이 목만중의 식객을 시켜 통문 쓰는 일을 벌인 것은 목인규의 다급함을 늦추어주려 했기 때문이라고 한다.

嗣永亡命, 譏訕日急. 邦瑞大言於人曰: "嗣永乘夜, 來往渠家." 此是邦瑞宿習也. 司盜李光益聞之, 欲尋得根, 因捉囚邦瑞家僅數十日, 邦瑞甚苦之. 休吉必使睦客, 作此擧者, 以紓邦瑞之急也云.

이명불은 어리석어서 아는 게 없었다. 하지만 그의 이름이 포도청의 공초에 나온 데다 한재유와 목인수의 통문에도 나왔으니, 재앙의 기색이 눈앞에 닥친 셈이었다. 이에 이익운이 석작石碏의 일[282]을 하였으니, 어떤 사람은 이 일을 두고 그를 잔인한 사람이라고 말하였다. 이로부터 이익운의 신세가 지극히 고단하고 위태로웠다. 사람을 보내 홍낙안에게 가련하게 빌어 말했다.

"자네가 만약 나를 구해준다면 내 마땅히 휘하 사람들을 수습하여

---

281 이광익(1767~1811): 본관은 전주, 부친은 이태무李泰懋다. 1784년 18세의 나이로 무과에 합격했다. 1801년 신유박해 때 벽동군에 유배되었고, 1805년 좌포도대장으로 제수받았으며, 황해도와 평안도의 병마절도사, 우포도대장, 승지를 지냈다. 양주목사로 있다가 특지로 총융사에 임명되어 좌포도대장, 행호군을 거쳐 금위대장에 이르렀다. 정약용의 〈기이대장우자객사紀李大將遇刺客事〉(《여유당전서》 권17)는 신유박해 당시 이광익의 행적을 다룬 글이다.

282 석작의 일: 아버지가 아들을 죽인 것을 말한다. 춘추시대 위衛나라 대부 석작石碏의 아들 석후石厚가 공자公子 주우州吁와 함께 위환공衛桓公을 시해했다. 이에 석작이 공자 주우와 자기 아들 석후를 잡아서 죽인 일이 있다.

자네 뒤를 따르겠네."

홍낙안이 이를 허락하였다. 그러자 이기경이 팔뚝을 걷어붙이고 큰 소리로 말했다.

"지난번에 내가 이 도적놈의 손에 죽지 않은 것이 다행이다. 지금 어찌 범을 길러 후환을 남길 수 있겠는가?"

이 일로 홍낙안과 이기경은 서로를 거의 잃게 되었다. 이기경은 기어코 영수永叟 박명섭朴命燮 283을 시켜서 멀리 귀양 보내야 한다는 계사284를 올리도록 하였으니, 너무 심하게 미워했다고 할 수 있다.

李明燮蒙騃無知識, 然而姓名屢出於捕廳之招, 韓睦之通又出, 則禍色迫在呼吸. 於是季受行石磋之事, 人或以此事, 謂之忍人云. 自是季受身世極孤危矣. 送人乞憐於仁伯曰: "君若捄我, 我當修拾部曲, 隨君之後." 仁伯許之. 休吉揚臂大言曰: "向者吾不死於此賊之手, 幸耳. 今豈可養虎遺患耶?" 以此事, 洪李幾乎相失. 畢竟休吉使朴永叟, 發屛裔之啓, 可謂疾之已甚矣.

○ 선왕이신 정조 때 박명섭이 수령 자리를 역임하면서 잘 다스려 선산부사에 뽑혔다.285 경신년(1800, 정조24) 이후 그의 아들 박영재朴

---

283 박명섭(1743~?): 본관은 밀양, 자가 영수다. 부친은 박휴익朴休益이다. 1783년 문과에 합격해 가주서假注書, 소녕원수봉관昭寧園守奉官, 선산부사, 교리, 동부승지, 참의, 병조참판 등을 역임했다.

284 멀리 귀양 보내야 한다는 계사: 1801년 교리 박명섭이 상소해 역적을 주토하고 이익운에게 병예屛裔의 전형을 시행토록 청했다. (《승정원일기》1801년 10월 21일)

285 박명섭이 …… 선산부사에 뽑혔다: 박명섭은 1794년(정조18) 하양현감에 제수되었다가 2년 뒤 칠곡현감 조영상趙永祥과 서로 수령 자리를 바꿨다. 이후 1798년 선산부사에 제수되었다. 하지만 좌의정 이병모李秉模가 연석에서 칠원 백성들은 박명섭이 이룬 공적을 보지 못했다고 했다.

英載[286]가 내부의 도움을 받아 1년 만에 두 차례나 과거에 합격하였다. 얼마 못 가서 박명섭이 또 홍문록弘文錄에 참여하니[287] 당시에 명예가 자자하였다. 홍낙안과 이기경이 자기네 무리로 끌어들이려고 이 상소문을 짓게 하였으니,[288] 바로 그가 두각을 드러내던 초기의 일이었다. 대저 홍낙안은 사람됨이 참혹하고 각박하였으나, 취할 만한 점은 사람을 아끼고 믿어주는 것이었다. 이기경은 자못 배포와 재지才智는 있어도, 잘 속여서 일을 그르치기에 충분했는데, 이 일로 더욱 징험할 수 있었다. 이때 사학의 무리는 이미 죽거나 사라진 상태여서, 진실로 능히 채당을 수습해서 유감을 풀고 일을 함께 하는 것이 상책이었다. 하지만 끝내 능히 이 방법을 못 썼으니, 애석하고 애석하다.

○ 先王時, 朴翶翔下邑, 以善治, 擢守善山. 庚申後其子英載, 得奧援, 一年內占二科. 未幾朴又叅瀛錄, 時譽藉藉. 洪李欲引入其黨, 使作此疏, 乃其立脚之初也. 大抵仁伯爲人慘刻, 而可取者子諒也. 休吉頗有局量才智, 而能譸足

---

286 박영재(1777~?): 본관은 밀양, 자는 정실廷實이다. 생부는 박치섭朴致燮이고, 박명섭에게 입양되었다. 1801년 증광시에서 진사 3등 29위로 합격했고, 같은 해 증광시 문과에서 병과 22위로 급제했다. 1806년 정언으로 재직 중, 김달순 등에 대한 탄핵을 했다가 삭직되었으며, 형벌이 가중되어 북청부로 유배당했다. 이후 사면되어, 1808년 지평을 역임하고, 1821년 재차 홍문록에 선발되었다. 이후 사간원사간 등을 역임했다. 1827년 하례賀禮에 선교관宣敎官으로 참여해 통정대부에 올랐다.

287 박명섭이 또 홍문록에 참여하니: 박명섭은 홍문록을 행하여 5점을 받았고(《순조실록》1800년 12월 3일), 도당록을 행하여 5점을 받았다(《순조실록》1800년 12월 18일).

288 이 상소문을 짓게 하였으니: 교리 박명섭은 역적을 주토하고 사학을 다스리는 방도를 소론疏論하고, 이익운에게 병예屛裔의 전형을 시행할 것과 상서象胥로서 흉추凶醜의 문호에 출입한 자를 조사하여 도태시킬 것을 청했다. 《순조실록》1801년 10월 21일)

以償事, 於此, 益可驗矣. 此時邪黨, 已誅滅矣, 苟能收拾蔡黨, 釋憾同事, 上策也. 而卒不能用之, 可惜可惜.

○ 이때 홍낙안과 이기경이 인심을 수습할 뜻이 제법 있어, 나와도 빈번히 왕래하였는데, 친밀하다고 말할 정도는 아니었다. 하루는 성재 홍희현이 내게 물었다.

"지금 집안 형님 홍낙안이 수립한 것이 몹시 커서 명성이 온 나라에 가득한데, 그대만 홀로 오만하게 그의 무리에 들어가지 않는 것은 어째서인가?"

내가 말했다.

"어찌 감당하겠는가?"

홍희현이 말했다.

"자네는 나를 속이지 말게. 내가 이미 알고 있네. 일전에 창동에 갔더니, 이기경과 강준흠이 주인인 홍낙안과 더불어 시사를 논하였다네. 어떤 사람이 그대의 높은 덕을 거론하면서 '아무개는 어째서 이 자리에 없습니까?'라고 하자 홍낙안이 '아무개는 바야흐로 별도로 한 자리를 마련하려고 하는데, 나에게 오려고 하겠는가?'라고 하더군. 진실로 자네를 한 무리로 보았다면 어찌 이 같은 말을 하겠는가?"

내가 웃으며 말했다.

"홍낙안이 참으로 나를 아는군그래. 내가 힘도 없고 재주도 보잘것 없다 보니, 이 일을 감당할 수가 없다네."

○ 時洪李頗有收拾人心之意, 與我亦頻繁過從, 而謂之親密則未也. 一日聖宰問余曰:"今仁伯族兄, 樹立甚大, 名聲滿一國, 君獨偃蹇, 不入於其黨, 何也?"余曰:"何敢?"聖宰曰:"君勿欺我, 我已知之矣. 日前往倉洞, 休吉百源, 與主人論時事, 有人擧君表德, 曰:'某也何不在座?'仁伯曰:'某也方欲別

設一座, 豈肯適我?'苟視君以同黨, 則豈有此言耶?"余笑曰:"仁伯眞知我
[33/16a] 也. 顧我力綿才拙, 無以辦此."

○ 내가 이조의 낭관으로 일이 있어 대궐에 갔다가 돌아오는 길에
옥당으로 이기경을 찾아갔다. 이기경은 박명섭과 함께 숙직을 서고
있기에 셋이 앉아 이야기를 나눴다. 이기경이 갑자기 내게 말했다.

"홍명주洪命周 **289**가 상이 끝났으니 조만간 벼슬에 오를 걸세. 이후
로는 사정邪正의 구분에 눈을 똑바로 떠야 할 걸세. 자네가 나를 위해
그에게 말해주게."

내가 말했다.

"지금 나라가 크게 안정되어, 삿된 것을 삿되다 하고, 바른 것을 바
르다 하는 줄을 누가 모른단 말인가? 다시금 이 사람에게 눈을 똑바로
뜨라고 하는 것은 어째서인가?"

그가 말했다.

"이 사람이 홍낙민에게 오도誤導된 적이 있어서 부친인 도유道兪
홍희영洪喜榮 **290**이 살아 있을 적에 이 때문에 남몰래 원통해하다가 남

---

289 홍명주(1770~1841): 본관은 풍산, 자는 자천自天, 호가 지천芝泉이다. 홍종한洪
宗漢의 증손으로, 할아버지는 홍낙정洪樂靜이고, 아버지는 부사 홍희영이다.
1794년 정시 문과에 병과로 급제해 사관史官이 되었고, 1798년 설서와 지평을
거쳐, 1805년 정언이 된 뒤 이듬해 호조판서 이서구가 왕비에 대한 음식물 공
급을 지나치게 지출한 것을 탄핵하다가 삭직되어 기장에 유배되었다. 이듬해
에 풀려나와 동부승지에 있으면서 채제공과 채홍원의 원통함을 풀어줄 것을
주청했다. 그 뒤 병조판서가 되어 1835년 진하사陳賀使로 청나라에 다녀왔다.
시호는 정간靖簡이다. 1810년 9월 28일에 교리 홍명주가 상소하여 사직하면서
정약용을 전리로 추방하라는 명을 정지할 것을 청한 일이 나온다.

앞에서 가슴을 치며 크게 곡을 하였다네. 세상 사람들이 떠들썩하게 그 말을 전하였거늘 자네만 유독 못 들었는가? 제 버릇 잊지 못한다는 병통이 있을까 염려하는 것일 뿐일세."

내가 말했다.

"이것은 올챙이 적 일인데, 이제 어찌 이처럼 이를 갈며 미워한단 말인가? 또 나는 명을 전하는 군졸이 아닐세. 자네 말은 틀렸네."

이기경이 말했다.

"그가 정신을 차릴지 관건이 여기에 달렸으니 내가 차마 멀뚱히 서서 보지 못하겠네.[291] 다른 날 최조를 시켜 알아듣게 타이르겠네."

최조는 바로 홍명주의 장인이었다.

○ 余以天官郎, 有事詣闕. 歸路訪休吉於玉堂, 休吉與永叟伴直, 鼎坐談話. 休吉忽謂余曰: "洪命周服闋, 早晚登仕. 此後明目於邪正之分, 可矣. 君其爲我言之." 余曰: "今國是大定, 邪之爲邪, 正之爲正, 孰不知之? 更使此人明目何也?" 曰: "此人曾爲樂敏所誤, 道𩵋在時, 以此爲隱痛, 對人推胸大哭. 世人喧傳其說, 君獨不聞乎? 恐有宿處難忘之病耳." 余曰: "此是蝌蚪時事, 今豈可如是斷斷乎? 且余非傳令軍卒, 君言誤矣." 休吉曰: "渠之夢覺, 關在此. 余不忍立而視之. 他日當使崔士瞻, 曉喩之." 士瞻卽洪之聘翁也.

---

290 홍희영(1746~1800): 본관은 풍산. 자가 사옥士沃 또는 도유道腴이며, 초휘가 계영啓榮이다. 원문에는 자가 도유道腴로 되어 있다. 청풍부사를 지냈다.

291 멀뚱히 서서 보지 못하겠네: 《맹자》〈공손추 하〉에서 "지금 다른 사람의 소와 양을 받아서 기르는 사람이 있다면 반드시 목전牧田과 꼴을 구할 것이니 목전과 꼴을 구하다가 얻지 못하면 그 사람에게 돌려주어야 하는가, 아니면 가만히 서서 그것이 죽는 것을 바라보아야 하는가〔今有受人之牛羊而爲之牧之者, 則必爲之求牧與芻矣, 求牧與芻而不得, 則反諸其人乎, 抑亦立而視其死與〕"라 한 데서 가져온 표현이다.

○ 병진년(1796, 정조20)에 사관을 천거할 때, 강준흠과 유원명柳遠鳴이 이름을 다투었다. 마지막에 유원명이 채제공에게 붙어서 자리를 얻어냈다. 강세정이 유원명의 조부인 경유慶裕 유정열柳庭說의 일을 들어 당시의 무리들에게 전파해서 현중조玄重祚의 상소를 불러왔다.[292] 이 때문에 강준흠과 유원명이 서로 미워해서, 함께 초계문신에 뽑혀 출입할 때는 반드시 피하였고 같은 자리에 앉는 법도 없었다. 이렇게 되자 유원명이 홍낙안과 이기경에게 아첨하여 붙어서 대간의 의망에 정지됐던 것이 풀리게 되었다. 강준흠이 그를 보면 반드시 눈썹을 찌푸렸는데, 묵은 유감이 풀리지 않아서였다.

○ 丙辰史薦時, 姜俊欽柳遠鳴爭名, 畢竟柳附於美洞, 得之. 明初氏擧其祖慶裕事, 播傳於時輩, 致有玄重祚疏. 以是姜柳相惡, 同被抄啓之選, 出入必避之, 未嘗同席以坐. 至是遠鳴諂附洪李, 得解停於臺望. 姜見之必嚬眉, 宿憾未解也.

○ 삼사에서 채제공의 관작을 추탈追奪하는 논의를 펴려고 했다. 당시 유원명이 사헌부의 직분에 있었다. 하루는 나를 찾아와서 어떻게 하는 것이 마땅한 거취인지를 묻는데, 그 말이 한쪽으로 몹시 기울어져 있었다. 내가 말했다.

"자네는 화를 두려워하는 겐가? 또한 마음에 부끄러움을 남기지 않으려는 겐가? 이 두 가지 중에 하나를 골라서 하시게."

292 경유 유정열의 일을 …… 상소를 불러왔다: 1796년 3월 26일 현중조(1753~?) 가 유원명의 조부 유정열이 목호룡의 초사에 이름이 올랐음을 들어 비방하자, 유원명이 "흉역의 초사에 나왔다면 역적이지만, 무고안에 들었으니 충신"이라고 반박한 일을 말한다. 《정조실록》에 나온다.

며칠 뒤에 내가 일찍 유원명의 처소에 갔더니, 유원명이 쑥대머리를 한 채 앉아 있다가 내게 말했다.

"미동의 일은 간밤에 이미 계사를 올렸네."**293**

내가 말했다.

"자네는 거취를 어찌하였는가?"

"처음에는 이견을 세웠네만, 대사간이 상소하여 나를 먼 데로 귀양 보내려 하더군. 내게는 늙으신 아버님이 계시니, 마지못해 연명하여 참여하였다네. 내가 이종섭은 양쪽을 다 끊은 사람이라고 한 적이 있었는데, 오늘에 같은 꼴이 될 줄이야 어찌 생각이나 했겠는가?"**294**

내가 말했다.

"비교가 합당하지 않군그래."

유원명이 놀라서 물었다.

"무슨 말인가?"

내가 말했다.

"이종섭은 앞서는 미혹되었으나 나중에 바름을 얻었고, 이제 자네

---

293 미동의 일은 간밤에 이미 계사를 올렸네: 지평 유원명이 피혐하는 계사에서 "삼사에서 고故 영중추부사 채제공을 새로 논핵하느라 한창 바쁜데 한두 가지 사실을 자세히 알지 못한 상태여서 참석하지 못하였으니, 대간의 반열에 태연히 있을 수 없으니 체차해주소서"라고 아뢰었다. 《승정원일기》 1801년 2월 13일)

294 처음에는 이견을 세웠네만 …… 생각이나 했겠는가: 지평 유원명이 피혐하는 계사를 올린 당일 대사간 신봉조가 상소하여, 유원명이 삼사와 뜻을 달리하여 참석하지 않은 것은 조정을 안중에 두지 않고 사당을 비호하는 처사이니 찬배하도록 청했다. 며칠 뒤 연석에서 영의정 심환지가 유원명에 대해, "당파를 두둔하든지 당파에서 벗어나든지 양단간에 그 본심을 논해보면 차라리 불쌍하게 여길망정 어찌 깊이 책망할 것이 있겠습니까?"라고 비호하면서, 유원명을 삭직하도록 청했다. 《승정원일기》 1801년 2월 13일, 23일)

는 먼저는 곧았는데 뒤에는 물들었으니, 같은 꼴이라고 말해서는 안 되지."

유원명이 묵묵히 대답하지 않았다.

몇 해 뒤에 또 피혐하는 계사[295]에서 장황하게 성토하였다. 이때 채제공은 이미 추탈되었는데, 더 이상 무엇을 하려 한 것이란 말인가? 이런 점을 볼 때 당초에 계사를 올린 것은 결단코 화를 두려워한 것이 아니었다.

○ 三司欲發樊菴追脫之論, 時柳遠鳴帶憲職. 一日訪我, 問以去就之宜. 而其言甚落在一邊矣. 余曰: "君其畏禍耶? 亦不欲有愧於心耶? 請擇斯二者, 行之." 過數日, 余早往柳所, 柳蓬首而坐, 謂余曰: "美洞事, 昨夜已發啓矣." 曰: "君如何去就?" 曰: "初則立異, 諫長欲上疏, 遠竄我, 我有老父, 不得已聯叅矣. 吾嘗以城伯爲兩截人, 豈意今日同歸一轍也?" 余曰: "比擬失當." 柳驚問曰: "何謂也?" 余曰: "城伯先迷後得, 今君先貞後黷, 謂之同轍則未也." 柳默然不應. 數年後又於避嫌之啓, 張皇聲討, 時蔡已追奪矣, 更欲何爲? 觀此則當初發啓, 決非畏禍也.

○ 하루는 홍낙안이 말을 보내 내게 잠깐 와달라고 했다. 그래서 가보니 이기경이 이미 자리에 와 있었다. 주인이 말했다.

"이제는 시의時議가 이미 정해졌네. 채제공의 관작을 추탈하는 것은 조만간의 일일세. 우리 중에서 먼저 유생의 통문을 내는 것이 좋겠네."

내가 말했다.

"자네들이 만약 해묵은 원망을 갚고자 한다면 지금 권력을 쥔 무리

---

295 피혐하는 계사: 《승정원일기》 1805년(순조5) 6월 2일자에 나온다.

에게 손을 빌리면 충분할 텐데, 어째서 우리의 기운과 힘을 쓰려는 겐가? 게다가 시의에 영합하는 것은 어찌 몹시 부끄러워할 만한 것이 아니겠는가?"

홍낙안과 이기경이 동시에 말했다.

"자네가 아직 우리가 어디에 마음을 두었는지 잘 알지 못해 그런 것일세. 채제공은 실제로 시의에 죄를 얻은 자일세. 하루아침에 채제공의 관작을 추탈할 경우 채당에 속한 자들이 편안할 수가 있겠는가? 내가 이번 일을 통해 나아갈 방향을 정하려 하는데, 이것은 진짜 생사의 갈림길이라네."

내가 말했다.

"자네가 저들과 손을 잡고 같이 돌아가려고 하는 것은 진실로 선한 마음일세. 저들이 만약 멀뚱히 서서 응하지 않다가 제 발로 죄의 구덩이로 기어들어간다면 장차 어떻게 처리할 텐가? 이런 처지에 이르게 되면 선한 마음이 악한 마음으로 돌아가게 되겠지. 내가 볼 때 자네들은 함부로 움직이지도 말하지도 말며 나 자신이 지닌 도리를 다하기만 하면 몇 해가 지나지 않아 사람들의 마음이 저절로 돌아와 의지할 테니 영수領袖의 물망에 자네를 버리고 누가 오르겠는가?"

홍낙안과 이기경이 웃으며 말했다.

"자네 말 또한 절로 이치가 있네그려."

○ 一日, 仁伯送騎要余暫至. 故往則休吉已在座矣. 主人曰: "今則時議已定矣. 蔡相追奪, 早晚事耳. 吾儕中先發 [34/16b] 儒通, 可矣." 余曰: "君輩如欲報宿昔之怨, 假手於時輩, 足矣. 何必費吾氣力耶? 且迎合時議, 豈非可恥之甚乎?" 洪李齊聲曰: "君未諳吾輩處心耳. 蔡實得罪時議者也. 一朝奪蔡官爵, 黨蔡者其可晏然而已乎? 吾欲因此, 而定其趨向, 此眞人鬼關也." 余曰: "君欲與彼輩, 携手同歸, 固善心矣. 彼若立而不之應, 匍匐入井, 將何以處

之? 到此地頭, 善心歸於惡心矣. 以余觀之, 君輩毋妄動, 毋妄言, 能盡在我之
道而已. 不出數年, 人心自然歸附, 領袖之望, 捨君其誰?"洪李笑曰:"君言亦
自有理."

6~7일 뒤에 들으니 통문을 내는 일이 한창 벌어져 이은유와 한치
박, 오영의 무리가 모집에 응하여 나갔다고 했다. 이때 나는 공무가 조
금 한가하여 집에서 지냈는데, 마침 큰눈이 와서 대문에 손님이 한 사
람도 없었다. 누워서 유생들이 통문하는 일을 생각하려니 마음이 불
쾌했다. 그래서 도롱이를 쓰고 말에 올라 이원규를 찾아보고 말했다.

"유생이 날마다 문외에 모여서 통문 내는 문제를 서로 상의한다는
데, 자네가 들어보았는가?"

"대략 듣긴 했네만 자세한 사정은 얻지 못했네."

"그 득실이 어떠하겠나?"

"내가 지금 정숙하게 상복을 입은 처지로 어찌 감히 함부로 논의하
겠는가? 하지만 그 일이 그다지 심각하지 않은 것만큼은 알겠네."

내가 말했다.

"자네 말이 옳으이. 지난번에 홍낙안이 내 말을 듣고는 열에 일곱
쯤 깨달은 듯하였네. 지금 들으니 통문이 조만간 나올 거라는데, 실로
무슨 까닭인지 모르겠군. 대저 성패를 따지지 않고 움직였다가는 실
패하지 않는 자가 드문 법일세. 내가 홍낙안과 이기경에게 이 일은 반
드시 실패한다고 말한 것은 어째서겠나? 주나라가 후직后稷과 공유公
劉 이래로 인仁과 덕德을 쌓은 지가 1천여 년이 되어 문왕과 무왕에
이르러 천명을 받아 상나라를 이긴 사실에 대해서는, 사람들이 다른
말이 없다네. 은나라에 예닐곱 어진 왕이 다스렸던 사실을 잊지 않았
던 완악한 유민들만[296] 주나라에 복종하지 않아서, 성왕成王 시절에

이르러서도 화란이 끊이지 않았지. 이것이 오고五誥[297]를 짓게 된 까닭일세. 이제 홍낙안과 이기경에게는 주나라 왕실처럼 인덕을 쌓은 공적이 없고, 여러 사람에게는 은나라 유민처럼 복종하지 않는 마음만 있으니, 그들이 경거망동해서는 안 되는 것이 분명하네. 통문을 발표한 뒤에는 이름을 적을 자가 반드시 아무도 없을 테니 일찌감치 스스로 논의를 중단함만 못할 것이야."

이원규가 말했다.

"자네의 이 말은 실은 홍낙안과 이기경을 위하는 것이지, 채제공을 위한 것이 아니로군."

내가 말했다.

"지금 내 뜻을 두 번 세 번 번거롭게 해서는 안 되네. 자네가 오늘 저녁에 창동으로 들어가서 조용히 타이른다면 아마 마음을 돌릴 수 있을 걸세."

"지금은 상이 끝나 자숙해야 해서 움직일 수가 없대두."

내가 말했다.

"만약 오늘을 그냥 넘기면 실로 더뎌서 일에 미치지 못할 근심이 있을 걸세."

이에 이원규가 한 통의 편지를 써서 나와 연명으로 현경顯卿그는 홍

---

296 은나라에 예닐곱 …… 유민들만:《맹자》〈공손추 상〉에 보이는 말로, 은나라의 성탕成湯에서 시작해 태갑太甲, 태무太戊, 조을祖乙, 반경盤庚, 그리고 무정武丁에 이르기까지 여섯 명의 어진 왕을 말한다. 여기서는 채제공을 비롯한 옛 남인 영수들을 추종하는 이들을 가리킨다.

297 오고:《서경》에 실린 〈대고大誥〉, 〈강고康誥〉, 〈주고酒誥〉, 〈소고召誥〉, 〈낙고洛誥〉를 말한다. 임금이 신하에게 권계하는 내용이 담겨 있다.

낙안의 당질이다을 중요한 손님으로 초대하여 이해利害를 확실하게 알리고서, 그를 시켜 홍낙안에게 전하게 하였다. 그 후에도 저들이 사론士論을 줄곧 준엄하게 펴는 통에 내가 어찌해볼 수가 없었다. 이로부터 이 일에 대해서는 입을 다물고 말았다.

六七日後, 聞通事方張, 而李殷儒韓致博吳瑛輩應募而出矣. 時余公幹稍閑, 居私第, 適値大雪, 門無一客. 臥念儒通事, 不快於心. 乃被蓑上馬, 往見李聖一, 曰: "儒生日會於門外, 相議發通, 君聞之乎?" 曰: "略聞而未得其詳也." 余曰: "其得失何如?" 曰: "吾今斬然縗麻, 安敢妄有論議? 然而但知其不緊矣." 余曰: "君得之矣. 向者仁伯聞吾言, 有七分覺悟底意思. 今聞通文朝暮且出, 實未知其何故也. 大抵不顧成敗而動, 鮮有不敗者. 吾謂洪李此事必敗, 何也? 周自稷劉以來, 積德累仁, 千有餘年. 至文武受天命而克商, 人無間言. 獨彼殷頑不忘六七賢聖之化, 不服于周, 至于成王之時, 而禍亂不已. 此五誥所以作也. 今洪李無周家積累之功, 諸人有殷頑不服之心, 其不可妄動也, 明矣. 發通後圈名者, 必無人矣. 不如早自停論." 聖一曰: "君之此言, 實爲洪李也. 非爲蔡也." 余曰: "今吾義, 不可再三瀆之. 君於今夕入倉洞, 從容開喩, 庶可回聽." 曰: "今有喪餘之戒, 不可動也." 余曰: [35/17a] "若虛度此日, 實有緩不及事之慮." 於是聖一作書與余聯名, 請顯卿仁伯堂姪來, 主客洞陳利害, 使之傳告于仁伯. 其後彼中士論, 一向峻發, 吾無奈何. 自此囚舌於此事.

○ 이은유는 채제공 집안과 가깝게 지내던 문객으로 그 성예聲譽가 강이원과 더불어 서로 비슷비슷했는데, 이제 와서 모집에 응하여 나오자 사람들이 모두 몰래 그를 비웃었다.[298] 오영과 이기선李基善이

---

[298] 이은유는 …… 그를 비웃었다: 이은유가 채제공 추탈 통문에 관여한 일을 두

눌암기략

이따금 와서 통문의 일에 대해 말하면서 나의 기색을 살피곤 했다. 내가 그들과 부딪치고 싶지 않아서, 그저 이렇게만 말했다.

"이것은 사론이니, 나야 몇 명이나 따르고 몇 명이나 따르지 않는지 모르겠지만, 자네들은 많은 쪽을 따르도록 하게나."

홍낙안이 갑자기 내게 편지를 보내 말했다.

"근자에 문외의 괴이하고 귀신 같은 무리들이 반드시 통문의 일을 막아 희롱하려 들면서, 형과 이원규를 가지고 핑계 대는 구실로 삼으니 애석하기 짝이 없네. 애초에 논의를 정할 때는 옳고 그름으로 서로 도와 해치지 않는 것이 아름다운 일이나, 지금은 큰 논의가 이미 나왔으니 결단코 두 마음을 품어서는 안 되네."

또 작은 종이를 보내서 말했다.

"이것은 이기경의 편지일세. 이원규와 함께 돌려보게나."

그 편지는 이러했다.

"춘추의 법은 당여黨與를 먼저 다스렸네.[299] 만약 큰 논의에 대항하는 자가 있으면 내가 장차 군대를 보내 이를 칠 것이야."

두 편지의 뜻은 대개 나를 겁박하려는 것이었다. 통문이 나간 뒤에

고 강이원이 이은유를 힐난한 편지가 《패경당문집》에 실린 〈여이진사은유서與李進士殷儒書〉에 나온다. 편지에서 강이원은 "살아서는 서인에게 곤경을 당했고, 죽어서는 남인에게서 곤액을 입었다[生困西人, 死阨南人]"고 하며, 통문의 부당성을 신랄하게 지적했다. 문집에는 이은유에게 보낸 강이원의 편지가 두 통 더 실려 있다.

299 춘추의 법은 당여를 먼저 다스렸네: 노은공魯隱公 4년 송상공宋殤公, 진후陳侯, 채인蔡人, 위인衛人이 정鄭나라를 쳤다. 호굉胡宏은 이에 대해 "난신적자를 주토誅討하기에 앞서 반드시 그 당여를 다스리는 법을 보인 것이다[誅亂臣, 討賤子, 必先治其黨與之法也]"라고 평했다.

갑자기 내 동생마저 통문에 회답하기로 정하니, 유사有司(담당 관리)가 또 나를 곤란하게 하려 한 것이었다. 애초에는 편지를 써서 면할 것을 도모할까 생각도 했으나, 그들의 마음 씀씀이를 가만히 헤아려보니 끝내 물러나지 못한 채 그저 한바탕 구설만 일으킬 듯하여 그만두고 말았다.

○ 李殷儒蔡門狎客, 聲譽與姜履元相甲乙. 到今應募而出, 人皆竊笑之. 吳瑛李基善有時來, 言通事, 以覘余氣色. 余不欲露出圭角, 但曰: "此士論也, 未知從者幾人, 不從者幾人. 君輩從衆可矣." 仁伯忽投書於我, 曰: "近者門外怪鬼輩, 必欲沮戲通事, 兄與聖一爲其藉口之資, 可惜可惜. 講定之初, 可否相濟, 不害爲美事. 而今大論已發矣, 決不可携貳." 又送小紙曰: "此休吉書也. 可與聖一輪看." 其書曰: "春秋之法, 黨與先誅, 如有角立大論者, 吾將移兵攻之." 二書之意, 蓋劫我也. 通文發後, 忽以家弟, 定爲回文, 有司又欲困我也. 初欲作書圖免, 竊料其用意, 畢竟不得裭免, 徒惹一番脣舌, 故止之.

○ 어떤 이가 말했다.

"강준흠이 회덕의 작은 사랑에 있으면서 이 일을 주장하였으니, 장자방張子房이 상산사호商山四皓[300]를 나오게 한 것과 다름이 없다."

하지만 이 같은 주장은 어거지에 가깝다.

300 상산사호: 장량張良이 상산사호의 힘을 빌려 태자를 폐하지 않게 한 일을 가리킨다. 한漢나라 고조高祖가 태자를 폐하고 다른 아들을 태자로 세우려고 하자, 여러 신하가 이에 대해 간했으나 고조의 뜻을 돌리지 못했다. 이때 진秦나라의 학정을 피해 상산商山에 들어가 숨어 살던 상산사호 등이 장량의 권유에 의해 산에서 내려와 태자의 우익右翼이 되자, 그제야 고조가 뜻을 돌려 태자를 폐하지 않았다.

○ 或謂: "伯源在懷德子舍, 而主張此事, 有如張子房, 敎四皓出來者." 云云. 而此說近於抑勒.

○ 이때 목만중도 말했다.
"통문을 낸 일은 옳은 계책이 아니다."
○ 時餘翁亦言: "通事之非得計也."

○ 이종화李宗和[301]가 편지 한 통을 써서 채제공의 원통함을 호소하며 통문을 소매에 넣고 간 것은 피 터지게 싸우겠다는 생각을 한 것이니, 이 또한 해괴한 거동이었다. 하지만 이종화는 오영에게는 아버지뻘이었는데, 오영이 어찌 감히 사람을 시켜 질질 끌어내게 했더란 말인가?
○ 李宗和作一書, 訟樊翁寃, 袖往通文, 所以爲血爭之計. 亦是駭擧也. 然李於吳瑛父執也, 吳安敢使人捽曳而出乎?

[52]
이기경은 이때 사헌부에 있다가 사헌부의 아전을 보내 이종화를

---

301 이종화(?~1818): 본관은 한산, 부친은 진사를 지낸 이재망李載望이다. 채제공이 정치적 어려움에 처했을 때 끝까지 의리를 지킨 인물로 죽파 유항주, 죽포 심규와 함께 채문蔡門의 삼죽三竹이라 불린다. 집이 곤궁해 채제공의 도움을 받았다. 1801년 신유박해 때 채제공의 삭탈관직에 대해 적극 변호하다 이기경의 미움을 사 형조에서 고문과 매질을 당하고 단성현에 유배되었다. 이때 이종화의 딸이 칼을 들고 이기경을 찾아가 부친의 조속한 석방 약속을 받고 돌아왔으며, 귀양 간 지 7년 만에 돌아와 집에서 죽었다. 이종화의 사적은 정약용의 〈죽대선생전竹帶先生傳〉(《여유당전서》 권17)에 전한다.

붙잡아오게 하였다. 이종화는 이미 고향 집으로 내려갔으므로, 마침내 채홍진蔡弘進[302]을 붙잡아와서 며칠 동안 엄하게 가두었다. 채홍진은 이종화가 머물러 사는 집의 주인이었고, 채홍원의 아우였다. 또 경기 도 감영에 공문을 보내 이종화를 붙들어오게 해서 엄한 형벌을 내리 고 귀양을 보냈다. 그 귀양 보내는 글 중에 "요사스러운 글과 요망한 말로 여러 사람을 미혹시켰다"는 대목이 있었다. 은연중에 사적邪賊으 로 돌린 것이니, 그 기세가 이처럼 대단하였다.

休吉時在憲府, 發府吏捕李宗和. 宗和已下鄕廬, 遂捕蔡弘進, 嚴囚數日. 弘進宗和之居停主人也, 頤叔之弟也. 又發關畿營, 捉宗和, 嚴刑編配. 其配文 有曰: "妖書妖言, 以惑衆人." 隱然歸之於邪賊, 其氣勢之豪健如此.

○ 이종화는 문장도 없고 나이도 많은 데다 집이 몹시 가난해서 그 이름이 세상에 알려지지 않았다가, 이렇게 되자 명망이 비로소 자자 해졌다. 단성의 유배지에 이르자 영남 사람들이 그를 의롭게 보아, 차 례로 소고기와 술로 대접해서 몇 해 동안 편하고 즐겁게 보내도록 하 였고, 석방되어 돌아갈 때는 돈을 모아주며 전별하기까지 했다. 또 한 사인士人을 시켜 그를 고양의 옛 살던 집까지 호송하도록 하였다. 사 인이 그 집이 됫박만큼이나 작은 데다 밥솥에 그을음이 없는 것을 보 고는 이렇게 말했다.

"여기가 진짜 귀양지올시다. 공께서는 어찌 견디시렵니까?"

듣던 이가 깔깔 웃었다.

302 채홍진: 본관은 평강, 부친은 채민공蔡敏恭이다. 채제공의 재종질이자, 그에게 입양된 채홍원의 친가 동생이다.

○ 李無文且年老, 家貧甚, 不知名於世. 至是聲望始藉藉. 到丹城配所, 嶺人義之, 輪回牛酒邀之, 得數年安樂. 及放還, 集錢賻之. 又使一士人, 護行至高陽舊廬. 士人見其屋 [36/17b] 小如斗, 土銼無烟, 曰: "此眞謫居也. 公何以堪耶?" 聞者齒冷.

○ 이은유가 자중子中[303]의 성명을 발문의 명단에다가 허위로 썼고,[304] 유석명은 가짜로 그 수결을 서명했다. 자중이 투서하자 모임에서 이를 변명했다. 통문에 이름을 표시하지 않은 자는 10여 명에 불과했다. 이것은 내가 미처 생각하지 못한 일이었다. 윤신과 심통한沈通漢,[305] 김경무金慶茂[306]는 누구보다도 기치를 세운 자였는데도 이기경과 오영에게 추악한 모욕을 당했다고 한다.

---

303 자중: 누구의 자인지 분명치 않다.

304 허위로 썼고: 원문의 모록冒錄은 어떤 장적帳籍이나 문서의 등록 대상이 아닌데 거짓으로 등록하거나 사실과 다르게 거짓으로 기록하는 일을 말한다.

305 심통한(1735~1816): 본관은 청송, 자는 중련仲連, 호가 상와尙窩다. 부친은 심해보沈海普다. 처부는 용주 조경의 현손 조수문趙守文이다. 정자를 지낸 심연한沈連漢이 형이고, 정언을 지낸 심달한이 동생이다. 1801년 서울 유생들이 채제공이 사원祀院에 배향되었다 해서 사원이 있는 지방에 통문을 보내 채제공을 출향黜享하도록 하자, 아들과 조카를 이끌고 죽음을 무릅쓰고 힘을 다해 막다가 유벌儒罰을 받았다.

306 김경무: 본관은 원주, 조부는 김조윤金朝潤, 부친은 김성건金聖楗이다. 사적이 자세하지는 않으나, 허전의 〈서임하권거사행록후書林下權居士行錄後〉에 "정축년과 무인년 사이에 임하 권거사가 누차 집으로 찾아와 책도당 김경무, 양호 권벌, 약전 이규한과 함께 번암 채제공을 신원하는 일에 대해 말을 할 때마다 강개하여 눈물을 흘렸다〔丁丑戊寅間, 林下權居士屢至於家, 與擇蹈堂金公慶茂, 楊湖權公橃, 藥田李公奎漢, 言蔡樊巖伸理事, 輒慷慨流涕〕"라고 해, 채제공의 신원을 위해 애쓴 사실이 드러난다.

○ 李殷儒冒錄子中姓名于發文之列, 又柳石鳴僞署其押. 子中投書, 會中辨之. 通文不圈名者, 不過十餘人. 此吾所未料也. 尹愼沈通漢金慶茂, 立幟之最者也. 遭李休吉吳瑛之醜辱云.

[53]

번암이 척사에 엄하지 않은 점은 있었지만, 통문에서 말한 것처럼 사학의 괴수라 한 것은 말도 되지 않는다. 경신년(1800, 정조24) 이후 김종수의 문객이 권력의 요직을 차지했으니, 채제공의 관직을 추탈하는 것을 어찌 막을 수가 있겠는가? '사학의 괴수〔邪魁〕'란 두 글자는 그저 실체 없는 그림자였을 뿐이다. 또 정한鄭澣[307]과 정언인鄭彦仁,[308] 강세륜의 무리를 시켜서 자기와 의견이 다른 사람을 논박하여 공격해서 사소한 원한을 되갚았다. 대개 그가 채당을 미워함을 사당과 같이 했기에 이를 일망타진하려고만 했지, 채당과 사당의 결속에 틈이 있었던 것은 알지 못해 이런 행동이 있었으니, 당국자의 눈에는 보이지

---

307 정한(1742~1806): 본관은 동래, 자는 여해汝海다. 부친은 정언방鄭彦枋이다. 1789년 생원, 1795년 문과에 급제했다. 이후 사헌부장령이 되었다. 1801년 천주교 관련 인물을 비판하고 《천학고天學考》, 《천학문답天學問答》 등을 저술한 안정복의 공로를 인정해 관위官位를 추증해달라는 상소를 올렸지만, 비변사의 반대로 이루지 못했다.

308 정언인(1753~1820): 본관은 동래, 자는 관지寬之이고, 호가 낙산樂山이다. 부친은 정대서鄭大瑞다. 1789년 문과에 급제하고, 1802년 지평이 되었다. 지평으로 있을 당시 흑산도에 유배 간 정약전, 강진현에 유배 간 정약용, 김해부에 유배 간 이학규, 고성현에 유배 간 신여권, 장흥부에 유배 간 이관기, 임자도에 유배 간 오석충, 단천부에 유배 간 이기양 등에 대해 국문을 하도록 하는 계를 올리기도 했다. 1804년에는 권유權裕 등에 대한 기록을 누락했다는 이유로, 홍양현으로 유배되었다. 1805년에 사면받아 유배지에서 풀려났다.

않는 법이다.**309**

樊菴不嚴於斥邪則有之, 通文所云邪魁, 殆不成說. 庚申後金鍾秀之客, 據權要, 蔡之追奪, 烏加已乎? 邪魁二字, 特是影子耳. 又使鄭澉鄭彦仁姜世綸輩駁擊異己, 以報睚眦之怨. 蓋其嫉蔡黨, 如邪黨, 故欲網打之, 不知蔡黨邪黨之煞, 有間焉, 有是哉. 當局者迷也.

○ 임술년(1802, 순조2)에 심달한 씨가 대간이 되었는데, 채제공과 조덕린을 공격하는 계사에 참여하지 않으려고, 인책引責하고 들어가 오래도록 조정에 나오지 않았으므로 마침내 이 일로 논핵을 당하였다.**310**

그가 자신을 해명하는 상소에서 "채제공이 만약 어떤 죄가 있다면"이라 하고, 또 "조덕린이 만약 어떤 죄가 있다면"이라고 했는데, '만약〔若〕'과 '한다면〔則〕'이란 글자에 비록 은미한 뜻이 있긴 해도 그 말이 몹시 군색하게 회피하려는 말이었다.

○ 壬戌沈聖通氏, 爲臺諫, 不欲叅樊翁玉川之啓, 引入久不出, 卒以此被駁. 其自明之疏曰: "濟恭若有某罪則." 又曰: "德麟若有某罪則." 若字則字雖有微意, 而其辭甚窘遁矣.

309 당국자의 눈에는 보이지 않는 법이다: 당사자보다 방관자가 대국을 더 잘 파악한다는 뜻이다. 당현종唐玄宗이 《예기禮記》의 주석본을 만들라고 명하자 원담元澹 등이 고생 끝에 새로운 주석본을 만들었다. 우승상 장열張說이 새로운 주석본은 필요 없다고 하자, 원담이 "당사자는 그 일에 대해 잘 몰라도, 옆에서 보는 사람은 자세히 살필 수 있습니다〔當局稱迷, 傍觀見審〕"라고 한 데서 나온 말이다.

310 마침내 이 일로 논핵을 당하였다: 1803년 사간 박서원朴瑞源이 조덕린趙德鄰을 징토하는 상소에서, 1801년에 삼사가 채제공을 성토하는 자리에 심달한이 참석하지 않은 것을 지적해 "역적을 비호하고 당여를 위해 죽으려 하며 대론大論에 참여하지 않았다"고 논핵했다. 《승정원일기》 1803년 1월 14일)

○ 기미년(1799, 정조23) 홍문관에서 채제공의 시호를 기록할 때 박길원朴吉源이 '문숙文肅'으로 올리고, 심규로沈奎魯[311]는 '문충文忠'으로 올려 서로 다투었다. 각자 상소문을 써서 자기 생각을 늘어놓자,[312] 이 때문에 벽파의 뜻을 크게 거슬렀다. 이에 이르러 대간의 평이 조만간에 또 나오려 하자, 심규로가 이 말을 듣고 크게 두려워하여 홍낙안에게 구해줄 것을 빌었으나, 홍낙안은 응하지 않았다. 그 집안사람으로 원상院相이 된 사람[313]이 이를 조정해서 마침내 무사하였고, 또 도감都監으로 노고가 있었다 하여 승진하기까지 했다.

○ 己未玉堂錄樊菴謚, 朴吉源擬文肅, 華五擬文忠, 與之爭鬨. 各治疏自列, 以故大忤於壁[314]論. 至是臺評朝夕且發, 華五聞之大恐, 乞救於仁伯, 仁伯不應. 其族人爲院相者調停之, 卒無事, 又以都監勞陞資.

---

311 심규로(1761~1815): 본관은 청송, 자는 화오華五다. 용인 사람으로, 아버지는 심집沈㙫이다. 1782년 별시 문과에 급제했다. 1797년 이기양, 박윤수와 함께 집의 이명연을 위해 연명소聯名疏를 올렸다가 파직되었고, 1799년에는 천주교 사건으로 관직이 추탈된 채제공의 신원을 청했다가 파직되었다. 1806년에도 채제공의 신원을 탄원하는 상소를 올렸다가 파직 처분을 받았다. 이름난 효자로, 죽은 뒤인 1828년에 정려가 세워졌다. 정약용 등과 함께 죽란시사에서 활동했다.

312 상소문을 써서 자기 생각을 늘어놓자: 1799년 2월에 홍낙성洪樂性, 김종수, 채제공, 민진주閔鎭周, 윤봉오尹鳳五, 유진동柳辰소, 신응현申應顯 등 7명의 시호를 의정議定하는 자리에서 채제공에게 '충忠' 자의 시호를 주는 문제로 의견이 엇갈렸으나 결국 '문숙文肅'으로 확정되었다. 이 일로 심규로가 상소해 그것이 공정하지 못하고 공의公議를 무시한 결정이라며 당시 좌기坐起에 참석했던 사람들을 공격한 일을 말한다. 《승정원일기》 1799년 2월 5일)

313 그 집안사람으로 원상이 된 사람: 벽파의 영수 심환지를 가리킨다.

314 壁: 僻의 오자로 보인다.

○ 휘조輝祖 이중련李重蓮**315**은 비록 이치훈과 가까운 인척이긴 해도 실은 아무 잘못이 없었다. 이원규가 소개해 홍낙안, 이기경과 서로 상종하였지만, 그다지 대접은 받지 못했다. 한번은 이렇게 말했다.

"그대와 나는 모두 국외局外의 사람일세. 하지만 작은 차이가 분명하게 있다네. 자네가 일찍이 사학 하는 무리에게 많이 밉보였기 때문에 지금 홍낙안과 이기경이 의심하여 멀리하지는 않지만, 나는 이마저도 없다네. 그래서 신세가 고단함을 면치 못하는 거라네."

인하여 함께 한바탕 웃었다. 그 마음가짐이 공평함을 알 수 있다. 이것은 정말 꼭 맞는 말이다.

○ 李輝祖雖與致薰切姻, 實無罪過. 因聖一紹介, 得與洪李相從, 而不甚見重. 嘗爲言曰: "君與我, 皆局外人, 而煞有分寸之異. 君嘗積忤於邪徒, 故今不見洪李之疑阻, 吾無是也. 故身世不免齟齬." 仍與之一笑. 其處心之公平, 可知矣. 此是切實之言也.

[54]

이때 채당은 거의 대부분 쫓겨난 상태였다. 최헌중은 자기도 틀림없이 면하지 못할 것을 알고, 날마다 홍낙안에게 애걸하였다. 홍낙안이 말했다.

"지금의 여론이 몹시 준엄해서 나 또한 손댈 수가 없고, 한바탕 공을 세워 속죄할 계책이 있긴 한데, 영공께서 하실 수 있겠소?"

---

315 이중련(1765~?): 본관은 연안, 자가 휘조다. 부친은 이문섭李文燮이다. 1790년 알성시에 급제해 예문관검열이 되었다. 정약용과 함께 죽란시사의 일원으로 활동했다.

최헌중이 말했다.

"무슨 말이오?"

홍낙안이 말했다.

"지금 조정에서 이미 처분이 있었던지라, 여러 신하가 감히 더 이상 이의가 없지만, 영남 사람들은 채제공에 대한 마음이 시들지가 않았으니, 이것이 근심할 만한 점이 아니겠소? 그대가 영남을 한바탕 지휘하도록 해보고 싶은데, 그대라면 그 어리석은 고집을 부리는 풍속을 돌이킬 수 있지 않겠소?"

최헌중이 기뻐하며 말했다.

"내가 채씨 집안의 사람이니, 저들이 내 말을 들으면 반드시 마음을 돌릴 것이오."

이에 홍낙안이 당시 재상들을 두루 찾아가서 그 말을 전하자, 심환지가 말했다.

"우리가 그의 꾀에 떨어질까 염려된다."

서명선이 말했다.

"그렇지 않습니다. 이자는 이익을 좋아하는 자입니다. 지금의 국면과 형세로 볼 때 틀림없이 힘을 다 쏟을 겝니다."

마침내 이조에 명하여 그를 경주부윤에 발탁해서 보냈다.[316] 최헌중이 임명된 뒤에 편지 한 통을 써서 아무개와 아무개에게 돌려가며 보여주고는 원본을 홍낙안에게 보내서 기정사실화했다. 뭇사람의 비방이 크게 일어나자 그제서는 직접 가서 이를 사죄하느라 피곤한 줄

---

316 경주부윤에 발탁해서 보냈다: 최헌중은 1802년 5월에 경주부윤이 되었다. 《승정원일기》 1802년 5월 4일)

도 모르고 낙동강 동서를 분주히 다녔다. 이것이 그가 눈을 깜빡이며 좌우 기미를 살피는 재주였다.

[37/18a] 當是時, 蔡黨殆盡竄逐. 崔稈晦獻重, 自知其必不免也, 日日哀乞於仁伯, 仁伯曰: "時論甚峻, 吾亦着手不得. 有一將功贖罪之策, 令公能之乎?" 崔曰: "何謂?" 仁伯曰: "今朝廷已有處分, 群臣不敢復有異議. 然嶺南人向蔡之心不衰, 此非可憂乎? 欲圖君崝南一麾, 君可挽回其執迷之俗否?" 崔喜曰: "吾是蔡家人, 彼聞吾言, 必回心." 於是洪歷謁時相, 誦其言, 沈煥之曰: "恐吾輩墮其術中." 徐曰: "不然. 此是嗜利者也. 見今局勢, 必盡力焉." 遂令銓曹, 差送東京尹. 崔莅任後, 作一書, 輪示某某人, 仍送書本於洪, 以實之. 及衆謗大作, 乃躬往謝之, 奔走洛江東西, 而不知爲疲. 此其左右瞬目之術也.

○ 이때 지방 고을에 척사의 논의가 들끓었다. 안성安城의 홍성모洪聖謨는 이기성에 대해, 연풍延豊의 오석순吳錫純[317]은 이인하李寅夏[318]에 대해 반드시 앙갚음을 하려고 읍과 감영에 소장訴狀을 올려 한바탕 소동이 일어났다. 이인하는 이윤하의 아우였다. 선왕께서 통치하실 적에 우리가 문정공 허목의 영정을 백운동 서원에 봉안하자, 채제공이 소지小識를 지어 영정의 위쪽에다 썼다.[319] 계해년(1803, 순조3)에 문정공을 좋아하지 않는 자들이 있어, 떼를 지어 일어나 시끄럽게

---

317 오석순: 본관은 동복이다. 생부는 오항운吳恒運이고, 백부인 오홍운吳弘運에게 입양되었다.

318 이인하: 본관은 전주다. 조부는 기원杞園 이혜주李惠胄, 부친은 이추李碪다. 이윤하의 친가 동생이다.

319 채제공이 소지를 지어 영정의 위쪽에다 썼다: 채제공이 썼다는 소지는 〈경서미수허선생소진敬書眉叟許先生小眞〉으로 문집인《번암집》권59에 실려 있다.

떠들었다.

"공자 문하 70제자의 초상이 여기에 있고, 퇴계와 율곡의 초상 또한 여기에 모셔져 있다. 학문이 사문斯文의 적통을 계승하지 아니하였으니 마땅히 몰아내야 한다."

또 말했다.

"죄인의 필적을 서원 안에 남겨두어서는 안 된다."

일제히 부사에게 호소하자, 부사가 관찰사에게 보고하였다. 관찰사가 또 "옳다"고 하였다. 서원의 유생들이 글을 지어 서울의 아는 이들에게 다급함을 고하였다. 이때는 5월 상순이었다.

○ 時外邑斥邪之論蠢踊. 安城洪聖謨之於李基誠, 延豊吳錫純之於李寅夏, 必欲甘心焉, 呈邑呈營, 作一場騷擾. 寅夏潤夏弟也. 先王在宥時, 吾儕奉安許文正公影幀於白雲洞書院, 樊翁作小識, 書于幀頭. 癸亥有不悅許文正者, 群起而噪, 曰:"孔門七十子之像在此, 李文元李文純之像亦在此. 學非斯文嫡傳, 當黜."又言:"罪人筆蹟, 不可留置院中."齊訴于太守, 太守報于巡使. 巡使又曰:"可."院儒作書, 告急于京中知舊, 時五月上旬也.

벼슬아치와 선비들이 일제히 수표교의 신씨 집에 모여서 변고에 대응할 방도를 구상하여 정하였다. 이에 글을 지어 영남관찰사가 있는 곳에 무고에 대해 변호하였다. 순흥부사가 또 서원의 유생을 시켜서 영정 위쪽의 소지를 잘라내도록 해서 다툼의 단서를 끊어버렸으니, 이것은 실로 홍낙안과 이기경의 계책이었다. 모임에서 다른 말이 없었는데, 시세와 일의 사정상 그렇게 하지 않을 수가 없었던 것이다. 조중일의 무리 몇 사람만이 모임에 나아가지 않았다. 그 뜻은 대개 차라리 영정이 출향黜享될망정 소지를 잘라내고 싶지 않았기 때문이니, 지나치고 지나치다 하겠다. 모임에서 의논을 수습하고, 이에 조중일의 죄명을 썼다. 며칠 뒤에 조중일이 목인규를 찾아가서 말했다.

"너희 무리가 나를 벌주는데, 내가 무슨 죄가 있는가? 재 올리는 날에 잔치하고 마신 너희 무리의 죄를 용서할 수 없다. 내가 통문을 내서 성토하고자 하니, 초고도 이미 완성하였다."

주머니 속에서 작은 종이 한 장을 꺼내서 보여주는데, 끝이 모지라진 붓으로 거칠게 서너 줄 쓴 것으로, 거의 말도 되지 않는 내용이었다고 한다. 우습고도 우습다.

搢紳章甫, 齊會于水橋申氏宅, 構定應變之道. 於是裁書卞誣于嶺伯處. 順興守又使院儒割去幀頭小識, 以絶爭端, 此實洪李策也. 會中無異辭, 以其時勢事理之不得不然也. 趙重日輩數人, 獨不赴會. 其意盖以爲寧使影幀之被黜, 不欲 [38/18b] 小識之割去也, 過矣過矣. 會中收議, 乃書重日罰名. 後數日, 趙往見睦仁圭, 曰: "爾輩罰我, 我有何罪? 齋日宴飮, 爾輩之罪罔赦. 吾欲發文討之, 草已成矣." 出囊中一小紙示之, 以禿筆胡書三四行, 殆不成說云, 可笑可笑.

선왕 정조 임금께서는 매년 5월에는 재거齋居하며 일을 살피지 않았으니, 백관 또한 감히 관아를 열지 못했다.[320] 경신년(1800, 순조 즉위년) 이후로 조정에서 다시금 이 같은 예가 없었으니, 설령 우리가 잔치하여 술을 마셔도 죄가 되지 않았다. 하물며 이날의 찬거리는 술과 찬, 청포묵에 지나지 않았으니, 잔치라고 말이나 할 수 있겠는가? 이로부터 조중일은 목인규와 절교하고, 이광도李廣度[321]의 종형제와 친밀해

---

320 매년 5월에는 …… 열지 못했다: 임오년(1762) 사도세자의 변고가 5월에 있었기 때문이다.

321 이광도(1770~1846): 본관은 한산, 자가 입중立中으로, 예산 사람이다. 이산해의 후손으로, 승지를 지낸 이경명李景溟의 아들이다. 1795년 사마시에 생원으로

졌다고 한다.

先王每於五月齋居, 不視事, 百官亦不敢開衙. 庚申後朝廷更無此例, 設使
吾輩宴飮, 不足爲罪, 況伊日饌品, 不過酒饌靑泡而已, 謂之宴可乎? 自是趙重
日絶睦仁圭, 而與李廣度從兄弟親密云.

○ 권경權儆[322]이란 사람은 그 외숙부인 목조원의 기량을 전수받아
익혔다. 의론하기를 즐겨서 그 입 아래 온전한 사람이 없었다. 또 일찍
이 집안 아저씨 되는 행숙 권건 씨의 재물을 탈취하여 자기 소유로 삼
았다. 당시 재상이었던 이병모의 수결을 위조 서명해서 얼토당토않은
송사를 했기 때문에, 평소에 사우士友에게 버림을 받았다. 이때에 이
르러 조중일의 무리에 투신하여 들어가니, 조중일이 주머니 안에 있
던 초안을 권경에게 주어서 그를 시켜 통문을 돌리게 했다. 권경 또한
그 계책이 터무니없는 줄 알았으므로 굳이 따르지 않았다.

○ 權儆者傳習其內舅睦祖元之伎倆. 好議論口無完人. 又嘗攘奪其族叔行
叔氏之貨, 以爲己有. 僞署時相李秉模之狎, 以訟非理, 以故素見棄於士友. 至是
投入重日之黨, 重日以囊中草, 授儆, 使之發通, 權儆亦知其計之妄也, 固不從.

○ 병인년(1806, 순조6)에 김달순金達淳[323]이 재상이 되자 그 기세가

급제했다. 순천부사, 삼척부사, 능주목사를 지냈다.

322 권경(1760~1813): 본관은 안동, 자는 경훈景勳이다. 1813년 증광시에 생원으로
급제했다. 부친은 동지중추부사를 지낸 권중언權重彦이다.

323 김달순(1760~1806): 본관은 안동, 자는 도이道以, 호가 일청一靑이다. 1789년
진사시에 합격해 영릉참봉이 되었고, 이듬해 증광시 문과에 급제해 초계문신
으로 뽑혔다. 1801년 전라도관찰사, 1803년 이후 이조판서와 병조판서, 홍문

몹시 대단했다. 말하는 자들이 조만간 큰 옥사를 일으켜 시론時論을 솎아낼 것이라고 하였다. 하지만 김달순은 노론을 주도하고, 서형수徐瀅修[324]는 소론을 이끌고, 홍희운洪義運(홍낙안의 개명)이 남인을 주장한 데다, 머잖아 영남에서 1만 명의 상소가 올라올 것이라는 이야기가 서울에 자자하게 퍼졌다. 당시 정한이 순흥부사[325]로 있었다. 말하는 자들은 또 정한이 이런 헛소리를 만들어낸 것이 홍희운과 안팎으로 서로 내응하여서라고들 하였다. 하지만 이것은 아직 일어나지 않은 일이라 갑작스레 믿을 수는 없겠다.

○ 丙寅金達淳入相, 氣勢張甚. 言者以爲早晚起大獄, 鋤去時論者. 而達淳主老論, 徐瀅修主少論, 洪義運主南人, 未久嶺南萬人疏之說, 藉藉駱下. 時鄭瀚守順興, 言者又以爲鄭做出此謊說, 與義運外內相應云云. 然此其未然之事, 不可遽然取信.

○ 김달순이 사사되자 일종의 경박한 무리들이 함부로 시의時議가 틀림없이 자기 편이라고 생각하고는 눈을 부라리고 열변을 토하며 홍

관제학을 지냈다. 벽파의 인물로 1806년 박치원朴致遠 등의 추증을 청했다가 시파의 공격을 받아 남강진에 유배 가서 사사되었다. 뒤에 신원되어 익헌翼憲의 시호를 받았다.

324 서형수(1749~1824): 본관은 달성, 자는 유청幼淸 또는 여림汝琳, 호는 명고明皐다. 생부는 대제학 서명응徐命膺이며, 숙부인 서명성徐命誠에게 입양되었다. 1783년 문과에 급제해 광주목사와 영변부사를 지내고 1799년 진하겸은부사가 되어 청나라에 다녀왔다. 1804년 이조참판을 거쳐 이듬해 경기관찰사가 되었다. 1806년 벽파 계열인 우의정 김달순 등이 안동 김씨 계열인 김조순 등에 밀려 사사될 때, 이에 연루되어 전라도 홍양현 등지에서 18년 동안 유배생활을 했다. 1823년 전라도 임피현으로 양이量移되어 이듬해 그곳에서 죽었다.

325 순흥부사: 정한은 1805년 순흥부사에 제수되었다. 《승정원일기》 1805년 1월 2일)

희운과 이기경을 쳐서 없애고 싶어 못하는 짓이 없었다. 이에 이은유가 공을 세워 충성을 바칠 생각으로 이정권, 윤익배와 한데 뭉쳤다. 또 사악한 자들 중에 없는 허물을 만들려고 하는 자들이 그 사이에 끼어들어서, 오늘 통문 하나를 내면 그다음 날 또 통문 하나를 내서 날마다 어지럽혔으니, 이것이 협잡이 아니고 무엇이란 말인가? 이때 저들의 무리가 한동翰洞과 합동蛤洞에 몰려들었는데, 술과 밥값을 댄 것은 음죽陰竹 326에서 나왔다. 이때 이주명李柱溟이 음죽현감 327이 되었다고 한다.

○ 達淳旣賜死, 一種浮薄之徒, 妄度時議之必我與也, 張目掉舌, 謀所以擊去洪李者, 無所不至. 於是乎李垠儒立功自效之計, 李廷權尹益培打成一片. 又有邪孼之欲修郄者, 介乎其間, 今日發一通, 明日又發一通, 日事紛紜. 此非挾雜而何哉? 時渠輩坌集于翰洞蛤洞, 具酒食之費, 出於陰竹, 時李柱溟爲陰竹守云.

○ 목만중은 조중일에게는 아버지뻘인데, 조중일이 늙은 도적이라 지목하였으니, 다른 점이야 더 말해 무엇 하겠는가?

○ 餘翁於趙重日, 爲父執也, 重日目以老賊, 他尙何說?

[55]

윤익배 328는 글을 팔아 생활했고, 이정권은 글자 아는 것이 근심이

---

326 음죽: 경기도 이천利川, 죽산竹山, 여주驪州와 충청북도 충주忠州에 걸쳐 있던 옛 지명이다.

327 음죽현감: 이주명의 음죽현감 재임 기간은 1802~1807년이다. 《승정원일기》 1802년 6월 9일 / 1807년 12월 30일)

328 윤익배: 윤익배尹益培로 썼다가 '익翼'으로 고쳤다.

된 자였다. 그 모임 가운데 여러 사람은 글재주가 없었기 때문에, 이때 통문은 모두 이 두 사람의 손에서 나왔다. 하지만 윤익배는 강준흠과 서로 친해, 번번이 강준흠의 일에 대해서만은 글을 쓰려 들지 않았다. 그들의 무리 또한 붕우의 의리가 있음을 알았던 것인가? 이정권 같은 자는 그 집안 아저씨인 이기경의 죄상을 까발려 늘어놓고도 곤란해하는 기색이 거의 없었으니, 이는 대의로 친족을 끊어버린 자라고 말할 수 있다.

[39/19a] 尹翼培賣文爲活, 李廷權識字爲患者也. 以其會中諸人無文也, 故伊時通文, 皆屬于此兩人之手. 然尹翼培與姜俊欽相親, 每於俊欽事, 不肯下筆, 渠輩亦知有朋友之義耶? 若廷權者, 臚列其族叔基慶罪狀, 略無難色, 是可謂大義滅親者耶.

○ 조중일은 큰 사업으로 간주하여 기세가 당당하였다. 노쇠한 몸인데도 팔짱을 끼고서 큰 소리로 아무개는 죽여야 하고, 아무개는 귀양 보내야 한다고 떠들어댔으니, 이게 대체 무슨 몸가짐이란 말인가? 또 사람을 솎아낼 때 해묵은 은혜와 원한을 갚으니, 이것은 또 무슨 심보인가? 한때 호사가들이 그를 밀어 영수로 삼아, 빈한하던 집안이 갑자기 권세가가 되었으니, 우습고도 우습다.

○ 趙重日看作大事業, 氣勢堂堂. 衰經在身, 扼腕大言, 某人可殺, 某人可竄, 此何擧措? 又於存拔之際, 以酬其宿昔之恩怨, 此何心術? 一時喜事之徒, 推爲領袖, 蓽戶忽爲熱門, 可笑可笑.

[56]

한광보韓光普와 송진수가 통문으로 느닷없이 나를 추하게 욕보였는데, 말한 내용이 모두 허구로 날조한 것이었으니, 나와 무슨 상관이 있겠는가? 조중일은 수표교에서 벌을 받았고, 이정권은 관동의 향시鄕試에 합격하고자 하였으나 획득하지 못하였다. 권경은 사촌동생의 상이 있었는데도 위문하지 못하였다. 세 사람이 이 일로 내게 분이 나서 이같이 한바탕 겁박하여 욕을 보였던 것이다. 그리고 나서 한광보가 원주에서 왔는데, 사람됨이 어리석어서 이정권에게 매수당하고 말았다. 송진수는 이때까지 도성에 들어오지 못해서 이존덕이 그의 이름을 대신 서명하였다고 한다. 공의公議가 이들 무리를 신임하지 않자, 이들은 다시금 벗어날 계책을 꾸며서 함께 말했다.

"우리는 이런 일을 한 적이 없다."

그 뒤에 조중일과 이존덕과 권경은 모두 찾아와서 나를 보았지만, 이정권만은 오지 않았다. 찾아온 자들은 부끄러움이 없었고, 오지 않은 자는 스스로 죄를 안 것이다.

韓光普宋晉修之通, 忽醜辱我, 所言皆搆虛捏無, 於我何有? 趙重日被罰於水橋, 李廷權圖得關東鄕解而不得. 權儆有從弟喪, 而不爲慰問. 三人以是怒我, 有此一場劫辱也. 而光普新自原城來, 爲人蒙駭, 見賣於廷權. 晉修伊時未嘗入城, 而李存德代署其名云. 及公議不直渠輩, 渠輩更生掉脫之計, 俱曰: "吾無是事." 其後重日存德儆, 皆來見我, 而獨廷權不來. 來者無恥矣, 不來者自知罪也.

○ 내가 백륜 유하원에게 편지를 보냈다. 나의 본심을 밝힌 것일 뿐이었지만, 뒤늦게 생각해보매 거의 반박 편지에 가까웠으니, 후회한들 무슨 소용이 있겠는가?

○ 余抵書柳伯倫. 明吾本心而已, 晚後思之, 殆近於對章, 悔之何及?

○ 홍낙안과 이기경이 오영과 강섬姜暹을 사주하여 나를 무함하는

글을 쓰게 하니, 내가 글 한 통을 써서 터무니없는 계책을 깨려 하다가, 다시 생각해보니 횡액이 오는 것을 굳이 떠들 일이 아니어서 그만두었다. 강섬은 바로 강준흠의 족질이었다.

○ 洪李喉吳瑛姜暹, 爲書誣我辱我. 我欲作一書, 而破妄計, 更思之, 橫逆之來, 不必呶呶, 故止之. 暹卽伯源族姪也.

○ 당초에 이윤하가 제사를 폐기하였다는 말이 이성겸李聖謙의 입에서 나왔다. 이경도李景陶[329]가 사형당한 뒤에 파양할 것을 주장하는 논의를 펴 한편에서 명성이 있었다. 이성겸이 이에 이르러 목만중을 성토하는 통문에서 이름 위에 동그라미를 쳤다. 이성겸의 고모는 목인규의 어머니인데,[330] 이로부터 숙질 사이에 얼굴을 보지 않았으니, 각박한 풍속이라 할 수 있다.

○ 當初李潤夏廢祭之說, 出於聖謙之口. 景陶伏法後, 爲主破養之論, 有聲

---

329 이경도(1780~1801): 본관은 전주, 아버지는 이윤하고, 어머니는 권철신의 누이다. 아명은 오희五喜다. 어려서 병을 앓아 곱사등이가 되었다. 부모의 가르침으로 천주교에 입교했다. 1793년 부친 사후 천주교 교리에 따라 장례를 치렀고, 최필공·홍재영 등과 신앙공동체를 구성해서 교리를 익혔다. 1801년 신유박해 때 체포되어서도 신앙을 굽히지 않았다. 처형 전날 옥중에서 어머니에게 보낸 편지가 남아 있다. 1801년 12월 26일 서소문 밖에서 참수형을 받고 22세의 나이로 순교했다.

330 이성겸의 고모는 목인규의 어머니인데: 목인규의 어머니는 이한덕李漢德의 딸이다. 이윤하와는 같은 집안이다. 이한덕은 윤휴尹鑴의 둘째 아들 윤하제尹夏濟의 딸과 결혼해 이정주李鼎胄, 이한도李漢導에게 입양된 이항주李恒胄, 이사주李師胄와 목만중에게 시집간 딸을 두었다. 이정주는 이돈성李敦誠, 이항주는 이익성李益誠, 이사주는 이광성李光誠·이윤성李允誠 등의 아들을 두었다. 이성겸李聖謙이 누군지는 특정되지 않으나 '성誠' 자 항렬의 인물로 추정된다.

譽於一邊. 李聖謙至是, 圈名於討睦之通. 聖謙姑母, 仁圭之母也. 自是叔姪隔面, 可謂薄俗也.

○ 양천 통문[331]에 '한집인데 논의가 다르다'는 말이 있었다. 어떤 이가 물었다.

"한집이란 어떤 사람입니까?"

이렇게 대답했다.

"채홍리 대감이 소채로 지목된 것은 오래되었다."

채홍리의 집안사람이 묻자, 이렇게 말했다.

"채윤공蔡倫恭[332]이다."

또 묻는 자가 있자, 어떤 이는 채중영蔡中永[333]이라 하고, 어떤 이는 채홍운蔡弘韻[334]이라고 했다. 한 구절의 말을 가지고 서너 사람을 옭아넣으니, 그 계략을 꾸밈이 교묘하고도 참혹하다. 대개 두 채씨는 소채에 가까운 자들이었다.

○ 陽川通文, 有同堂異論之語. 或問: "同堂何人?" 答曰: "士述台有小

---

331 양천 통문: 전문이 《동린록》 26책 778면에 초본과 함께 수록되어 있다.

332 채윤공(1765~1814): 본관은 평강, 자는 백총伯總, 호는 현애玄厓다. 1804년 식년시에 생원으로 뽑혔다. 채제공의 재종제다.

333 채중영(1763~1837): 본관은 평강, 자는 경집景執이다. 부친은 채홍량蔡弘亮이고, 모친은 이세석李世奭의 딸이다. 성균관 유생 자격으로 정조의 《경사강의》에 대답한 한 조목이 남아 있다.

334 채홍운(1757~1834): 본관은 평강, 자는 덕휴德休, 호가 자헌自軒 또는 추방옹秋放翁이다. 1803년 증광시 문과에 급제했다. 진천에 살았다. 벼슬은 낭천현감과 사헌부지평을 지냈다. 정상리鄭象履의 《제암집制庵集》 권8에 〈사헌부지평자헌채공행장司憲府持平自軒蔡公行狀〉이 실려 있다.

눌암기략

[40/19b] 蔡之目, 久矣."述台家人問之, 則曰:"蔡倫恭也."又有問者, 或曰蔡中永也, 或曰蔡弘韻也. 以一句語, 籠罩三四人, 其爲計巧且慘矣. 盖兩蔡皆近於小蔡者也.

○ 양천에서 통문을 낼 때, 김홍달金弘達과 이영관李永觀의 무리가 기세를 돋워 공갈하자, 한 고장 사람들이 감히 이견을 세우지 못했다. 이이양李頤養 형제는 이영관의 종형이었는데도 또한 곤욕을 받았다고 한다.

○ 陽川發通時, 金弘達李永觀輩, 作氣勢恐嚇, 一鄕人無敢立異. 頤養兄弟, 李之從兄也, 亦受困辱云.

○ 어떤 사람은 황덕길이 양천 통문의 일을 주장하였다고 하나, 그의 평소 절조를 생각하면 그렇지 않은 듯하였다. 몇 해 뒤에 비로소 황덕길을 만나서 물어보니, 과연 내 생각대로였다. 통문의 우두머리였던 권위언權渭彦 335이 말을 타고 서울로 들어와 의기양양하게 성을 나섰는데, 도성 안팎에서 하는 작태가 거의 과거에 급제해 유가遊街하는 자와 똑같아서, 보는 자 중에 비웃지 않는 이가 없었다.

○ 或謂黃耳臾主張陽川通事, 想其平日操守, 恐不如是. 後數年, 始見耳臾質之, 果如吾意. 通首權渭彦乘馬入京, 揚揚出城, 內外殆同新及第遊街者, 見者無不蚩笑.

○ 강섬이 양천에 투서한 것은 강준흠을 위해 억울함을 변명한 것

---

335 권위언(1739~1814): 본관은 안동, 자는 망수望叟다. 부친은 권세희權世禧다.

이었는데,[336] 그 답장에서 욕하고 꾸짖은 것이 통문 때보다 곱절이나 되었다. 윤익배와 강복흠이 강섬을 사주해서 이 일을 일으켰으니, 정말로 강준흠을 아꼈던 것인가?

　　○ 姜暹投書陽川, 爲伯源卜誣, 其答書詬辱, 倍於通文時. 尹翼培姜復欽嗾暹, 而作此擧, 其眞箇愛俊欽者耶?

　　○ 이때 이은유가 또 한 차례 북인北人을 끌어내리려고 통문을 지어 박장설을 헐뜯고 배척했지만 북인은 대꾸도 하지 않았다고 한다. 자기들끼리 날뛰는 것으로도 부족해서, 또 다른 당여까지 끌어들이려 하고, 멀쩡히 산 사람을 끊임없이 씹고 뜯어 반드시 골수까지 파먹으려고 하였으니, 그 방자한 기세와 악랄한 수단이 어찌 이 지경에 이르렀더란 말인가?

　　○ 時李殷儒, 又欲募出一北人, 作通詆斥朴長卨, 北人不膺云. 跳踉自中之不足, 又欲引入他黨, 蹄嚙生者之不已, 必欲侵虐其骨, 其肆氣逞毒, 胡至此極?

　　○ 통문과 장서를 지은 괴이하고 귀신 같은 무리들이 사론士論이라 하면서 다들 그때의 형세에 따라 일진일퇴하자, 진사나 생원에 오르지 못한 자는 성균관을 꿈꾸고, 진사와 생원에 오른 자는 첫 벼슬을 기대하여, 눈을 부릅뜨고 주먹을 문지르면서 그저 뒤처질까 염려하였다. 이익과 욕심이 앞에 닥치면 염치라는 것이 있는 줄도 모르니, 이러고도 선비라 말하겠는가?

336　강섬이 양천에 …… 변명한 것이었는데: 강섬의 투서에 대해서는 《동린록》 26책 784면에 〈강섬여발문소서姜暹與發文所書〉가 실려 있다.

○ 作通文長書之怪鬼輩, 謂之士論, 一進一退皆隨時勢, 未升上舍者, 慕陞庠, 升上舍者, 慕初仕, 張目磨拳, 唯恐或後. 利欲當前, 不知有廉恥, 此亦士云乎哉?

○ 내가 조중일에게 말했다.

"애초에 오석충이 사당邪黨의 사주를 받아 통문과 장서를 지어 홍낙안과 이기경을 공격했고, 홍낙안과 이기경이 뜻을 얻자 또 통문과 장서로 되갚아주었지. 지금 홍낙안과 이기경을 공격하는 자가 또 홍낙안과 이기경이 남긴 투식을 쓰니, 이것은 모두 잘못인데도 본받는 것일세. 어찌 그리 미혹한 것인지?"

조중일이 듣고는 한참 만에 말했다.

"자네 말이 참으로 옳으이."

○ 余謂趙重日曰: "初吳錫忠受嗾於邪黨, 作通文長書, 以螫洪李, 洪李得志, 又以通文長書報之. 今之攻洪李者, 又用洪李餘套, 是皆尤而效之, 何其惑?" 趙聞之良久曰: "君言誠是."

○ 음험함이 번뜩이는 시국에 유생의 통문이란 것은 굳이 나무랄 것이 못 된다. 내가 보기에 권홍權伈[337]과 이남규李南圭[338]의 상소[339]

---

337 권홍(1762~1808): 본관은 안동, 자는 능도能道 또는 경현景賢, 호는 육연당六然堂이다. 생부는 권문언權文彦이고, 권지언權趾彦에게 입양되었다. 부평에 거주했다. 1785년 문과에 합격하고 한학교수, 이조정랑, 맹산현감 등을 역임했다.

338 이남규(1765~1837): 본관은 전주, 부친은 이일회李日會다. 충주에 거주했다. 1794년 문과에 급제해 사변가주서事變假注書, 승릉별검, 전적, 예조좌랑, 예조정랑, 장령, 헌납, 사간, 동부승지 등을 역임했다.

또한 부적절하다. 이남규의 집은 충원忠原(충주) 땅에 있었는데, 충원
은 음죽과 맞붙어 있는 땅이었다. 음죽군수 이주명이 이남규를 사주
해서 이 상소문을 짓게 했다. 상소문 가운데 느닷없이 기사년의 일로
더럽혀 모욕하였지만 여러 사람은 무슨 뜻인지 알지 못했다. 권홍의
상소는 누구의 손에서 나왔는지 모르겠지만 가정의 일까지 말했는데,
악착스러운 짓이라고 말할 만하다. 하지만 다른 일을 함께 거론하는
통에 정작 중요한 일이 도리어 가벼워지고 말았으니, 이것은 크게 보
면 영리하지만 작은 부분에서 어리석었다고 할 수 있다. 만약 신유년
(1801, 순조1)에 통문을 낸 일을 가지고 홍낙안과 이기경을 죄준다면,
홍낙안과 이기경은 할 말이 없을 것이다. 하지만 두 통의 상소문은 그
런 사실을 쏙 빼버리고, 심환지와 김달순의 무리에다 곧바로 내몰고
말았으니,**340** 논지에 맞지 않다고 할 수 있다. 홍낙안과 이기경이 비록
심환지, 김달순과 서로 알았다손 치더라도, 그가 구걸해 얻은 것은 겨
우 대사간에 발탁되는 데 지나지 않았을 테니, 어찌 더불어 당국의 은
밀한 사안에 참여하여 들을 수 있었겠는가? 이것은 굳이 지자知者가
아니더라도 알 수 있다.

　　○ 閃忽陰險, 所謂儒通, 固不足責. 以余觀之, 權伋李疏亦不遹矣. 李家在
忠原, 忠原與陰竹接壤. 陰竹倅李柱溟, 嗾李作此疏. 疏中忽然醜辱己巳事, 諸

339 권홍과 이남규의 상소: 1806년(순조6) 지평 이남규가 상소해 현중조, 정언인,
　　　신귀조, 이기경을 처벌할 것을 청했다. 7월에 지평 권홍이 상소해 김일주金日桂
　　　를 국문하고, 홍희운과 이기경을 도배할 것을 청했다. 《승정원일기》 1806년 4월
　　　27일, 7월 12일)

340 심환지와 김달순의 무리에다 곧바로 내몰고 말았으니: 1806년 7월 지평 권홍
　　　의 상소에, 홍희운의 처남 이기채李箕采는 김달순의 사장師長이며 심환지의 혈
　　　당血黨이라고 언급했다. 《승정원일기》 1806년 7월 12일)

人未知何意. 權疏未知出於誰手, 而其言家庭事, 可謂齷齪手段. 然他事並擧,
本事反輕, 斯可謂之大點小癡也. 若以辛酉通事, 罪洪李, 洪李其無辭矣. 而二
疏沒去其事實, 直驅之於煥達之黨, 可謂失題. 洪李雖與煥達相 **[41/20a]** 識,
其所沾丐者, 不過諫長瀛選耳. 豈得與聞於當局陰事乎? 此不待知者而知之.

○ 진신들 중에 홍낙안과 이기경을 힘껏 공격한 이들은 한치응과
심규로였다. 이중련이 심규로에게 말했다.

"자네는 백유伯游 이형하李瀅夏**341**의 집안과 혼인을 맺었는데, 홍
낙안은 백유의 외숙일세. 자네가 힘껏 공격하는 것이 옳은지 내가 잘
모르겠네."

심규로는 눈을 부릅뜨고는 아무 말도 하지 않았다.

○ 搢紳之力攻洪李者, 韓侯甫沈華五也. 輝祖謂華五曰: "君與伯游結婚,
洪是伯游內舅也. 君之力攻, 吾未知其可也." 華五瞪目不語.

○ 채홍원이 징을 울려 억울함을 호소하는 것이야 어느 누가 안 된
다고 하겠는가? 하지만 세 재신宰臣의 상소**342**가 역량을 헤아리지 않

---

341 이형하(1769~1834): 본관은 전주, 부친은 이상성李尙誠이다. 동생이 이명하李溟
夏이고, 외조부는 홍낙안의 부친 홍복호洪復浩다. 부교리, 수찬, 부응교, 교리, 집
의, 응교, 부사직, 사과, 우부승지, 참판 등을 역임했다. 심규로의 아들 심홍윤의
장인이다. 청송 심씨 족보와 《만가보》 등에는 심장윤沈漳潤이라고 기록했는데,
《선원속보璿源續譜》 등에는 심홍윤沈泓潤으로 기재되어 있다.

342 세 재신의 상소: 1806년 우부승지 심규로가 상소하여, 동지중추부사 윤필병 등
이 연명으로 채제공의 신원을 청했는데, 자신도 연명에 동참하지는 못했지만
상소에 대한 논의에는 참여했으니 의리상 다름이 없다면서 체차를 청했다. 《승
정원일기》 1806년 11월 10일)

고서 갑작스레 나와 스스로 낭패를 보았으니, 그것이 옳은지 나는 모르겠다. 이때 영춘군寧春君(최헌중)**343**이 서인西人에게 말했다.

"여론은 이미 회공回公**344**하였습니다. 다급하게 상소문을 쓰려 하는 것은 묵은 허물을 씻으려는 것입니다."

윤필병과 한치응 두 대감**345**이 힘껏 이를 따랐다 한다.

○ 頤叔鳴金訴寃, 孰云不可? 而三宰疏, 不量力徑發, 自取狼狽, 吾未知可也. 時寧春謂西人: "物議已回公矣. 欲急急治疏者, 欲贖舊愆也." 尹韓二台, 黽勉從之云.

○ 강준흠이 옥당으로 부름을 받아 왔다.**346** 서울의 여러 사람은 그가 오기만 하면 반드시 글을 올려서 홍낙안과 이기경을 위해 깃발을 세울 것이니, 맞받아치는 것이 낫겠다고 생각했다. 나 혼자 이렇게 말했다.

"그렇지 않소. 강준흠은 척사를 했지 채제공을 배척한 행적은 없질 않소. 이제 만약 이 사람을 공격한다면 이는 바로 사적邪賊을 위해 원수를 갚아주는 격이라, 좋은 계획이 아니오."

듣던 자들이 모두 말했다.

"그 말이 옳다."

343 영춘군: 1805년 최헌중을 영춘군에 단부했다. 《승정원일기》 1805년 3월 22일)

344 회공: 의정부에 도착한 공문을 의정議政 이하 모든 관원에게 회람시키는 일이다.

345 윤필병과 한치응 두 대감: 채제공의 신원 상소를 올렸다가 윤필병, 최헌중, 한치응이 삭출당했다. 《일성록》 1806년 11월 17일)

346 강준흠이 옥당으로 부름을 받아 왔다: 강준흠은 1805년 현풍현감에서 이듬해 교리로 제수되었다. 《승정원일기》 1805년 8월 20일 / 1806년 12월 20일)

강준흠이 서울에 와서는, 그의 집안사람을 보내 여론을 물으려 나를 찾아왔다. 내가 말했다.

"내가 남을 해칠 마음이 없으면 남 또한 나를 해치지 않는다고 한 것은 속담에도 있는 말일세. 이후 일이 있고 없고는 다만 자신의 일 처리가 어떠한가에 달려 있을 것일세."

며칠 뒤에 강준흠이 갑자기 장문의 편지를 보내 나를 꾸짖고 나무랐다. 앞뒤로 정취가 달라지니, 가소롭고 가소롭다. 예전에 나는 홍낙안, 이기경과 무리를 지었던 사람이 아닌데, 지금 내가 어찌 앞장서서 홍낙안과 이기경을 구할 수 있단 말인가? 나의 본심을 몰라주는 것이 심하다 하겠다. 처음에는 답장을 하려다가 한바탕 시비만 야기할 듯하여 원래 편지를 싸서 돌려보냈다. 강준흠은 틀림없이 이 일로 내게 성을 내겠지만, 어찌하겠는가?

○ 姜百源以玉堂赴召, 雖下諸人以爲, 來則必上書, 爲洪李立幟, 不如迎擊之. 余獨曰: "不然. 姜斥邪而已, 無斥蔡之跡. 今若攻此人, 則便是爲邪賊報仇, 非計也." 聞者皆曰: "唯唯." 姜到京, 送其族人, 訪余以物議. 余曰: "我無害人之心, 人亦不害我云者, 諺之所有. 此後有事無事, 惟在自家處事之如何." 後數日, 姜忽貽長書, 誚責我. 前後異趣, 可笑可笑. 古我非黨於洪李者也, 今我豈可挺身, 救洪李哉? 甚矣不知我之本心也. 初欲答之, 恐惹一場是非, 裹送原幅, 百源必以此怒我矣, 奈何?

○ 홍의호가 의주에서 돌아오자,[347] 심영석이 조용히 물었다.

---

347 홍의호가 의주에서 돌아오자: 홍의호는 1804년 의주부사에 제수되었고, 1806년 부총관, 이듬해 호조참판에 제수되었다. 《승정원일기》 1804년 5월 18일 /

"지금 우리가 홍낙안과 이기경을 배척하는 까닭은 채제공의 억울함을 풀어주려는 것입니다. 여기에 대해 아저씨[348]께서 편을 들어줄 의향이 있으신지요?"

홍의호가 대답했다.

"내가 채제공과 틈이 있었던 것은 온 나라 사람이 아니, 이제 내 입으로 억울함을 풀어달라고 말해주는 것[349]은 할 수가 없다. 하지만 이것은 그 집안에는 큰 문제인데, 내가 어이 굳이 이를 막아서 어그러뜨리겠느냐? 홍낙안과 이기경은 나의 벗인데 어찌 까닭 없이 절교를 할 수 있겠느냐? 하지만 지금은 구덩이 속에 있는데, 내가 무슨 기력이 있어 건져낼 수 있겠느냐? 자네는 내 걱정은 말게나."

그 뒤로 일을 처리하는 것이 평온하고 느슨해서 한결같이 그 말과 같았으니, 공변된 마음이라고 할 수 있다.

○ 洪養仲自灣府還, 君實從容問曰: "今吾儕所以斥洪李者, 欲伸樊翁之寃也. 叔於此, 有扶抑之意否?" 養台答曰: "我與蔡有隙, 國人所知. 今不可自我口說寃. 然此是渠家大事, 我何必沮敗之? 洪李我友也, 豈可無故見絶乎? 然今在坑坎中矣, 有何氣力, 可以拯出耶? 君無憂我." 其後處事平緩, 一如其言, 可謂公心.

○ 납언納言이었던 초백楚伯 이지형李之珩[350] 어른이 이때 대간의

1806년 11월 20일 / 1807년 3월 20일)

348 아저씨: 심영석의 외조부 홍우보洪友輔는 홍의호의 부친 홍수보洪秀輔의 친가 맏형이었다. 홍수보는 숙부 홍중후洪重厚에게 출계했다.

349 이제 내 입으로 억울함을 풀어달라고 말해주는 것: 원문의 '설원說寃'은 문맥상 설원雪寃으로 바꿔 번역했다.

직분으로 있었다. 하루는 이명하李溟夏[351]가 와서 물었다.

"제 외숙께서 공에 대해 평소에 아무 은혜나 원한이 없는데, 공께서 이를 공박하려 하심은 어째서인지요?"

외숙이란 바로 홍낙안을 말한다. 이지형 어른은 애초에 이런 일이 없었다. 하지만 이명하가 정원기鄭元紀[352]의 뜬구름 잡는 이야기를 듣고 와서 이렇게 물었던 것이다. 그 며칠 뒤에 정원기가 이지형 어른 댁에 들르자, 이지형 어른의 부자가 크게 소리쳐서 쫓아보냈다고 한다.

○ 李納言楚伯丈, 時居臺職. 一日李溟夏來問曰: "內舅於公, 素無恩怨, 公欲駁之, 何也?" 內舅卽洪仁伯也. 李丈初無是事, 而李聞鄭元紀懸空之說, 有此問也. 後數日鄭造李丈居, 李丈父子大喝而退之云.

○ 윤익배는 사람됨이 본래 간교하고 교활했다. 몸은 비록 가서 붙었어도 정탐하는 데 의도가 있어 양쪽 사이를 뛰어다니며 거짓말만 잔뜩 늘어놓았는데, 죄다 제 입에서 나온 말이었다. 당시 정원기가 윤익배에게서 듣고 이명하에게 전했다고 한다.

350 이지형(1733~?): 본관은 연안, 자가 초백이다. 이인징李麟徵의 증손으로, 생부는 이만임李萬任이고, 이만택李萬宅에게 입양되었다. 1773년 증광시 문과에 을과 장원으로 급제했다. 벼슬은 지평과 대간을 지냈다. 맑고 개결하다는 평을 들었고, 시에 능했다.

351 이명하(1772~?): 본관은 전주, 자가 계붕季鵬이다. 부친은 이상성이고, 형은 이형하다. 외조부는 홍낙안의 부친 홍복호다. 1810년 식년시에 진사로 급제했다. 음서로 현감을 지냈다.

352 정원기(1769~1824): 본관은 동래, 자는 이현彝顯이다. 생부는 정영鄭泳이고, 정숙鄭潚에게 입양되었다. 1809년 문과에 합격했다. 가주서, 자여찰방, 정언을 역임했다.

○ 尹翼培爲人本來奸黠. 身雖歸附, 意在偵探, 跳踉兩間, 讚張誣 [42/20b] 說, 皆自其中口出來. 時鄭聞於尹, 傳於溟夏云.

○ 그러자 홍낙안과 이기경의 객들이 이익운에게 투항하였다. 세상일이 이처럼 변덕스럽다.

○ 於是洪李之客, 投降於季受. 世事之飜覆如此.

[57]

유원명이 이익운에게 투항하며 말했다.

"그동안 저지른 일들은 제 속마음이 아닙니다. 정한이 내 몸과 명예를 현혹시킨 것입니다."

이때 정한은 이미 세상을 뜬 상태였다. 정한의 아들 은뢰殷賚 정필동鄭弼東 [353]이 노하여 글을 지어 이를 비난하였다. 이 일로 사돈 집안끼리 서로 다투게 되니, 이 또한 아름다운 풍속이 아니다. 유원명의 딸이 정필동의 아들에게 시집갔으므로, 그래서 사돈 집안이라고 말했다.

柳遠鳴納款於季受曰: "前後所犯, 非實情也. 鄭瀚誤我身名." 時汝諧氏已死矣. 其子殷賚, 怒而作書難之. 以此姻家相鬨, 是亦非美俗矣. 柳之女, 歸于鄭之子, 故曰姻.

○ 박명섭이 이익운에게 위로 편지를 써서 이렇게 말했다.

"신유년(1801, 순조1)의 상소[354]는 그나마 저의 일 때문에 말이 그다

---

353 정필동(1767~1818): 본관은 동래, 자가 은뢰다. 부친은 정한이다. 큰아들 정교묵鄭敎默이 유원명의 딸과 결혼해 사돈이 되었다.

지 준엄하지 않았습니다. 이것이 애초에 용서를 받게 된 실마리가 되었지요."

이것은 그렇지가 않다. 처음 이 상소문을 낸 것이 한때 차자와 계청이 쏟아져나온 출발점이 되었다. 하물며 이들을 의율擬律하더라도 어찌 병예屛裔보다 더 심한 죄를 줄 수 있었겠는가? 이 같은 주장은 거의 눈 가리고 아웅 하는 수작에 가깝다.

○ 朴永叟作唱書于季受, 乃曰: "辛酉疏, 以我之故, 言不甚峻, 此爲原恕之一端." 云. 此則不然也. 首發此疏, 爲一時箚啓之嚆矢, 且況是輩擬律, 豈有加於屛裔哉? 此說殆近乎掩耳偸鈴耳.

○ 병인년(1806, 순조6)에는 도동桃洞 사람들이 포도청에 바로 체포되었고, 무진년(1808, 순조8)에는 내포 사람들이 감영의 옥사에 잡혀들어갔는데, 모두 사학의 남은 종자들로 신분이 낮은 천한 자들이기 때문에 성명이 전하지는 않는다. 그 죄를 따진 처분은 엄한 형벌이라도 먼 곳에 유배 보내는 데 그치고 마니, 나라에서 형벌을 시행함이 이미 느슨해졌다. 훗날 더 무성하게 퍼지는 것은 형세상 틀림없는 일인지라, 나도 모르게 천장을 올려다보며 길게 탄식하였다.

○ 丙寅桃洞人, 現捉於捕廳, 戊辰內浦人, 逮囚於營獄, 皆邪學餘種. 以其

354 신유년의 상소: 1801년 교리 박명섭이 상소하여 역적을 주토誅討하고 사학邪學을 다스리는 방도를 논하고, 이어서 이익운에게 병예의 전형을 시행할 것 등을 청했다. 병예란 귀양지 거처 둘레에 담을 쌓아 출입을 못하게 하는 것으로, 위리圍籬보다 가벼운 조치. 이로 말미암아 이익운은 방귀전리 放歸田里되어, 1805년이 되어서야 풀려났다. 《승정원일기》 1801년 10월 21일, 10월 27일 / 1805년 3월 22일)

下賤, 故姓名不傳聞. 其勘罪則嚴刑遠配而止, 國家典刑已解紐矣. 後日滋蔓, 勢所必至, 自不覺仰室而長吁.

○ 순백純伯 권영헌權永憲[355]은 나와는 동갑이다. 사람됨이 우아하고 자상한 데다 문장으로 이름이 있었다. 두 무리에 대해서는 애초에 왕래하지 않았다. 또 젊어서 이기경과 함께 공부했지만 나중에 와서는 시의時議를 따르지 않아서 절교하였다. 그러므로 한쪽 사람들이 그를 미워하여, 그동안 통문에서 비록 성명을 노출하지는 않았지만 늘상 죽이려는 마음이 있었다. 그의 집안 아저씨인 권명權佲[356]이 성균관 재생齋生일 때 사람들이 모두 같이 앉기를 부끄러워했으니, 심하다하겠다.

○ 權永憲純伯, 與余同庚. 爲人雅詳, 且有文名. 於兩黨初不立脚, 且少與休吉同研, 後來不隨時議, 以絶之. 故一邊人惡之, 前後通文, 雖不露出姓名, 而常有欲殺之心. 其族叔佲, 遊國學, 人皆恥與同座, 甚矣.

355 권영헌(1759~1813): 본관은 안동, 자가 순백(純伯 또는 純百)이다. 권영석權永錫에서 개명한 것으로 보인다. 권대운權大運의 6대손으로 조부는 권사언權師彦, 부친은 권성權偗이다. 정약용의 〈이기경의 용산 정자에서 김사길, 권순백 영석, 권치금 복, 정계화 탁, 은뢰 필동과 함께 모여〔李基慶龍山亭子, 同金士吉, 權純百永錫, 權穉琴宓, 鄭季華濯, 殷賚弼東會〕〉(《여유당전서》 권1)에서 함께 사륙문을 지으며 공부하던 모습이 담겨 있고, 〈겨울에 권순백의 강변 정자에서 제공과 함께 모여〔冬日權純百水亭同諸公集〕〉(《여유당전서》 권1)에는 마포에 있던 권영헌의 정자에서도 사륙문을 함께 익히던 모습이 담겨 있다.

356 권명(1769~1815): 본관은 안동, 자는 보여輔汝, 초명은 선僎이다. 권대운의 5대손으로 부친은 권익언權益彦이다. 안정복의 아들 안경증이 재취 부인인 박지종朴志宗의 딸과의 사이에서 얻은 딸과 결혼했다. 1803년 소과에 합격했다.

○ 대저 문내門內 사람들은 한치응과 홍시보 외에는 모두 홍의호에게 감화되어 물든 자들이다.

○ 大抵門內人, 僬甫博如外, 皆是薰染於養台者也.

○ 이선而善 이유경李儒慶 [357] 대감은 채제공과는 외삼촌과 조카 사이에다 부자의 은정을 겸하였다. 하지만 나중에 와서 보인 처신은 의론할 만한 것이 많이 있었다. 사교를 성토하는 상소에서 채제공의 죄상을 까발려 늘어놓았고, 축하하는 자리에 들어와서도 부끄러운 기색 없이 편안히 지냈다. 채홍원이 원통함을 호소하는 일로 서울에 들어와 여러 달을 머물렀을 때, 그는 여주목사[358]로 있으면서 단 한 번도 편지로 문안하지 않았다. 이 일로 문외門外 사람들이 침을 뱉고 비루하게 여겼다. 하지만 심규와 유하원만은 그와 절교하지 않았다고 한다.

상서 엄숙嚴璹과 상사 이정기李鼎基[359]의 관계는 채제공과 이유경의 관계와 같았다. 길러주고 성취시킨 것이 모두 그 덕분이었다. 성균관에 들어갔을 때는 그로 하여금 아무개의 집에서 합격자 발표를 받게 하며 이렇게 말했다.

357 이유경(1748~1818): 본관은 함평, 자가 이선, 호는 청심옹淸心翁이다. 1772년 문과에 급제해 도승지, 참관 등을 역임했다. 채제공의 둘째 매형 이태운李台運의 아들로, 채제공에게 외조카가 된다.

358 여주목사: 이유경은 1809년(순조9) 여주목사에 제수되었다. 《승정원일기》 1809년 7월 6일)

359 이정기(1729~?): 본관은 한산, 자는 군실君實이다. 부친은 이익중李翼重이다. 1768년 생원시에 합격했다. 외조부가 엄숙의 부친이 되는 엄경수嚴慶遂다. 엄경수의 사위로 이명진李命鎭, 이익중, 남태윤南泰胤, 이수봉李壽鳳이 있었다. 이정기 집안은 남인 가문이고, 엄경수 집안은 소북 가문이다.

"대대로 지켜온 논의이니 고쳐서는 안 된다."

이는 실로 장자다운 일 처리였다. 이유경의 아버지와 조부는 북인北人이었는데, 그가 남인이 된 것은 채제공의 잘못이다. 그렇다면 어찌 책망할 수가 있겠는가? 그는 시작은 있었지만 유종의 미는 없었다.

○ 而善台於樊老, 以舅甥之親, 兼父子之恩. 而後來處身, 多有可議者. 討邪敎文中, 臚列蔡之罪狀, 而入賀庭, 恬然無愧. 頤叔以鳴寃事, 入京留數月. 而時爲驪牧, 一不書問. 以是門外人, 唾鄙之. 獨如漸伯倫, 不之絶云. 嚴尙書璹之於李上舍鼎基, 猶樊老之於而善. 育養成就, 皆其力也. 及登上庠, 使之應榜于某家, 曰: "世守之論, 不可改也." 此實長者事也. 而善父祖, 北人也. 其爲南人, 蔡之過也. 然則何責乎? 其有始而無終也.

○ 한재렴韓在濂[360]은 송경松京(개성)의 부호로, 제법 총명해서 문자를 알았다. 온 집안이 상경해서 서대문 밖에 대갓집을 사서 사학의 무리들을 불러모아 밤낮으로 설법하였다. 신유년(1801, 순조1)에 형조에서 포도청에 이송되어 국옥鞫獄에 들어갔다. 여러 차례 고문과 심문을

---

360 한재렴(1775~1818): 본관은 청주, 자가 제원齊園, 호는 심원당心遠堂이다. 부친은 진사 한석호韓錫祜다. 1807년 식년시에 진사로 급제했다. 개성 출신의 거부 집안으로 연암 박지원의 문하에서 배웠고, 정조의 각별한 총애를 받았다. 서울 서부방 태묘동太廟洞에 큰 집을 마련해 1만 권이 넘는 장서를 갖추고 정약용 등 천주교인들과 가깝게 지냈다. 1801년 신유박해 때 이가환의 심복으로 몰려 순천에 유배되어 5년을 살았다. 신위와도 가깝게 지냈는데, 벼슬은 하지 않았다. 시문집 《심원당시문초心遠堂詩文抄》와 《서원가고西原家稿》가 전한다. 《고려고도징高麗古都徵》은 개성의 산천과 사적에 연관된 사실史實을 엮은 책이다. 《사학징의》에 당시의 공초 기록이 남아 있다.

받고 먼 곳에 유배되었다가, 얼마 못 가서 석방되어 돌아왔다. 그러자 감히 성문을 들락거렸다. 본디 평민과 같았는데, 병인년(1806, 순조6)에 감시監試에 나아가 급제하니, 사람들이 모두 분하게 여겼다.

권응전權應銓³⁶¹과 이종억李宗億³⁶²이 성균관에 통고하여 한재렴이 과거를 보지 못하도록 청하였다. 당시 정약종의 사촌동생 정약추丁若錘³⁶³ 또한 방문榜文을 고지하는 명단 가운데 참여하였으므로 이를 함께 언급해둔다.

○ 韓在濂以松京 [43/21a] 富戶, 頗聰明識文字. 全家上京, 買大家舍於西門外, 嘯聚邪徒, 晝夜說法. 辛酉自秋曹移捕廳, 入鞫獄, 屢被拷訊, 配遠地, 未幾遇赦放還. 乃敢出沒城闉. 自同平人, 丙寅赴監試發解, 人皆憤之. 權應銓李宗億通諭賢關, 請停擧在濂. 時若鍾從弟若錘, 亦參榜文諭中, 幷及之云.

○ 정묘년(1807, 순조7)에 이익운이 폐출廢黜에서 벗어나 중추부로 들어가게 되자, 무슨 기세가 있어 소장을 지어 스승을 위해 변무辨誣하고 죽은 아들을 위해 신원하는 송사³⁶⁴를 하여 죄안을 뒤엎을 생각

---

361 권응전(1756~1822): 본관은 안동, 자는 경천景天 또는 선백善伯, 호는 고은당故隱堂이며, 초명이 약흠若欽이다. 부친은 권평權坪이고, 처부는 이태운李台運이며, 처외조는 채제공의 부친 채응일蔡膺一이다. 채제공의 아들 채홍원의 친가 동생 채홍진이 권응전의 매부다. 채제공의 문집에 〈권응전이 오다(權應銓至)〉(《번암집》권18)라는 작품이 실려 있어 교유가 있었음을 알 수 있다.

362 이종억: 본관은 광주廣州다. 한음 이덕형의 후손으로, 부친은 이기륜李基崙이고, 처부는 이유경이다. 아들 이의익李宜翼이 강이원의 딸과 결혼했다.

363 정약추(1777~1828): 본관은 나주, 자가 공권公權, 호는 선암鮮巖이다. 정약용의 중부仲父 정재운丁載運(1739~1816)의 3남이다.

364 죽은 아들을 위해 신원하는 송사: 이익운은 1807년 지중추부사에 제수되자 다음 달 상소해, 아들 이명호가 천주교와 관련되었다는 통문으로 자살한 일과, 자

을 하였는지는 모르겠지만, 패착이었다. 목만중이 대소對疏에서 구사
한 말365이 참혹하고 각박했으니, 실로 노성한 사람의 입에서 나올 말
은 아니었다. 내가 남쪽 고을에 있으면서366 두 편의 상소를 보았는데,
여러 날 눈썹을 찌푸리며 즐겁지가 않았다. 이 일의 옳고 그름을 논하
고자 할진대, 한마디로 말해 양쪽 다 잘못이라고 하겠다.

○ 丁卯季受超廢入西樞, 有何氣勢之作一疏, 爲師卜誣, 爲子訟寃, 以爲釂
案之計, 誤着也. 餘窩對章遺辭慘刻, 實非老成人口業. 余在南邑, 得見二疏本,
蹙眉數日不樂. 欲論此事是非, 弊一言, 曰胥失矣.

○ 계유년(1813, 순조13) 회시會試에 한치응과 심규로가 일소一所의
시험장에 시관試官으로 참여하여 합격자 명단 안에 포함시킨 사람이
10여 명이었다. 권경이나 홍원같이 문장도 없는 자들 또한 명단에 들
어갔으니, 그 나머지는 볼 것도 없었다. 그해 겨울 한치응이 또 반시泮
試를 주관하였는데,367 사정私情을 쓴 것이 회시 때 했던 짓보다 더 심
했다.

가증스러운 남인 가운데 성균관에 입학하게 된 자는 이렇다. 이명

신과 채제공의 관계에 대해 논하여 체직을 청했다. 이에 순조는 이익운을 다시
간삭했다. 《승정원일기》1807년 11월 24일, 12월 13일)

365 목만중이 대소에서 구사한 말: 1807년 지사 목만중이 상소해 이익운의 죄를 논
했는데, 순조가 비답에서 자식을 위한 마음으로 보면 인지상정인데, 경의 말 또
한 너무 과격하다고 했다. 《승정원일기》1807년 12월 19일)

366 내가 남쪽 고을에 있으면서: 이재기는 1807년 청송부사에 제수되었다. 《승정원
일기》1807년 6월 22일)

367 한치응이 또 반시를 주관하였는데: 한치응은 이해 12월 대사성에 제수되었다.
《승정원일기》1813년 12월 10일)

연李明演[368]은 화성유수 이익운의 조카이고, 심홍윤沈泓潤[369]은 입에서 아직 젖비린내가 났는데, 심규로 영감의 아들이었다. 정혜교丁惠教[370]는 해좌 정범조의 손자이고, 심이량沈履亮[371]은 심달한의 아들이었다. 모두 자기와 아주 가까운 사이였다. 글솜씨로 뽑힌 사람은 단지 조석귀趙錫龜와 이갱李鏗 두 사람뿐이었다. 하지만 조석귀는 홍의호가 부탁하여 천거한 사람이었고, 이갱은 정부靜夫 조수인趙守仁[372]이 소개한 사람이었다. 이렇지 않았다면 어찌 합격자 명단에 들었겠는가?

승보시陞補試에 함께 시험 본 사람이 26인인데, 노론이 8인, 서얼이 2인인데 또한 노론이었다. 소론은 7인, 남인은 고작 6인이었다. 시험을 주관한 사람이 남인이었지만, 남인 중에 합격자는 도리어 서인보다도 적었으니, 안쓰럽다고 할 수 있다. 서인 또한 이 일로 조소해마지않으니, 직접 해명하지는 않은 채 "실다운 인재가 여기에 그쳤을 뿐이다"라고 했다. 아! 이것은 한 세상을 속이는 것이다.

한치응은 북쪽에 얽혀들어간 사람으로, 이번에 남쪽 사람을 참여

---

368 이명연(1780~1830): 본관은 연안, 자가 치연穉淵 또는 상백象伯, 호는 소호素湖다. 1816년 식년시에 진사로 뽑혔다. 조부는 이징대李徵大, 부친은 지제교를 지낸 이승운李升運이다. 이승운은 이익운의 둘째 형이다.

369 심홍윤(1793~1866): 본관은 청송, 자는 도원이다. 심규로의 아들이다. 청송 심씨 족보에는 심장윤沈漳潤으로 나온다. 장인은 이형하다.

370 정혜교(1784~1835): 본관은 나주, 자가 치순稚順이다. 부친은 행창평현령行昌平縣令 정약형丁若衡이다. 1822년 식년시에 진사로 급제했다. 1827년 영릉참봉, 금부도사, 사옹직장, 형조좌랑, 청하현감을 역임했다.

371 심이량(1778~1815): 본관은 청송, 자는 이량而良이다. 심달한의 장남이다.

372 조수인(?~?): 본관은 한양, 자가 정부다. 이름은 수인秀仁으로도 쓴다. 1809년 증광시에 급제해 홍문관수찬, 사헌부지평을 지냈다. 아들 조형만趙亨晩이 한치응의 딸과 결혼했다.

시켜 뽑았는데, 이것은 토끼가 굴 세 개를 파는 격이었다. 이로부터 북쪽 사람들이 무척 그를 미워하였다.

○ 癸酉會圍, 韓傁甫沈華五, 劦一所試席, 掇攎圈中人十餘. 如權儆洪遼之無文者亦劦, 其餘不顧焉. 其冬傁甫, 又主泮試, 用情甚於會圍時情態. 可惡午人之得劦於陞庠者, 李明演華留姪也, 沈泓潤之口尙乳臭, 華令之子也. 丁惠敎海左之孫也, 沈履亮聖通氏子也. 皆切於自己也. 以文名入選者, 唯趙錫龜李鏗二人. 然趙是養仲所托薦也, 李則靜夫爲紹介, 非此則豈得入選? 陞補合製, 凡卄六人, 而老論八人, 庶孽二人亦老論, 小論七人, 南人僅六人. 主試者南人也, 而南人發解者, 反小於西人, 可謂哀屑. 西人亦以此嘲笑不已. 無以自解, 則曰: "實才止於斯耳." 噫! 此其誣一世者也. 傁甫緊入北邊者也, 今番劦用南邊人, 此兎三窟也. 自是北邊人, 頗惡之.

○ 이익운은 풍상을 겪고 나서 마음씀이 너그러워졌으니, 이 점은 취할 만하다. 한치응은 신중하면서도 꾸밈이 없는 듯해도 몸가짐에는 능한 사람이다. 심규로는 일에 따라 허둥대는 성격이어서 남에게 귀한 대접을 받을 수 없었다. 이러한데도 세상 도리의 책임을 맡을 수 있겠는가?

○ 季受閱歷風霜, 用意包容, 此其可取也. 傁甫似乎謹拙, 而工於持身者也. 華五隨事劻勷, 不能見重於人. 如此而其可任世道之責耶?

○ 자천 홍명주와 정부 조수인은 규모가 혜보 한치응의 의발을 전해 얻어온 자들이다.

○ 自天靜夫規 [44/21b] 模傳得來傁甫衣鉢者也.

○ 북촌北村의 김조순金祖淳373이 제멋대로 권세를 부린 것이 오래

였으므로, 서유린374과 정민시375 같은 죄적에 이름이 있는 자들이 모두 신원될 수 있었다. 하지만 유독 채제공에 대해서만은 의론이 이르지 않았으니, 세력이 없어서일 뿐만 아니라 사실은 그에 대해 정이 없었기 때문이었다.

○ 北村之用事久矣, 如徐有隣鄭民始名在罪籍者, 俱得伸雪, 獨於蔡, 議不到焉, 非特無勢也, 實無情於彼耳.

○ 갑술년(1814, 순조14) 봄에 이익운은 화성에서 오고, 홍의호는 강

---

373 김조순(1765~1832): 본관은 안동, 자는 사원士源, 호는 풍고楓皐다. 1782년 정시 문과에 급제해 검열과 대교待敎를 거쳐 서장관으로 중국에 다녀왔다. 1802년 국구國舅가 되어 영안부원군永安府院君에 봉해졌다. 서울의 북촌에 해당하는 종로구 삼청동 백련봉白蓮峯 아래 삼청공원 길 건너편 백악산 동쪽 기슭에 김조순의 별장인 옥호정玉壺亭이 있었고, 시회詩會를 자주 열었다. 문장에 뛰어나고 그림도 잘 그렸다.

374 서유린: 1795년 10월에 정언 이안묵李安黙이 상소해 사학의 폐단과 서유방·서유린의 죄상을 논했는데, 정조가 조정에 파란을 일으키려 한다는 명목으로 삭직하고 시골로 내쳤다. 1800년 11월에 장령 이안묵이 상소해 서유린이 전관銓官이었을 때 역얼逆孽을 초사初仕에 의망한 사안 등을 논핵했다. 결국 이로 인해 12월 정순왕후가 서유린을 극변極邊에 원찬遠竄하라고 명해 경흥부에 원찬되어 거기서 졸서했다. 1806년 물고物故 난 죄인 서유린의 죄명을 삭제하라고 명했다. (《승정원일기》1795년 10월 6일 / 1800년 11월 10일, 12월 25일 / 1806년 11월 3일).

375 정민시: 1801년 교리 윤우열尹羽烈이 홍낙임을 논핵하는 상소에서, 처음에는 홍국영과 결탁하고 나중에는 정동준鄭東浚과 영합하여 화심을 키우고 의리를 원수처럼 여겼다고 정민시의 죄를 거론했다. 이후 정언 원재명元在明이 상소해, 홍국영의 누이인 원빈이 병사했을 때 효의왕후가 살해한 것이라 믿은 홍국영의 사주를 받아 중궁전의 궁녀를 잡아다 신문해 죽였다는 혐의를 제기했다. 1806년 아들 정성우가 상소해, 부친의 관작과 시호를 회복해달라고 청하니 윤허했다. (《승정원일기》1801년 3월 13일, 5월 10일, 5월 22일, 5월 24일, 7월 22일 / 1806년 9월 26일).

화에서 올라와, 자암紫岩[376]에서 만나 화해하였다. 한치응 또한 회맹에 참석했다. 이익운과 한치응 두 대감은 채제공을 높이는 사람이었고, 홍의호 대감은 채제공을 배척하는 사람이었는데, 하루아침에 유감을 풀고 화해한 것이다. 이익운과 한치응 두 대감이 홍의호 대감에게 말했다.

"강준흠과 이기경 두 사람 외에는 모두 우리 당에 들어오도록 허락합시다."

○ 甲戌春, 季受自華城來, 養仲自沁營上來, 會于紫岩, 講和也. 㒒甫亦叅盟. 受㒒二台, 尊蔡者也, 養台斥蔡者也, 一朝釋怨而講和. 受㒒二台, 言于養台曰: "姜李二人外, 皆許入吾黨." 云.

○ 병인년(1806, 순조6) 이후에 이광도와 이광건李廣健[377] 사촌형제가 사론士論을 주장했는데, 이광건은 채씨 집안의 가까운 문객이었다. 채제공이 호조판서로 있을 때 뇌물을 받고 채제공의 수결을 위조했다가 발각되어 쫓겨났다.[378] 6년 뒤에 그 숙부인 이경명李景溟[379]을 통해 애걸해서, 비록 왕래는 허락하였지만 겸인이나 하인으로 대했는데도

---

376 자암: 한양 남부 반석방盤石坊 자암계紫嚴契인 듯하다.

377 이광건(1777~1821): 본관은 한산, 자는 천행天行이다. 이산해의 후손으로, 부친은 이주명李柱溟이다. 1801년 식년시에 생원으로 급제했고, 정릉참봉을 지냈다.

378 채제공이 호조판서로 있을 때 …… 쫓겨났다: 채제공은 이광건이 태어나기 전인 1770년에 호조판서가 되었으니, 이재기의 착오가 있는 듯하다.

379 이경명(1733~1799): 본관은 한산, 자는 치휘稚暉, 호가 연담蓮潭이다. 이산해의 후손으로, 부친은 이수일李秀逸이다. 1777년 정시 문과에 급제했고, 1796년 중시 문과에 급제했다. 승정원동부승지, 병조참의를 지냈다. 이광건의 백부이고, 이광도의 아버지다.

수치스럽게 여기지 않았다. 행동과 언어가 흡사 시정 사람과 같았으므로 다들 천하게 보았지만, 다행히 벼슬에는 인연이 있었다. 이광도는 이경명의 아들이었다. 그 사촌형인 이광교李廣敎[380]는 이광도보다 먼저 성균관에 입학한 것이 10여 년이나 되었다. 하지만 이광도가 등급을 건너뛰어 재랑齋郞에 제수되었고, 그 뒤에 이광건이 또 첫 벼슬을 하게 되었는데, 이것은 팔뚝을 비틀어서 자리를 빼앗은 것이나 다름없었다. 그 행실이 더럽고 어그러짐이 이와 같은데도, 뻔뻔한 낯으로 세상의 도리를 논하니, 한심하기 짝이 없다.

○ 丙寅以後, 李廣度廣健從兄弟, 主張士論, 廣健蔡門狎客. 樊翁之掌度支也, 受賂僞着樊翁押, 發覺被逐. 六年因其叔景溟哀乞, 雖許往來, 而以傔隸畜之, 亦不以爲羞恥. 行動言語, 類市井人, 皆賤之, 幸因緣筮仕. 廣度景溟子也. 其從兄廣敎, 先廣度陞上舍十有餘年, 而廣度躐拜齋郞, 其後廣健, 又爲初仕, 此無異紾臂而奪地者也. 其行之鄙悖如此, 乃抗顔言論世道, 不覺寒心.

[58]

목조원은 목상중이 목만중과 절교하지 않았다는 이유로 그를 원수처럼 대했다가 신유년(1801, 순조1) 이후로는 먼 시골에서 숨어 지냈다. 기사년(1809, 순조9)과 경오년(1810, 순조10) 사이에야 비로소 서울로 들어오니, 나이가 일흔이 넘었다. 처자도 없고 밭과 집도 없는지라

---

380 이광교(1756~1828): 본관은 한산, 자는 문달文達이다. 이산해의 후손으로 부친은 이수명李守溟이다. 1807년에 진사로 급제했다. 정약용이 충청도 금정역의 찰방으로 있을 당시 이삼환을 포함해 12명의 선비와 함께 온양군 서암西巖의 봉곡사鳳谷寺에 모여서 10월 27일부터 11월 5일까지 이익의 유고를 정리하고 학문을 강론할 때 함께 참여했다.

몸 붙일 곳이 없어 아는 사람 집에서 밥을 빌어먹으며 부쳐서 잤다. 계유년(1813, 순조13) 정월에 병으로 여관에 누웠다가 거의 죽게 되자, 여관 주인이 들것에 실어 목상중의 집으로 왔다. 전염병으로 의심되는 데다가 때마침 연초여서 목상중이 받아들이지 않자, 앞서의 여관으로 돌아가 며칠 만에 죽었다. 홍원의 무리가 큰 소리로 말했다.

"목조원이 목상중에게 맞아서 죽었다."

어떤 이가 말했다.

"한성부에 고발해야 하고, 시신은 떠메서 먼저 그 집에다 보내자."

또 심규를 사주해서 장문의 편지를 지어 목상중의 죄를 성토하였으니, 이 또한 변괴였다. 나중에는 아는 이들이 돈과 쌀을 거두어서 장사지내주었다.

睦祖元以夏心不絶餘翁之故, 對之若仇敵. 辛酉後, 竄伏鄕外. 己巳庚午間, 始入京洛, 年踰七十. 無妻子無田宅, 托身無所, 乞食寄宿於知舊家. 癸酉正月, 病臥旅店, 至於濱死, 店主昇到夏心宅. 病旣涉疑, 時又歲初, 夏心不納焉. 歸舊店數日而死. 洪邊輩大言曰: "文彦被打於夏心而死." 或曰: "當發告法司, 昇送屍首於其家." 又嗾沈如漸作長書, 討罪夏心, 此亦變怪也. 畢竟收斂錢米於知舊, 以殯殮之.

○ 계유년(1813, 순조13) 겨울에 선비들의 여론은, 이익운이 화성유수가 되고 한치응이 대사성이 되더니 자신의 공명에 도취해서 채제공을 잊은 지 오래되었다고들 했다. 두 대감이 이 말을 듣고 나서는 움찔하였다.

갑술년(1814, 순조14) 봄의 끝자락에 선비들이 상소를 올려 채제공의 억울함을 소송하려고 소두疏頭할 사람을 찾는다는 말이 파다했다. 머잖아 홍시제의 상소[381]가 나왔는데, 무슨 의도인지는 알지 못하겠다. 홍시제는 세상길에 분주한 자인데, 제 말로는 당시의 의론이 한곳으로 귀결되었으므로 이를 준비했다고 말했다 한다. 하지만 이지연李止淵[382]이 상소에서 계청[383]한 것을 본다면 북인의 뜻을 알 만하였다. 그러나 남인의 의론은 아직도 준엄했으므로 옥당의 차자와 임한任爀[384]의 상소가 차례로 나온 것일 뿐이지, 당시의 일이 이와 같았는지는 모르겠으나, 한곳으로 귀결되었다고 말한 이상 그 계책은 성글었다.

○癸酉冬, 士論以爲受台爲華留, 徯台爲泮長, 酣豢於自己功名, 而忘蔡久矣云, 二台聞之縮然. 至甲戌春末, 士論欲上疏訟寃, 募得疏頭, 傳說藉藉. 未

---

381 홍시제의 상소: 1814년 4월 부호군 홍시제가 상소해, 채제공이 연좌된 죄안에는 증거로 잡을 만한 한 가지 일도 없고, 살아생전에 예우하던 대신에게 갑자기 관작을 추탈하는 극률極律은 지나치다면서 신원해주기를 청했다. 《승정원일기》 1814년 4월 8일)

382 이지연(1777~1841): 본관은 전주. 자는 경진景進, 호가 희곡希谷이다. 부친은 이의열李義悅이다. 1806년 문과에 급제해 병조좌랑, 지평, 예조참판, 한성판윤, 광주유수를 역임했다. 1839년에는 천주교를 금할 것을 적극적으로 주장해 앵베르L. M. J. Imbert, 모방P. Maubant, 샤스탕J. Chastan 등 프랑스 신부를 비롯한 많은 천주교인을 죽인 기해박해를 일으켰다. 1840년 정권을 농단했다는 탄핵을 받고 함경북도 명천으로 유배되어 그곳에서 죽었다.

383 이지연이 상소에서 계청: 홍시제가 상소한 다음 날, 옥당에서 연명으로 차자를 올려 홍시제를 변방으로 내치도록 청해 윤허를 받았다. 며칠 뒤 사간 임한이 상소해 홍시제는 도배島配해야 하고 홍시제의 상소를 받아들인 승지 이지연도 찬배竄配해야 한다고 청했다. 이에 대해 동부승지 이지연이 상소해, 이 일은 극진하게 말하자면 전례에 따라 봉납한 것에 불과하다고 항변하고 처벌해주도록 청했다. 《승정원일기》 1814년 4월 9일, 4월 13일, 4월 19일)

384 임한(1759~?): 본관은 풍천豐川, 자는 숙장叔章이다. 부친은 임봉주任鳳周다. 원문에는 '업鄴' 자를 썼는데, 오기라 바로잡는다. 1789년 식년시 문과에 급제했다. 《동린록》 28책 818면에 〈사간임한상소〉, 866면에 〈지평임한상소〉, 904면에 〈정언임한상소〉, 29책 920면에 〈정언임한상소〉가 잇달아 실려 있다.

久洪躍如 **[45/22a]** 疏出, 未知何意, 躍如奔走於世塗者也, 自謂時議歸一, 故辨此云, 而觀李止淵疏啓, 則可知北人意. 然南議尙峻, 故玉堂箚, 任奫疏, 迭發耳, 不知時事之如此. 謂以歸一, 其計疏矣.

○ 들으니 홍시제가 올린 상소문의 초고는 영안부원군 김조순이 고쳐주었다고 한다. 그가 박재원朴在源**385**을 포상할 것을 청한 것은 그다지 중요한 대목은 아니었고, 그 아래에 금등金縢의 일을 언급한 것이 핵심 의미가 담긴 부분이었다. 그렇다면 북촌 사람들은 경신년 (1800, 정조24) 국상 이후에 모년某年 의리**386**에는 손대려 하지 않았던 셈이다. 그럴진대 다시금 이 일을 들춰내서 자전慈殿에 아첨하려 하여, 또한 남에게 이런 꾀를 가르쳤던 것이었을까? 또 들으니 상소 중에 사학의 괴수 운운한 것은 본래 역적 권유權裕**387**의 나머지 논의 중한 구절에서 나왔는데, 이 또한 김조순의 글씨였다. 권유가 사사로운 원수였기 때문에 이처럼 끌어들였던 것이다.

---

385 박재원(1723~1780): 본관은 나주, 자가 이천而川, 시호는 충헌忠獻이다. 1774년 식년시 문과에 급제해 수찬, 지평, 장령을 거쳤다. 홍국영의 누이가 정조의 빈으로 들어가는 것을 반대하다가 홍국영의 미움을 받아 고난을 겪었다. 1789년 우의정 채제공의 주청으로 홍문관부제학에 추증되고, 1805년 이조판서에 추증되었다.

386 모년 의리: 사도세자의 죽음과 관련된 문제를 논의하는 것을 말한다.

387 권유(1730~1804): 본관은 안동, 자는 성수聖垂, 호가 국포菊圃다. 1769년 정시문과에 급제해 사헌부와 사간원의 직책을 거쳤다. 1790년 좌의정 채제공을 공격하다가 정조의 노여움을 사 창원에 유배되었고, 1795년에는 서학을 공격해 이가환을 궁지로 몰아넣었다. 1801년 신유박해 때 대사헌으로 발탁되어 벽파의 언론을 선도했다. 김조순의 딸 순원왕후와 순조의 국혼을 반대하는 상소를 올려 1804년 6월 추국당하고, 대역부도로 몰려 형을 받다가 죽었다.

○ 聞洪疏草, 斤正於永安. 其以請褒朴在源, 不肯緊, 下及金縢事, 皆其命意也. 然則北村人, 於庚申大喪後, 不欲着手於某年義理. 則更覺得此事, 以媚慈殿, 故敎人亦以此術耶? 又聞疏中邪魁云云, 本出賊裕餘論一句, 亦永安筆也. 裕是私讐, 故岋岋如此.

○ 혹자가 말하였다.

"홍시제가 상소문의 초고를 가지고 저동 사는 박종경朴宗慶**388**에게 가서 질문하였다. 그러자 박종경이 '나는 어떤 일이든 참여하여 듣고 싶지 않다'라고 하고, 또 '이 일은 틀림없이 주선하는 사람이 있을 테니, 그 감춰진 뜻을 알 만하다'라고도 했다. 그런데도 홍시제가 경솔하게 이 상소문을 발표하는 통에, 쫓겨나 귀양 가는 화를 자초했다."

○ 或曰: "洪持疏草, 往質於苧朴, 苧朴曰: '我於一切事務, 不欲與聞.' 又曰: '此事必有周旋之人, 其微意可知.' 而洪乃輕發此疏, 自取竄謫之禍."

○ 홍시제의 상소가 승정원에 도착한 다음 날, 장령 조장한趙章漢**389**이 홀로 사헌부에 나와 이기경을 멀리 귀양 보내라는 계청을 내

388 박종경(1765~1817): 본관은 반남, 자는 여회汝會, 호가 돈암敦巖이다. 아버지는 판서 박준원朴準源이며, 어머니는 증이조참판 원경유元景游의 딸이다. 누이는 순조의 생모인 수빈綏嬪이다. 1790년 진사시에 합격해, 음보蔭補로 순안현령, 충훈부도사를 거쳤다. 1800년 순조 즉위 후 정순왕후의 총애를 입어 홍문관응교, 부제학, 대사헌, 도승지, 직제학 등을 역임했다. 1812년 호조판서가 되었다. 시호는 문숙文肅이다.

389 조장한(1743~?): 본관은 양주, 자는 유문幼文이다. 조부가 조덕린趙德麟이고, 부친은 조세술趙世述이다. 1771년 식년시 문과에 급제했고, 1775년 한림소시翰林召試에 선발되었다. 장령과 승지 등을 역임했다. 1814년 1월 16일 사헌부장

고, 이어서 정약용을 잡아와 국문하라는 계청을 멈추게 하였다.**390** 어제는 사적 수괴의 억울함을 씻어주기를 청하고, 오늘은 사적의 죄를 벗겨주자고 하니, 그 기세가 어찌 이다지도 대단하더란 말인가? 조장한은 본래 늙고 패악스러워 나무랄 것도 없지만, 누가 사주하여 이 일을 할 수 있었겠는가?

의용宜庸 이유성李游誠**391**은 바로 이때 함께 대간으로 있었음에도 조장한의 간통簡通을 못 보았으니, 멸시당하기가 이와 같았다. 게다가 절로 물의物議 가운데서 조장한을 논척하는 소장을 올려 우리의 본심을 밝히고자 하여, 심규로와 홍명주가 이유성에게 바삐 상소문 하나를 짓도록 청하였다. 그래서 본직이 이미 체차되었음에도 이전 직함

령으로 이기경을 귀양 보내라는 주청을 올렸고, 4월에 정약용을 정계停啓하는 청을 올렸다. 4월 13일에는 임한이 상소를 올려 홍시제와 조장한을 귀양 보낼 것을 청한 기사가《순조실록》에 실려 있다. 조장한의 상소는《동린록》27책 812면에 수록되었다.

390 정약용을 잡아와 국문하라는 계청을 멈추게 하였다.: 1814년 4월 장령 조장한이 정약용 형제와 이승훈 형제에게 다시 실정을 캐내 소굴을 소탕하고 이학규, 신여권, 이관기도 의금부에서 실정을 캐내고서 사형을 집행하며, 이기경에게 직첩을 돌려주라는 명을 속히 거두시라고 청했다. 그런데 순조는 이 중 정약용에 대해서는 정계停啓하도록 명했다. (《승정원일기》1814년 4월 9일) 그 증거로 같은 날《일성록》에는, 조장한의 상소에서 "'아, 저 정약전은〔噫彼丁若銓〕'이라는 구절 아래 '정약용 형제〔若鏞兄弟〕'라는 네 글자를 지워 없앴다"라는 등 정약용의 이름을 지웠다는 언급을 기록해넣었다.

391 이유성(1768~1821): 본관은 전주, 자가 의용(원문에는 儀用으로 되어 있다)이다. 부친은 이창주李昌胄다. 1804년 문과에 급제해 율봉찰방, 지평, 정언, 헌납을 지냈다. 이유성은 1814년 4월 지평으로서 시관試官을 역임한 후 출방出榜했음에도 사은숙배하지 않아 추고되었다가 며칠 뒤 부사직에 제수되었다. 이달 말에 이유성이 상소해 조장한이 정약용을 정계한 죄를 논핵했지만 순조는 윤허하지 않았다. (《승정원일기》1814년 4월 1일, 4월 9일, 4월 11일, 4월 27일)

으로 상소문을 지었으니, 이는 그만두려야 그만둘 수도 없는 것이었다. 상소문 가운데서 정약용의 죄를 성토하고 조장한의 잘못을 공격한 것은 나와 경학景學 이유하李游夏,[392] 백유 이형하가 이 일을 안다.

○ 洪疏到院翌日, 掌令趙章漢, 獨自詣臺, 發李基慶遠竄之啓, 仍停丁若鏞拿鞫之啓. 夫昨日請雪邪魁之冤, 今日欲脫邪賊之罪, 其氣勢何其豪健也? 章漢本是老悖, 不足責, 誰能嗾此爲之? 李儀用卽伊時同臺也. 不見章漢簡通, 其見輕如此. 且自中物議, 欲疏斥章漢, 以明吾儕本心, 華五自天, 請儀用忙陳一疏, 而本職已遞矣. 以前啣治疏, 此非可已而不已者也. 疏中討丁之罪, 攻趙之失, 余及景學伯游, 與知其事.

○ 상소가 나온 뒤에 한쪽에서는 조장한을 배척하는 바람에 아울러 이기경을 공격한 공도 무색해졌다고 하고, 한쪽에서는 정약용의 죄를 성토하는 통에 뒤가 몹시 물러졌다고 하였으나, 모두 공론은 아니었다.

○ 疏出後, 一邊則斥章漢, 則並與攻李之功, 無色也. 一邊則討若鏞罪, 甚歇後云云. 而皆非公論也.

○ 강준흠 또한 상소를 올려[393] 정약용이 범한 죄를 주욱 늘어놓았

---

392 이유하(1767~1832): 본관은 전주, 자가 경학이다. 부친은 이익성李益誠이다. 1786년 생원으로 합격했고, 1795년 문과에 급제했다. 1828년 도당록에 선발되었고, 1829년 비국備局을 통해 어사에 적합한 인물로 추천되기도 했다. 이후 부교리, 필선弼善 등을 역임했다.

393 강준흠 또한 상소를 올려: 부사직 강준흠이 상소해 정배죄인 정약용은 배소에 그대로 두고, 전 장령 조장한은 변방으로 내치도록 청했다. 《승정원일기》1814년 4월 16일)

다. 또 조장한의 죄를 논하여 이렇게 말했다.

"정론에 대해서는 기필코 무너뜨려서 꺾으려 하였고 사적邪賊에 대해서는 기필코 구제하고 보호하려고 하였으니, 한 번 붓을 들어 써 내려가는 사이에 현저히 사교를 두둔하고 정론을 해치려는 습성을 실현코자 하였습니다."

이것은 이기경의 억울함을 대변해준 것이다.

○ 姜百源亦上疏, 臚列若鏞罪犯, 又論章漢罪, 曰:"在正論槭之折之, 在邪賊拯之護之, 一擧筆而黨邪害正."云云. 此則訟李冤也.

○ 홍시제가 귀양 가는 날,[394] 청파에 나와 전별한 유생이 60명이었다. 조정 관리로는 이유하와 김치문뿐이었다. 그 계교가 허장성세를 보이려 했다고들 한다. 이에 사론이 터져나와 한 통의 상소를 내고자 하니, 홍시보는 뒷전으로 물러앉고, 이광건 부자가 앞장을 섰다. 한치응과 심규로는 임금에게 올리지 못하도록 만류하고자 하였는데, 화성유수 이익운은 타일러 제지하는 말이 한 마디도 없었다고 한다.

○ 躍如赴謫日, 儒生出餞於靑坡者, 六十人. 朝官則李景學金致文而已. 其計欲虛張聲勢云. 於是士論颷發, 欲治一疏, **[46/22b]** 爲躍如後殿, 李廣健父子倡之也. 徯甫華五欲挽止之, 以其無路登徹也, 華留則無一言勸沮云.

○ 화성유수 이익운이 홍시보의 상소가 나왔다는 말을 듣고는 길

---

394 홍시제가 귀양 가는 날: 응교 유정양柳鼎養, 교리 이진연李晉淵, 수찬 송응규宋應圭, 한용의韓用儀가 연명 차자를 올려 홍시제를 변방으로 내쫓도록 청하자, 당일로 기장현에 정배했다. (《승정원일기》 1814년 4월 9일)

을 떠나 과천에 이르렀다가 또 옥당의 소청疏請을 윤허해주었다는 말을 듣고는 이미 수레를 돌렸다. 며칠 뒤에 도성에 들어와 저동의 박종경을 찾아가서 만나보았더니, 박종경은 제법 성난 기색이 있었다. 또 김조순을 찾아가서 만나보자, 김조순이 말했다.

"조용히 기다려봐야겠네."

그래서 당일로 본영으로 돌아왔다.

○ 華留聞躍如疏出, 發行至果川, 且聞堂疏準請, 已回車. 後數日, 入城往見苧朴, 苧朴頗有慍色. 又往見永安, 永安曰: "當靜以竢之." 以故卽日還營.

○ 어떤 이가 말했다.

"홍시제가 북촌 김조순에게 구해줄 것을 요청했다. 이 일이 이루어지려면 한 사람을 보내, 먼저 조득영趙得永 **395**에 대한 연계連啓 **396**를 정지해야 한다."

이는 이른바 손 바꾸기인데, 정말 그랬는지는 아직 잘 모르겠다.

395 조득영(1762~1824): 본관은 풍양, 자는 덕여德汝, 호가 일곡日谷이다. 부친은 조진명趙鎭明이다. 1789년 춘당대 문과에 장원으로 급제했다. 1795년 경기도도사, 1801년 이조참의, 1806년 형조참판, 1808년 평안도관찰사가 되었고, 이후형조판서, 대사헌이 되었다. 1812년 박종경을 탄핵했다가 그해 11월 13일 이후 6년 동안 진도 금갑도에 유배되었다. 1819년 해배된 후에는 우참찬, 대제학, 대사헌을 역임하고 대호군이 되었다.

396 조득영에 대한 연계: 1812년 대사헌 조득영이 상소하여 외척인 호조판서 박종경의 탐학貪虐스러움을 논핵했지만, 순조는 조득영을 견삭하고 도배島配를 더했다. 이후로도 대각臺閣에서 조득영에 대해 국청을 설치하여 실정을 캐내고서 사형에 처하라고 연계했다. 《승정원일기》 1812년 11월 7일, 11월 13일 / 1813년 3월 14일, 7월 5일, 7월 21일) 연계는 대간의 계청을 임금이 수용하지 않을 경우, 동일한 사안에 대해 연속해서 계사를 올리거나 아뢰는 것이다.

○ 或曰: "躍如請救於北村也. 此事若成, 當出一人, 先停趙得永之啓." 云. 此所謂換手也, 未知果然否.

○ 옥당의 차자에서 홍시제를 귀양 보내라고 청한 것은 유정양柳鼎養[397]이 먼저 앞장섰고, 홍기섭洪起燮[398]의 정고는 받아들여지지 않았다.

○ 堂箚請竄洪時濟, 柳鼎養首倡爲之, 洪起燮呈告, 不入.

○ 임한의 상소에서 홍시제에게 형률을 더할 것을 청했는데, 그저 되는대로 어지럽게 떠드는 것일 뿐이었고, 염두에 둔 것은 승선承宣 (이지연)에게 죄를 주도록 청하는 데 있었다. 또 피혐하는 계사에서도 매우 힘껏 견지하였으니, 아마도 남인과 북인이 서로 싸우는 가장 중요한 핵심처가 되었기 때문일 것이다.

○ 任疏請躍如加律, 特胡吶亂嚷耳. 其精神所住處, 在於請罪承宣. 又於避辭, 持之甚力, 盖爲南北相鬨之一大機括也.

---

397 유정양(1767~?): 본관은 전주, 자는 석로錫老다. 조부는 수찬 유겸명柳謙明이고, 아버지는 공조판서 유당柳戇이다. 1809년 증광시 문과에 급제해 사관을 거쳐 홍문관에 들어갔다. 태천현감으로 있을 때 홍경래의 난에 영변으로 도망한 죄로 파직되었다가 재등용되어 수찬, 집의 등을 역임했다. 1813년 10월 동지사 서장관으로 북경을 다녀왔다. 1818년 영변부사 재직 중의 비리로 탄핵받아 장흥에 유배되었다. 1828년 동지사부사로 정사 홍기섭과 함께 북경을 다녀왔다.

398 홍기섭(1776~1831): 본관은 남양, 자는 희재喜哉다. 부친은 홍병협洪秉協이다. 1802년 문과에 합격하고, 1810년 수찬, 1812년 교리가 되었다. 1813년 사은 정사 이상황李相璜과 함께 서장관으로 청나라에 다녀왔으며, 1818년 대사간, 1821년 대사성을 거쳐, 다시 대사간이 되었다. 1823년 승지 등을 거쳐, 1827년 한성부판윤, 형조판서, 예조판서 등을 두루 역임했다. 1828년 부사 유정양, 서장관 박종길과 함께 동지정사로 다시 청나라에 다녀와 예조판서 등을 역임했다.

○ 임한의 상소가 승정원에 이르자 승지 여럿이 모두 상소를 올려 스스로를 해명하니, 이유경 대감도 도승지로서 따로 상소문을 한 편 지어서 이렇게 아뢰었다.

"신은 추탈죄인 제공과 숙질 사이라는 혐의가 있기에 홍시제의 상소가 본원에 도착하였을 때 감히 받아들일지 아니면 물리칠지 가부를 정할 수 없었습니다."[399]

이에 앞서 홍낙안과 강준흠의 상소는 모두 채제공이라 일컬었는데, 이번에 이유경이 처음으로 그 성을 떼고 이름만 썼는데 대개 정신이 없다 보니 글자를 혐의한 것이지 그다지 깊은 뜻은 없었다. 그저 글이 짧았기 때문일 뿐이었다. 이 일로 사람들의 말이 자자해졌을 뿐 아니라 부끄러운 기색도 거의 없이 꾸준히 날마다 공에게 가니, 좌의정 한용구韓用龜[400]가 도승지를 간삭시켜달라 청하게끔 하였다.[401] 하지만 죄를 청하면서 인륜까지 연관시킨 점은 참으로 지나쳤다.

○ 任疏到院, 諸承旨皆上疏自明, 而善台以都令, 別作一疏, 曰: "臣與追奪

---

399 신은 추탈죄인 …… 없었습니다:《승정원일기》1814년 4월 13일자에 보인다.

400 한용구(1747~1828): 본관은 청주, 초명은 용구用九, 자는 계형季亨, 호가 만오晚悟다. 1773년 문과에 급제했다. 1776년 주서가 된 후 응교, 대간, 이조참의, 형조참판, 대사헌, 평안도관찰사 등을 역임했다. 1799년 평안도관찰사를 지내고, 이해 진하겸사은부사進賀兼謝恩副使로 청나라에 다녀왔다. 이어서 예조판서를 거쳐 1805년 우의정에 올랐으나, 이듬해 김달순이 사사될 때 이에 관련되어 관직을 사퇴했다. 다시 진하사進賀使로 청나라에 다녀온 뒤 1812년 이후 여러 해 동안 좌의정을 지냈으며, 1821년 영의정이 되었다.

401 좌의정 한용구가 …… 청하게끔 하였다: 좌의정 한용구가 상소해, 이유경은 채제공과 친척이자 부자의 은의恩義를 겸하고 있는 만큼 스스로 처신하는 도리로 볼 때 결단코 이와 같아서는 안 되니, 간삭하도록 청했다. (《승정원일기》1814년 4월 20일)

罪人濟恭, 有舅甥之嫌. 洪時濟疏到院, 不敢可否於捧却."云云. 前此洪仁伯姜
百源疏, 皆稱蔡濟恭, 今而善始去其姓, 盖勸勸爲嫌字, 別無深意, 特文短故耳.
以此, 人言不啻藉藉, 而一向逐日赴公, 略無愧色. 致有左相刊削之請, 然請之
罪關倫彛, 則誠過矣.

○ 임한이 상소에서 이지연의 죄를 성토하며 이렇게 말했다.

"임금 앞에서는 이름을 숨기지 않는 것이 예禮인데도, 다만 추탈죄
인이라고만 일컫고 성명은 말하지 않았습니다."

또 말했다.

"추탈이라고 한 이상 사형에 해당하는데도 어떤 죄를 저질렀는지
언급하지 않았습니다."**402**

이지연은 대소對疏에서 소략하고 불분명하게 거론하였다. 대소에
서 이렇게만 말했다.

"상소는 별 내용 없고 자질구레한 것을 제외하고 모두 거두어들이
는 법인데, 대간이 그 규례를 모르니 참으로 고루합니다."**403**

임한이 피혐하는 상소에서 말했다.

"병인년(1806, 순조6)에 윤필병 尹弼秉**404**의 상소가 승정원에서 저지

---

402 추탈이라고 …… 언급하지 않았습니다:《승정원일기》1814년 4월 13일자에 나
온다.

403 상소는 …… 참으로 고루합니다:《승정원일기》1814년 4월 19일자에 나온다.

404 윤필병(1730~1810): 본관은 파평, 자는 이중彛仲, 호가 무호암無號菴이다. 서울
정동貞洞에 살았고, 문사로 이름이 높았다. 1767년 정시에 급제해서 언관이 되
었고, 벼슬이 참판에 이르렀다. 1797년 한성부우윤 재직 당시 서학을 옹호했다
는 죄목으로 채제공을 탄핵하다가 삭직되었다. 맑은 이름과 곧은 절개로 중망
이 높았다.

당하였는데, 심규로가 상소를 올리고는 지레 나갔습니다. 지금 이지연
도 병인년 승정원의 규례를 쓰지 않고, 기꺼이 심규로와 똑같이 했습
니다."**405**

○ 任疏討李止淵罪曰: "君前不諱, 禮也, 只稱追奪罪人, 不言姓名." 又曰:
"旣曰追奪, 則一律也, 不言罪犯如何." 李對擧疏略不分. 疏只曰: "疏非汗漫煩
屑, 幷捧納之. 諫臣不知其例, 誠固陋矣." 任避辭, 曰: "丙寅尹弼秉疏, 見阻於
喉院, 沈奎魯投疏經出. 今止淵不用丙寅喉院之例, 甘與奎魯同歸." 云.

○ 성상께서 홍시제의 상소와 임한의 대소臺疏는 모두 비변사에서
품의하여 처리하도록 하였는데, 옥당의 상소는 당일로 윤허한다는 비
답을 내렸다. 좌의정 한용구가 비변사에서 품의하고 처리하라고 했던
원래 비답은 도로 거두고 임한의 상소에 직접 비답을 내려줄 것을 청
하자,**406** 임금께서 이에 비답을 내렸다.

"홍시제의 일은 이미 옥당의 차자에 내린 비답에서 처분하였다."

이 때문에 영의정이 조정으로 돌아왔으나, 또한 홍시제의 상소를
품의하여 처리하지는 못했다.

○ 躍如任臺疏, 幷令廟堂稟處, 而堂疏卽日賜批允許. 左相韓用龜, 請賜批
於任疏, 上乃賜批曰: "洪時濟事, 已於堂箚批處分." 是以 **[47/23a]** 首揆還朝,
亦不以洪疏稟處.

○ 이광건이 권경을 불러 소두疏頭로 삼고, 또 사촌이모부인 권상

405 병인년에 …… 똑같이 했습니다:《승정원일기》1814년 4월 21일자에 나온다.
406 좌의정 한용구가 …… 청하자:《승정원일기》1814년 4월 21일자에 나온다.

황을 공사원公事員으로 삼아 상소의 논의를 주장하도록 하였다. 조중일이 진신縉紳의 의도를 받들어, 홍원을 사주하여 이를 저지해 일장풍파를 일으키도록 하였다.

○ 李廣健, 募權儶爲疏頭, 又使其從姨夫權尙煌, 爲公事員, 主張疏論. 趙重日承望搢紳風旨, 嗾洪遠沮戲之, 惹出一場風波.

○ 홍원이 강시영姜時永[407]과 정교묵鄭敎黙[408]의 이름을 거론하며,[409] 소임疏任(소청疏廳의 실무진)에 차출하려 하며 말했다.
"이것은 내 말이 아니라, 바로 진신 홍명주의 말이다."
권상황權尙煌[410]이 크게 꾸짖어 말했다.
"사림으로 자처하는 자가 어찌 고개를 숙여 진신의 명을 듣는단 말인가? 내 목을 자를 수는 있어도 내 붓은 더럽힐 수가 없다."

---

407 강시영(1788~1868): 본관은 진주, 자는 여량(汝亮 또는 汝良)이다. 조부는 《송담유록》을 지은 강세정이고, 아버지는 척사파의 강준흠이며, 장인은 이기경이다. 1819년 정시 문과에 급제하여 수찬을 지냈다. 1829년 진하사의 서장관으로 청나라를 다녀왔다. 이후 부수찬, 충청도관찰사, 한성부판윤, 형조판서, 대사헌, 예조판서를 지냈다. 1866년 홍문관제학을 거쳐 이조판서를 지냈다. 시호는 문헌文憲이다.

408 정교묵(1788~1877): 본관은 동래, 자는 유성有聲이다. 1809년 증광시에 진사로 급제했다. 부친은 통훈대부 정필동이고, 유원명의 딸과 결혼했다.

409 강시영과 정교묵의 이름을 거론하며: 정교묵은 1806년 권상황과 함께 성정각誠正閣에서 거행한 감제柑製에 초삼하草三下를 맞았고, 강시영은 1809년(순조9) 춘당대春塘臺 대윤차大輪次에서 지차之次를 맞았다. 《승정원일기》 1806년 1월 18일 / 1809년 10월 4일)

410 권상황: 본관은 안동이다. 안동 권씨 족보 등에도 사적이 자세하지 않다. 송시열의 딸과 결혼한 권유權惟의 후손이며, 부친은 권세백權世栢이다.

마치고 돌아가서 세 사람이 별채에서 크게 다투었다. 권상황이 말했다.

"정한과 강준흠은 모두 의리에 배치되는 자들이다. 이제 그 아들과 손자를 끌어들이려 하는 것은 채제공을 욕보이는 짓이다. 이익운과 한치응, 심규로는 매질하거나 목을 베어야 한다."

홍원이 말했다.

"채제공이 대체 누구인가? 비록 욕보인다 한들 누가 목을 벨 수 있단 말인가?"

이튿날 또 소청에 모이자 팔뚝을 걷고 서로 으르렁거리니, 마치 두 마리 범이 서로 싸우는 듯해서 곁에서 보던 이가 모두 두려워하였다고들 한다. 홍원은 강준흠과 정한을 원수로 보았던 적이 있었는데, 하루아침에 이 두 사람을 끌어다 쓰려고 했다. 권상황은 강준흠의 외척이 되어 친척의 정의가 그다지 나쁘지 않았거늘, 이제 와서 반드시 제지하려 하는 것은 어째서인가? 홍원은 조중일에게서 사주를 받아 진신들에게 빌붙으려고 그 원수를 잊었고, 권상황은 이광건에게 응모했으므로 진신들에게 성을 내어 예전의 우호를 끊어버렸으니, 이는 모두 그 본성을 잃은 자들이다.

○ 洪遜擧姜時永鄭敎黙之名, 欲差疏任, 曰:"此非吾言也, 乃搢紳自天之言也." 權尙煌大喝曰:"以士林自處者, 豈可俯首, 聽搢紳之命? 吾頭可斬, 吾筆不可汚." 罷歸, 三人大鬪於私室. 權曰:"鄭澣姜俊欽, 皆背馳義理者也. 今欲引入其子若孫者, 辱蔡也. 李益運韓致應沈奎魯, 可笞可斬." 洪曰:"蔡是何人? 雖辱之, 誰能斬之?" 翌日又會于疏廳, 攘臂相咆哮, 若兩虎之相鬪, 傍觀無不危怖云. 洪嘗讐視姜鄭, 一朝欲引進此二人. 權爲百源外戚, 親誼不甚衰, 到今必欲裁抑者, 何也? 洪是受嗾於重日, 欲附麗搢紳, 而忘其讐, 權應募於廣健, 故發怒於搢紳, 而絶舊好也, 此皆失其本性者也.

○ 어떤 이가 말했다.

"홍원 부자가 신유년(1801, 순조1)에 통문을 낸 일에 간여했기 때문에, 채홍원은 늘 '홍원은 나의 원수다. 이자는 채씨를 욕보인 장본인이다'라고 말했다. 권상황은 스스로 회천懷川(송시열)의 외가 쪽 후예로 여겨,[411] 서인의 문에 들락거려 성균관의 시험에 뽑혔다. 일찍이 한치응과 심규로 등이 자기와 함께하지 않는 것에 성을 내니, 이 사람이 진신들을 대립하게 만든 장본인이다."

그 말이 이치에 가깝다.

○或曰: "洪邃父子, 干預辛酉通事, 頤叔恒言曰: '洪邃吾讐也. 此其辱蔡張本也.' 權尙煌, 自以爲懷川外裔, 出入西人之門, 以占庠解. 嘗怒韓沈諸人之不我與也. 此其角立搢紳之張本也." 其言近理.

○ 권상황과 홍원이 벌을 받고 떠나자, 상소를 올리는 일이 마침내 원만하게 되었다. 조중일은 날마다 소청으로 와서 그저 배불리 먹고 마시기만 할 뿐, 상소에 관한 일에 대해서는 가타부타 말이 없었다고 한다.

윤종락尹鍾洛[412]이 도유사都有司가 되고 조재량趙材良[413]이 상소를

411 권상황은 스스로 회천의 외가 쪽 후예로 여겨: 탄옹炭翁 권시權諰의 둘째 아들 권유權惟는 송시열의 딸을 맞아 결혼했다. 권유의 측실에서 태어난 아들 권이발權以鏺이 권상황의 증조다. 따라서 권상황은 송시열의 외가 후손이 된다. 회천은 지금의 회덕으로, 송시열의 거주지였다.

412 윤종락: 본관은 해남이다. 본명은 종연鍾淵이고, 이후 종일鍾一로 고쳤다가 다시 종락으로 바꼈다. 부친은 전 병조좌랑 윤지승尹持昇(1741~1815)이다. 정동에 살았고, 윤지충과는 7촌간이며, 정약용 형제와는 이성異姓 7촌간, 황사영과는 8촌뻘이었다. 1794년 죄를 입어 해남으로 쫓겨갔다.

413 조재량: 본관은 양주, 증조는 조덕린趙德麟, 조부는 조세선趙世選, 부친은 조경

썼다는 말을 듣고는 나도 모르게 깜짝 놀랐다. 윤종락은 옛 이름이 종연鍾淵이다. 정조 때 몸가짐을 삼가지 않은 죄로 장용영에서 매운 곤장을 맞고, 이어서 해남의 본래 집으로 쫓아버리라는 명을 받았다가, 경신년(1800, 정조24) 큰 상喪이 있은 뒤에야 비로소 상경한 자였다. 그의 아우 윤종백尹鍾百**414**은 사학 하는 무리에게 돈을 받고 예수상을 많이 그려주었다가, 신유년(1801, 순조1)에 형벌을 받고 동쪽 고을로 귀양 갔던 자였다. 조재량은 조장한의 당질이었다. 그들의 하는 짓이 이와 같았으니, 이유성이 비방을 입은 것이 괴이할 것이 없었다.

이광건은 심화석沈華錫**415**이 소회疏會의 사화司貨**416**가 되자 이광건이 몸소 열쇠를 차고서 출납해주었고, 심화석은 이름만 빌려주었을 뿐이었다. 그들이 상소에다 쓴 논의에서 주장한 것은 그 재물을 이롭게 하자는 것이었지, 실로 진실한 마음은 아니었다. 소청에서 저전邸

한趙景漢이다.

414 윤종백: 윤종락의 동생이다. 황사영의 어머니 평창 이씨는 이동운李東運의 딸인데, 모친이 윤덕희尹德熙의 딸이었다. 이런 인연으로 황사영의 삼촌인 황석필에게서 글을 배웠다. 1796년 정약용 집안의 문객 김성수金聖綏를 통해 천주교를 접해, 황사영의 집에서《천주실의》와《칠극》을 빌려 공부했다. 그림을 잘 그려, 이희영李喜英(1756~1801)에게서 예수상을 받아, 이를 베껴그려 천주교 신자들에게 판 일로 1801년 7월 13일 강릉에 유배되었다.《사학징의》에 관련 공초가 자세하게 나온다.《일성록》1810년 4월 10일 기사에, 한양 서부에 사는 여종 유덕有德의 소청에 따라 강릉부로 유배 갔던 윤종백을 석방하라는 명을 내린 내용이 나온다.《해남윤씨족보》와《만가보》에는 장남 종락만 실려 있고, 종백은 빠지고 없다.

415 심화석(1771~1821): 본관은 청송, 자는 이실而實이다. 생부는 심치沈澂이고, 심규에게 입양되었다. 친가 형으로 심영석이 있다. 1807년 진사에 급제했다.

416 사화: 상례喪禮 등에서 금전, 재물 등의 출납을 맡아보는 사람.

錢**417**을 차출할 때 아는 이 중에 고을 수령이 된 자가 겨우 10여 명뿐이어서 걷은 것이 많지 않았다. 소두疏頭가 강화유수와 영평현령에게서 걷으려 했지만 조중일과 홍원이 고집을 부려 안 된다고 했다고 한다. 당시 유원명이 영평현령**418**으로 있었기 때문이었다.

○ 權洪旣被罰而去, 疏事遂圓. 趙重日日來疏廳, 徒飽啜耳, 無可否於疏事云. 尹鍾洛之都有司, 趙材良之寫疏, 聞之不覺愕然. 鍾洛舊名鍾淵, 先朝時, 以持身不謹之罪, 受嚴棍於壯勇營, 仍命放逐海南本鄕, 庚申大喪後, 始上京者也. 其弟鍾百, **[48/23b]** 嘗受邪徒金, 多畵耶蘇像, 辛酉受刑編配東邑者也. 材良章漢之堂姪耳, 渠輩做事如此, 無怪乎儀用之得謗也. 李廣健沈華錫爲司貨, 廣健身佩鎖鑰, 以出納之, 沈則借名而已. 其所以主張疏論者, 利其財也, 實非誠心也. 疏廳責出邸錢, 而知舊作宰, 廑十餘人, 所收無多, 疏首欲於沁留永平守收捧, 趙重日洪邍執而不可云, 時柳遠鳴宰永平矣.

○ 김치문金致文이 홍시제를 전송하는 시의 5~6구에서 이렇게 말했다.

"애석하다 서풍이 끝내 비에 스러지니, 남국은 생기 나는 봄으로 바뀌겠네."

유원명과 임한 등 여러 사람이 듣고는 그를 미워했다고 한다.

417 저전: 서울에 있는 수령의 일가나 친구에게 길사吉事나 상사喪事 등이 생겼을 때, 경저리京邸吏에게서 징수하여 부조하는 돈을 가리키며, 약값이나 술값을 징수하기도 했다. 이렇게 징수한 돈은 수령의 행하行下라는 명목으로 일가나 친구에게 지급한 것으로 보이는데, 이런 돈을 내놓지 않으면 저리를 가두는 등의 폐단이 있었다. 《승정원일기》 1741년 4월 7일)

418 영평현령: 유원명은 1813년 7월 삭녕군수에 제수되었다가 9월 영평현령 이해로李海魯와 자리를 바꿨다. 《승정원일기》 1813년 7월 28일, 9월 27일)

○ 金致文送躍如詩, 頸聯有曰: "無奈西風終敗雨, 也應南國易生春." 柳任諸人, 聞而惡之云.

○ 소청을 설치한 지 20여 일이 지나서도 마침내 궐문에 엎드려 상소하지 못했으니, 의론이 둘로 갈렸기 때문이었다. 하루는 권경과 윤종락, 이치형 등 몇 사람이 상소문의 초안을 품고서 대궐로 직행했는데, 한 사람도 뒤따르는 자가 없었다. 수부도소水部道所[419]에 머물며 며칠간 묵자 이광건 등이 따라와서 만류하여 그만두게 하였다.

○ 設疏廳二十餘日, 終不得伏閤, 以議論携貳故也. 一日, 權儆尹鍾洛李治亨等數人, 抱疏草, 徑赴闕下, 無一人隨後者. 留宿水部道所數日, 李廣健等, 追往而挽止之.

○ 이지연은 홍시보의 상소를 접수하였기 때문에 대간의 논핵을 받았으니, 설사 소유疏儒들이 궐문에 엎드려 상소하여 청하더라도 위로 올라갈 가망은 분명히 없었고, 사정이 이러함을 알았으면서도 기필코 상소를 올리려 한 자들이 진실되지 않았기 때문이었다. 마땅히 일에 대해 의논하기 시작할 때 힘껏 다투어 그들이 상소문을 올리지 못하게 했어야 옳았고, 그렇지 않으면 상소문의 초고가 완성되었을 때 일의 성패는 따지지 말고 일제히 궐문에 가서 엎드려 상소했어야 옳았다. 하지만 아이들 숨바꼭질 놀이인 양 다른 이유도 없이 중단하였으니, 그들이 처리한 일이라곤 경저리의 돈을 토색질해 꺼내 한 달 동안 술 마시고 배불리 먹기를 모의하였을 뿐이었으니, 이자들의 일은

419 수부도소: 수부는 공조工曹의 다른 말이다. 공조 가는 길목 근처를 말하는 듯하다.

가증스럽고 또 가증스럽다. 게다가 다른 색목色目에서도 그 기미를 알아차린 자들이 비난하며 비웃지 않는 이가 없었다. 하지만 이것은 권경의 죄는 아니었다. 죄를 돌릴 곳은 사람을 나무에 오르게 해놓고 또 좇아서 이를 흔든 자이니, 그런 짓을 차마 할 수 있단 말인가?

○ 李止淵以捧納洪疏之故, 被臺評, 則使疏儒伏閣, 必無上徹之望, 知其如此, 而必欲治疏者, 不誠也. 當力爭於議事之初, 使不治疏可也. 不然而疏草旣成, 則不顧成敗, 一齊進伏閣外又可也. 而無他端, 中綴之, 有如小兒之迷藏. 其所取辦者, 討出邸錢, 以謀一朔醉飽而已. 此輩事, 可憎可憎. 且他色之知其機者, 莫不非笑. 然此非權憬之罪也. 罪有所歸, 使人升木, 又從而撼之, 其可忍乎?

○ 이해(1814, 순조14) 여름, 이제하李濟夏[420]가 문외門外의 유생을 이끌고 글 시합을 할 때 이광건의 지휘를 받아, 두 편으로 나누고는 청탁을 분별하는 도리에 부합하도록 하였다. 조정 관리의 자제로 조금이라도 당시에 이름이 있는 자는 청淸이라 하고, 그 나머지는 모두 탁濁으로 귀결되었다. 성이 목睦 씨거나 한치복韓致復[421]의 자질들은 애초에 끼지도 못했으니, 이를 일러 '탁 중의 탁'이라고 하였다. 그 주장과 기세가 이러한 경우가 많았다.

○ 是年夏, 李濟夏倡門外儒生文戰, 受李廣健指揮, 分作兩邊. 而附以辨別

---

420 이제하(1781~1851): 본관은 전주, 자는 달겸達謙, 호는 일헌一軒이다. 정약용의 숙부 정재진의 넷째 딸과 결혼했다. 예산현감을 지냈다.

421 한치복(1722~1795): 본관은 청주, 자는 내경來卿이다. 부친은 한명우韓命遇이며, 심오沈澳의 장인이다. 1759년 식년시에 생원으로 급제했다. 1794년 9월 15일《일성록》기사에 그를 참지중추부사로 삼은 기록이 나온다.

清濁之義. 以朝官子弟, 稍有時譽者, 謂之清, 其餘則皆歸於濁. 若姓睦人, 及韓致復子姪, 初不與焉, 謂之濁之濁, 其主張氣勢, 多類此.

訒盦記略

서학을 둘러싼
남인들의 전쟁 기록

해
제

서학을 둘러싼 남인들의 전쟁 기록
정민(한양대학교 국어국문학과 교수)

1. 교회사 자료 발굴과 연구의 시좌 視座

조선에서 서학, 즉 천주교 문제가 수면 위로 떠오른 것은 1785년 명례방집회 사건에서부터였다. 이전에도 안정복과 권철신·이기양 사이에 서학 수용을 둘러싼 첨예한 갈등이 있었지만, 그것은 어디까지나 남인 내부 개인 간의 문제였다. 이후 서학에 진앙을 둔 강력한 지진이 조선 사회를 관통하면서 지각이 갈라지고 건물이 무너지고, 박해로 인한 순교의 피가 온 산하를 적셨다.

지진이 끝나고 지표면이 덮이고 무너진 건물의 잔해를 치워 그 위에 새로 집이 들어서면 표면은 마치 아무 일도 없었던 것처럼 평온을 되찾는다. 이는 베수비오 화산의 대폭발로 순식간에 3미터 높이의 화산재에 뒤덮여 하루아침에 사라져버린 폼페이시를 떠올리게 한다. 지진이 발생한 1,500년 뒤 운하 건설 과정에서 뜻하지 않게 유물이 출토

되어 땅속 도시의 존재가 알려지기 전에는 사람들은 폼페이의 위치조차 알지 못했다. 그 뒤로도 폼페이 마지막 날의 정황을 복원하는 작업은 이제껏 계속되고 있다.

땅은 기억을 지우고, 시간은 기록을 묻는다. 생애의 전 질량을 천주를 위해 기쁘게 바쳤던 순교의 영성을 복원하거나 그 시대를 입체적으로 재현하는 것은 기억과 기록의 재생을 통하지 않고는 불가능하다. 이를 위해 우리는 유불리를 떠나 금쪽같은 단편의 기록 속에서 기억의 편린을 붙들어 그 시절과 내밀하게 접속하지 않으면 안 된다.

물론 곳곳에 어려움이 도사리고 있다. 신앙을 지키다 죽은 사람은 남은 글이 아예 없고, 그들에게 온정적이었던 이들은 관련 문자를 지웠으며, 천주교를 배격하고 신자를 죽이는 데 앞장섰던 사람들의 문집과 글도 막상 찾기가 쉽지 않다. 예를 들어 권철신과 이승훈, 이벽 등의 문집은 전하는 것이 없고, 정약용은 문집이 있지만 천주교와 관련된 기록은 모두 철저한 검열을 거쳐, 남은 기록만으로 정약용의 깊은 속내를 파악하기란 거의 불가능하다. 오히려 주변 기록과, 그가 유배지의 제자들에게 준 글월 속에 검열 이전 사유의 단면들이 언뜻언뜻 드러난다.

순교 복자 이경도 가롤로와 이순이 누갈다의 아버지 이윤하는 성호 이익의 사위인 이극성에게 입양되어, 이수광의 제사를 받드는 봉사손이 되었다. 이윤하는 권철신의 누이와 결혼했다. 이윤하와 권철신의 누이 사이에서 낳은 아들 이경도는 오석충의 둘째 딸과 결혼했다. 오석충에게 딸이 둘이었던 사실은《추안급국안推案及鞫案》속 공초 기록에 오석충 본인의 진술로 남아 있다. 하지만 정약용은 자신과 가장 가까웠던 오석충을 위해 지은 〈매장오석충묘지명〉에서 그의 딸이 하나뿐이었다고 썼다. 왜 그랬을까? 당시 묘지명은 오석충이 천주교 신자가 아니었음을 증명하려고 쓴 글이었다. 둘째 사위 이경도가 천주교 신자로 순교한 사실을 지울 수 없다 보니, 아예 딸의 존재마저 부인했던 것이다.

양자로 들어가 봉사손이 된 이윤하가 신앙을 받아들이고, 그 아들 이경도가 제사를 거부하고 신앙을 지켜 순교하자, 전주 이씨 문중에서는 종통이 이미 이경도에게 넘어간 상황에서 이윤하를 원천 파양해 입양 자체를 무효화해달라는 청원을 예조에 올렸다. 명문의 종손이 천주교를 믿어 제사를 지낼 수 없게 된 사정을 이유로 결국 국가의 승낙을 받아냈다. 현재 전주 이씨 족보에서 이윤하는 애초에 입양된 사실조차 말소되고 없다.

정약용은 또 전염병으로 세상을 뜬 큰형 정약현의 처남 이벽은 실명으로 이름을 기록했으나, 천주교 문제로 죽은 자형 이승훈의 경우는 이름을 지운 채 단지 이형李兄으로만 표기했다. 1787년 정미반회 사건 당시 집주인이었던 김석태도 그가 천주교와 무관한 상태에서 죽었기에 그의 제문이 실명으로 문집에 남을 수 있었다.

1778년 화순현감이었던 아버지를 따라가서 과거시험 공부를 한 일을 적은 〈동림사독서기〉에서도 당시 함께 있었던 정약종의 이름을 빼버리고 정약전과 자신 두 사람만 있었던 것처럼 썼다. 〈서암강학기〉는 성호 이익의 어지러운 초고를 열흘간 합숙하며 정리한 1795년 봉곡사에서의 성호학파 공부 모임에 대해 기록한 글이다. 일기를 통해 볼 때, 이때 정약용은 이승훈과 함께 실제 모임을 주도했으나, 막상 글에는 이승훈의 존재가 완전히 말소되고 없다. 이렇듯 남아 있는 문집은 천주교 관련 상황의 진실을 보여주지 못한다.

척사파의 선봉에 섰던 홍낙안, 이기경, 강준흠 같은 이들의 문집과 기록에는 신서파 남인들이 감추고 싶었던 내용을 직격한 부분이 많아, 이를 통해 애써 지워진 부분을 복원해낼 수 있을 법하다. 하지만 이들의 문집은 온전하게 전하는 것이 드물다. 홍낙안의 《노암집魯巖集》과 이기경의 《척재유집瘠齋遺集》, 강준흠의 《삼명집三溟集》은 그 존재만 알려졌을 뿐 전질이 소개된 적이 없고, 잔편殘片과 낙질落帙의 상태로 전해진다. 신서파 쪽의 기록은 검열과 변개變改, 혹은 고의적 삭제가 있었고, 공서파 쪽 기록 또한 온전하게 남은 것이 없어, 양측 기록의 교합에 의한 진실에의 접근마저 여전히 어렵다.

그간 선학들의 노력으로 관련 기록들이 수합되어 정리되었다고는 해도, 정파적 이해관계도 따져보아야 하고, 풍문이나 심증적 차원의 이야기가 많아 어느 하나만으로 진실을 단안키 어렵다. 그러므로 초기 교회사의 기록은 교차적 방식으로 꼼꼼하고 주밀하게 살피지 않으면 안 된다. 단편의 기록 하나하나는 별 힘이 없어 보여도, 이것들이 모여 시너지를 내면 이야기가 달라진다. 설명할 수 없던 고리가 뜻밖의 기록을 통해 해결되기도 한다.

예를 들어, 1795년 진사 한영익이 주문모 신부의 존재를 밀고했을 때, 정약용은 〈자찬묘지명〉에서 한영익이 이석에게 고발할 때 "나 또한 이 말을 들었다"고 무심코 기록했다. 고발 현장에 자신도 있었다고 말한 것이다. 이후 포도대장 조규진이 신부를 체포하려고 급습했을 때 신부는 이미 달아나 숨은 뒤였다. 그 절체절명의 순간에 누가 신부를 탈출시켰을까? 그 대답은 어디에도 없다. 하지만 전혀 엉뚱하게도 1796년 주문모 신부의 사목 보고를 받은 북경의 고베아 주교가 1797년 8월 15일 사천의 대리감목 디디에 주교에게 보낸 라틴어 편지 속에 그 대답이 나온다.

정약용은 함께 고발을 들었다고 했지, 자신이 직접 주문모 신부의 피신을 도왔다는 말은 입도 뻥긋하지 않았다. 고베아 주교는 주문모 신부의 보고를 인용해서, 처음 고발 현장에 배교 상태의 무관이 있었고 그가 신부를 구출했다고 썼다. 정약용이 당시 무관직인 부사직副司直 신분으로 규장각에서 《화성정리통고》를 교서하던 중이었던 사실과 정확히 일치한다. 이석은 더욱이 정약용의 큰형 정약현의 처남, 즉 이벽의 동생이었다.

이 전혀 상관없는 두 기록이 만나는 순간, 정약용이 주문모 신부를 구출한 장본인임이 구체적으로 드러난다. 다산은 자신이 주문모 신부를 구출한 사실이 고베아 주교의 라틴어 편지를 통해 드러나게 될 줄은 미처 상상하지 못했을 것이다.

초기 교회사 관련 자료는 지속적으로 발굴 소개되고 있다. 1791년 호서관찰사 박종악이 정조에게 올린 보고서를 모은 《수기隨記》가 2014년 장유승 선생에 의해 발굴되어, 초기 충청도 교회의 실상을 비교적 명확히 알게 되었다. 홍이섭 교수가 1980년대에 소개한 이후 한 번도 연구자의 손길을 타지 못했던 강세정의 《송담유록松潭遺錄》과 그 아들 강준흠의 《삼명집》에 수록된 〈이기경묘지명〉 같은 자료의 존재도 중요하다. 홍낙안의 《노암집》은 진작에 일부라도 영인되어 소개되었지만, 이후 아무도 주의 깊게 들여다보지 않았다. 이 책 《눌암기략》만 해도 교회사의 중요한 증언들이 빼곡한데도 학술적으로 활용되지 못했다. 1999년 진재교 교수는 필사본 《이계집耳溪集》에서 〈최필공전崔必恭傳〉을 확인해 학계에 알렸다.

최근의 연구를 통해 안정복의 《순암집順菴集》과 적바림 뭉치인 《순암부부고順菴覆瓿稿》와 《순암일기》 속에서 초기 교회사 내부를 보는 풍부한 시선들이 확인된 점도 고무적이다. 현재 천진암에 보관된 채 공개되지 않고 있는, 홍유한 집안에 전해진 권철신·이기양 등 신서파 남인들이 보낸 편지 다발도 신중하고 면밀한 검토가 하루빨리

수행되어야 한다. 척사파의 원로였던 목만중의 아들 목태석이 지은 〈목만중행장〉에도 당시 서학의 동향에 대한 정리가 비교적 자세하다.

하지만 이 같은 자료들은 여태껏 교회사 연구자의 눈길을 사로잡지 못했다. 이 밖에도 연구가 진행되면서 매몰되어 있던 자료들이 속속 지표로 올라오는 중이다. 이런 자료들의 발굴과 정리를 통해서만 한국 초기 교회사 연구는 점점 구체성을 띠고 실상을 드러내게 될 것이다. 이에 있어 무엇보다 유불리를 따지지 않고 진실을 직관하는 태도가 필요하다. 그간의 교회사 연구가 시복시성 절차 수행을 위한 자료 정리에 더 힘이 실렸다면, 지금쯤은 선입적 의도를 배제한 객관적 시선으로 이 문제를 깊이 있게 들여다보지 않으면 안 된다.

우리는 그동안 대상에 과도한 애정을 투사하여 실상을 폭력적으로 왜곡하는 현상을 적잖게 보아왔다. 예를 들자면, 김범우의 유배지가 충청도 단양이 아닌 경상도 단장이며, 유배 후 후손들이 함께 내려오면서 이들을 통해 경상도에 이른 시기에 천주교 신앙이 퍼졌다는 가설 같은 것들이 그렇다. 급기야 묘소 발굴과 엄청난 규모의 성지 건립까지 이루어졌다. 하지만 '단장'은 김범우 당시에는 있지도 않던 지명이다. 1757년에 편찬된《여지도서輿地圖書》는 물론 1834년 김정호가 정리한《청구도青丘圖》중 밀양부 지도에도 단장이란 지명은 없다. 이 지명은 1870년 즈음에 처음 등장한다. 당시에 존재치 않았던 단장면에 김범우가 귀양 올 수는 없었을 테고, 더욱이 유배지를 면 단위로 지칭하는 경우는 전에도 뒤에도 달리 예를 찾아볼 수 없는, 상식에 속한 문제다.

문중 기록으로 보더라도, 김범우의 손자 김동엽은 이곳저곳을 전전하다가 1849년 이후 부산 동래부에서 문서 수납을 담당하는 주부主簿로 지냈고, 1854년 권신 김좌근의 전장을 관리하는 집사 노릇을 위해 처음 밀양으로 이주했다. 그마저도 하동면 굴암리와 구암리에서 1869년까지 15년간 살다가, 1870년에야 새로 생긴 단장면으로 들어갔다. 김범우가 세상을 뜬 지 무려 84년 뒤의 일이다. 이게 기록들이 보여주는 엄연한 팩트다.

향후 교회사 연구의 중심은 산재한 각종 자료 속에서 교회사와 관련된 금쪽같은 자료들을 찾아내고, 이를 교차 검토하여 실상을 복원하는 작업이어야 한다. 그간 《성교요지聖敎要旨》나 《만천유고蔓川遺稿》 같은 가짜 책자에 홀려서 수십 년째 소모적인 논쟁을 계속한 결과, 승자도 패자도 없이 연구자들만 분열되어 싸우는 지경에 이르고 만 것은 참으로 개탄스럽다.

2.《눌암기략》에 대하여

《눌암기략訥菴記略》은 학계나 연구자들에게 아직 낯선 이름이다. 저자 이재기李在璣(1759~1818)에 대해서도 특별히 알려진 사실이 없다. 이 책의 존재는 진작부터 인지되었지만, 간략한 소개 외에 본격적인 연구로는 단 한 편의 논문도 제출된 바 없다. 자료의 원본이 일반 연구자들에게 공개된 적이 없기 때문이다.

앞서 서문에서 밝혔지만, 이 책이 《눌암기략》의 최초 번역은 아니라는 점은 한 번 더 분명히 밝혀두어야겠다. 여진천 신부님이 2003~2004년 《부산교회사연구》 38~42호에 5회에 걸쳐 전문을 번역 소개한 바 있다. 원문 판독이 정확하고 충실하게 이루어진 노작이나, 학술 연구 자료로의 활용에는 다소 제약이 있었다. 역자에게 입력 원문과 번역 파일을 흔쾌히 건네주신 여진천 신부님의 깊은 뜻에 특별한 사의를 표한다.

　책에 드러난 저자 표시가 없어, 처음 이 책이 소개될 때 차기진은 이 책의 저자를 홍시제洪時濟(1758~?)로 잘못 추정했고, 이후 하성래가 책 속의 단서를 꼼꼼히 살펴 이 책의 저자가 이재기임을 처음으로 밝혔다. 이후 여진천의 해제에서 간략하나마 책의 저자와 내용 및 성격에 대한 기초적 정리가 이루어졌다.[1] 이제 이 글에서는 저자 이재기에 대해 알아보고, 《눌암기략》의 서지사항과 구성 및 내용을 검토한 다음, 이 책의 성격과 자료 가치에 대해 평가해보겠다.

1) 저자 이재기의 생애와 인간

　먼저 《눌암기략》의 저자 이재기에 대해 알아보자. 그의 본관은 전주全州로, 광평대군파廣平大君派 장의공章懿公 일계에 속한다. 자는 선시善始, 호가 눌암訥菴이다. 초명은 재심在深으로 썼다. 벼슬길은 늦어 37세 때인 1795년에 식년시에 진사로 급제했고, 42세 나던 1800년에 별시 문과에 장원으로 급제했다. 1800년 전적과 병조좌랑, 1801년에 지평, 1803년 강원도사, 1805년 장령, 1807년 좌통례左通禮와 청송부사, 그리고 1812년에는 헌납의 벼슬에 있었다.

　부친은 문과에 급제해 한성우윤을 지낸 이명준李命俊(1721~1789)이다. 이명준은 재관在寬(1749~1826), 재기, 재주在周(1773~1809) 세

1　차기진, 〈눌암기략〉, 《교회와역사》 제194호(한국교회사연구소, 1991. 7), 2-3면.
　하성래, 〈눌암기략의 저자 및 내용 소고〉, 《교회와역사》 제280호(한국교회사연구소, 1998. 9), 8-12면.
　여진천, 〈눌암기략 해제〉, 《부산교회사연구》 제38호(부산교회사연구소, 2003), 107-111면.

아들을 두었다. 이 중 장남 이재관은 중부인 형준亨俊에게 입계되었다. 이 밖에 심영석沈英錫(1767~1841)과 이성규李星逵, 심동양沈東穰에게 시집간 딸 셋을 두었다. 이재기의 초취는 연안延安 이정복李挺馥의 딸이고, 재취는 권이형權以衡의 딸, 삼취는 홍상전洪相全의 딸이다. 조부 이세충李世忠(1684~1733)은 벼슬이 없었고 사후에 호조참판에 추증되었다.

이재기는 낙수樂脩(1777~1829), 근수根脩(1781~1819), 행건行健(1786~?), 항건恒健(1802~?) 네 아들을 두었고, 윤규현尹奎鉉과 목용중睦用中에게 시집간 딸 둘이 있었다. 맏아들 낙수는 종숙 재권在權에게 입계되어 2남 근수가 대를 이었다. 근수는 황사영의 삼촌 황석필黃錫弼(1758~1811)의 맏딸에게 장가들었다.

이재기의 집안은 남인의 명망가였다. 이가환의 부친 이용휴李用休(1708~1782)는 당대 최고의 문장으로 손꼽힌 인물로, 이재기의 부친 이명준을 위해 7수의 전별시 〈이명준이 경성으로 부임하는 것을 전송하며(送虞卿之任鏡城)〉를 지어주었을 뿐 아니라, 〈예천군수가 되어 떠나는 이우경을 전송하는 서문(送李虞卿出守禮州序)〉을 써주기까지 했다. 목만중睦萬中(1727~1810)은 그가 세상을 뜨자 〈이우윤묘지명李右尹墓誌銘〉을 지어주었다. 이용휴는 이명준의 아들 이재기를 위해서도 〈이재심의 자 선시에 대한 설(李在深字善始說)〉이라는 글을 남겼다. 재심은 이재기의 초명이다. 글은 이렇다.

사람이 하늘의 껍질을 까고 나오면 이른바 이름이란 것이 있어, 호적에 기재된다. 다시금 이른바 자字를 가지고 여기에 짝을 맞춘다. 대저 33,179개 글자로 천하의 사물에 이름을 붙이니, 사람 또한 사물 중의 한 가지이다. 하지만 사물은 그저 이름만 있고 사람은 또 자가 있는 것은 구별하기 위해서이다. 이씨의 아들 재심이 자를 선시善始라 한 것은 어째서인가? 이씨 중에 심주에 살면서 이름을 방昉이라 한 사람이 있었는데, 그 임금이 그를 선인善人이라 지목하였다. 방昉은 시작한다는 뜻이니, 대개 의미를 여기에서 취한 것이다. 게다가 그 시작을 잘한다면 선하지 않음이 없다. 그래서 일을 할 때 처음의 시작을 잘해야 한다고 말하는 것이다.

人脫天殼來, 便有所謂名者, 以注人之籍焉. 復有所謂字者, 以配之. 夫以三萬三千一百七十九字, 名天下之物, 人亦物之一也. 而物只有名, 人則又有字焉, 所以別之也. 李氏子在深, 字善始者何? 李有居深而名昉者, 其君目爲善人. 而昉者始也, 義盖取此也. 且善其始, 則無不善矣. 故曰作事謀始.

이방李昉(925~996)은 송초宋初의 문인으로 자가 명원明遠이다. 심주深州 요양饒陽 출신이다. 이용휴가 느닷없이 이재기의 자字인 선시善始를 풀이하면서 송나라 때 이방을 끌어온 이유는 글만 봐서는 분명치 않다. 그의 행적과 관련이 있을 것이다. 그는 진사 급제 후 송 태종을 모셨고, 나라가 위기에 처했을 때 올린 책문으로 임금의 칭찬을 들었다.

이용휴는 이재기의 이름 재심在深에서 심주에 살았던 이방을 떠올렸는데, 자 선시를 첫 시작을 의미하는 방昉의 뜻과 연결 지으려 했기 때문이다. 깊이 침잠하여 학문에 힘써 훌륭한 시작을 준비하는 사람이 되라고 덕담한 내용이다. 당대 최고의 문장가로 일컬어진 이용휴가 자기보다 51세나 어린 이재기를 위해 이런 글을 써준 것만으로도, 이재기의 집안이 남인계에서 나름의 위상을 지녔던 명문가였음을 보여주기에 충분하다.

족보《전주 이씨 광평대군 장의공 자손보》에는 이재기가 문집《눌암유고訥菴遺稿》를 따로 남긴 것으로 나온다. 하지만 문집은 아직 실물이 확인되지 않았다.《눌암유고》는 그의 시문을 모은 문집으로,《눌암기략》과는 다른 책이다. 향후 문집이 발굴되어 그에 대해 더 자세히 알게 되기를 기대해본다.

이 밖에 이재기 관련 자료는 황덕길 등이 이재기에게 보낸 몇 통의 편지가 황덕길의 문집에 실려 있고, 1806년 구연선사九淵禪師가 펴낸《통감오십편상절요해通鑑五十篇詳節要解》에 이재기가 쓴 서문이 남아 있다. 또 의성 김씨 제산종택霽山宗宅에는 이재기가 1808년 7월 2일에 김씨 일문 누군가에게 보낸 친필 편지 한 통이 전한다. 당시 청송부사로 있던 이재기가 갑작스레 임지를 떠나기 직전에 쓴 편지다. 이 밖에 천진암 성지에 홍교만의 형 홍주만의 80세 생일을 축하해서 남인들이 쓴 축하시를 모은《기사시첩耆社詩帖》에도 이재기의 친필 시고가 하나 더 남아 있다.

이재기가 채제공을 정점에 둔 남인들의 정쟁과 서학을 둘러싸고 벌어진 싸움에 관심을 쏟게 된 것은 자신이 당시 처했던 여러 상황과 무관할 수 없다. 이재기는 채제공의 실각과 복권의 과정에서 벌어진 남인 내부의 대채大蔡와 소채小蔡, 채당蔡黨과 홍당洪黨 간의 격렬한 전투를 지켜보면서, 어느 쪽에도 적극 가담하지 않고 양비론적兩非論的 시각을 견지했다. 채제공과 서학을 둘러싼 투쟁이 한창일 때 이재기는 진사시도 급제하지 못한 처지여서 이 논쟁에 끼지 못한 대신 제삼자의 입장에서 그 경과를 세세히 지켜보며 기록으로 남겼다.

1795년과 1800년에 진사시와 문과 장원급제 이후 그의 위상이 달라지자 양 진영에서 이재기를 서로 끌어당겼고, 그는 평소 견지한 양비론적 태도로 모두와 거리를 둠으로써 양측의 미움을 받는 위태로운 처지에 놓였다. 여기에 더해 서학이 남인 내부에서 첨예한 쟁점으로 부각되면서, 이재기로서는 주변 가까이에 포진해 있던 천주교 신자들로 인한 불똥이 자신에게 튀는 것을 막을 필요도 느꼈던 듯하다. 이 책《눌암기략》은 직접 지켜본 모든 사태의 경과와 이면을 자신의 시각으로 정리하여 자신의 입장을 선명하게 밝혀둘 필요에서 나온 책이기도 했다.

이재기는 서학에 대해 시종일관 비판적인 관점을 견지했다. 이승훈과 이치훈, 정약용 등 이른바 신서파의 중심인물에 대한 비판은 더욱 신랄했다. 그 결과 신서파가 공적公敵으로 선언한 사흉팔적四凶八賊 중의 한 사람으로 지목되기까지 했다. 사흉은 이재기와 이원규李遠揆, 성영우成永愚, 목인규睦仁圭이고, 팔적은 사흉 외에 조중일趙重日, 윤익배尹翼培, 최조崔照와 김정원金鼎元을 말한다. 이 명단은 반채제공, 반서학 전선의 선두에 나선 인물이란 의미로 신서파 쪽에서 씌운 굴레였다.

그렇다고 해서 이재기가 홍낙안과 이기경, 강준흠 등 공서파의 핵심 세력들과 좋은 관계를 유지한 것도 아니다. 이재기는 이들에 대해서도 책 곳곳에서 날카로운 비판을 거듭했다. 사학을 배척한 일은 정당했으나, 그 방법과 과정 그리고 그 후의 잘못된 행태로 남인의 적전 분열을 가져온 일은 대단히 나빴다는 것이 이재기의 기본 입장이었다. 이로 인해 이들의 끊임없는 회유 시도에 이어, 갖은 비방과 음해에 시달려야 했다.

채제공과의 관계도 그다지 매끄럽지는 않았다. 이재기는 책의 곳곳에서 채제공의 편협한 처신과 자기에게 등을 돌렸던 사람을 품지 못하고 끝까지 보복했던 좁은 성정에 대해 지속적으로 지적함으로써, 사태가 이렇게 악화된 데 있어 채제공의 책임이 결코 적지 않음을 반복해서 피력했다. 권력에 붙좇아 자리를 탐하는 남인들의 저열한 작태와 신서파들의 도를 넘는 행동과 권모술수에 대해서도 가감 없이 고발했다.

막상 그의 주변에는 서학을 믿었던 사람들이 적지 않았다. 2남 근수와 황사영의 삼촌 황석필의 딸이 혼인을 맺은 것이 특히 그렇다. 황석필은 황사영 사건에 연루되어 경흥으로 유배 갔던 인물이다. 황사영의 부친 황석범黃錫範이 종가로 출계되는 바람에 연좌죄는 면했지만, 정황상 그 또한 천주교 신자였을 것으로 보인다.

또 신유박해 당시의 공초 기록을 모은 《사학징의邪學懲義》에 도저동桃渚洞에 사는 이재신李在新(1758~?)이 나온다. 그의 이름 옆에는 이재기의 족제族弟라는 꼬리표가 늘 따라다닌다. 실제로는 14촌간인 두 사람을 굳이 이재기의 집안 동생이라 하여 묶어둔 것은 이기경으로 추정되는 《사학징의》의 편자가 이재기에 대해 썩 좋지 않은 감정을 품고 있었음을 뜻한다. 제 집안 단속도 못하면서 무슨 반反서학을 떠드느냐는 의미가 담긴 듯하다.

이재기는 이승훈 집안과도 혼맥으로 얽혀 있었다. 이재기의 누이가 이승훈의 종형제인 이좌훈李佐薰의 아들 이성규李星逵에게 시집갔고, 이승훈 형제와는 외가가 겹치는 정의情誼가 있었다. 동갑인 이치훈과는 어려서 한마을에 살았고, 공부도 같이 해서 아주 가까운 사이였다.

이재기는 서학에 대해 대단히 부정적이었다. [21]에서 그는 사학邪學을 신봉하는 무리들이 "벌거벗은 몸으로 한방에서 섞여 지내며 남녀의 구별조차 없으니, 이는 거의 짐승만도 못한 것"이라고 했고, "우리에게 인륜이 있음을 알지 못해 제 몸을 죽이는 것을 공업으로 삼는다"고도 했다. 또 [42]에서는 송규환의 말을 인용해 "설법할 때에는 남녀가 벌거벗고서 한방에 모여 있는데, 비록 가까운 친족이라도 서로 피하지 않고, 여러 눈이 지켜보는 곳에서 교접하면서도 조금의 부끄러운 기색이 없다"고 사실과 다른 내용을 적었다.

이재기는 책의 도처에서 특히 이승훈·이치훈 형제에 대한 격렬한 혐오를 감추지 않았다. 집안끼리 얽힌 터에 이들의 각종 저열한 행태를 가까운 거리에서 지켜본 사람으로서 겉 다르고 속 다른 이들의 실체를 증언으로 남겨야겠다고 다짐했던 듯하다. 이 같은 악연이 그의 주변에 서학과 관련된 인물이 여럿 포진해 있었음에도 그로 하여금 서학을 더욱 극렬하게 배척하게 만든 원인이 되었을 것으로 판단한다. 기타 자세한 내용은 책의 내용을 소개하면서 더 설명하겠다.

그는《눌암기략》을 언제 지었을까?《눌암기략》속 기사 중에서 연대가 가장 늦은 것은 1814년 여름의 일이다. 이때 조정에서 채제공의 추탈 문제로 상소가 잇따르는 등 시끄러운 논의가 있었다. 이재기는《눌암기략》의 서두를 미천서원 파동으로 갈라선 대채와 소채의 분기로 시작해서, 채제공과 신서파의 유착으로 인한 많은 문제를 살핀 뒤, 채제공 사후 벌어진 관작추탈 상소와 관련된 일련의 논의를 정리해, 채제공을 중심축에 두고 서학의 추이를 살피는 작업을 진행했다.《눌암기략》은 1814년 여름 직후에 완성되었고, 저자 이재기는 4년 뒤인 1818년에 60세의 이른 나이로 세상을 떴다.

2)《눌암기략》의 서지와 내용 개요

이제《눌암기략》에 대해 살펴보겠다. 이 책은 필사본 1책 23장 분량에 크기는 17.5×28센티미터다. 한 면은 14행, 매행 40~46자로, 글자 수는 28,000자 안팎이다. 행서에 가까운 해서체로 또박또박 썼다.

표지에는 '눌암기략訥菴記略'이란 네 글자가 적혀 있다. 제본은 실로 매지 않고 상중하 세 곳에 종이 못을 박아 임시로 묶어둔 상태다.

첫 면 상단에 '절두산순교자기념관切頭山殉教者記念館'이라 새긴 주문朱文 방인方印이 찍혀 있어, 이 책이 한때 절두산순교자기념관에 소장되었던 자료임을 알려준다. 앞서 하성래는 1998년에 작성한 자료 소개글에서 이미 이 책의 원본이 분실된 사실을 밝혔다.

《눌암기략》의 원본은 현재 전북 무주의 다산영성연구소에 소장되어 있다. 현 소장자인 김옥희 수녀님의 전언에 따르면, 원래 한국순교복자수녀회 소장 자료였던 것을 1960년대에 절두산순교자기념관에 대여했다가 후에 돌려받았다고 한다. 책의 보존 상태는 대단히 양호하고, 훼손되거나 판독되지 않는 부분이 없다.

이제 책의 내용에 대해 살펴보겠다. 본문은 행갈이로 단락을 구분했고, 한 단락 안에서는 중간중간 'ㅇ' 표시를 두었다. 행갈이 단위의 한 단락은 때로 몇 면에 걸쳐 긴 것도 있고, 단 한 줄뿐인 경우도 보인다. 예외가 없지 않지만 크게 보아 행갈이를 기준으로 화제가 전환된다.

본 번역에서는 행이 바뀌는 부분을 하나의 의미 단락으로 보아, 편의상 일련번호를 붙였다. 중간에 'ㅇ'로 구분한 작은 단락들은 아래 요약에서는 '/' 표시로 구분하여 따로 나눴다. 그 결과 의미 단락 58개에 214개의 소단락으로 구성된 책자임을 확인했다. 전체 단락별 주요 내용을 간추리면 다음과 같다.

[1] 미천서원 사건으로 인한 목인기 통문 소동과 대채와 소채의 분기.
[2] 목만중과 도파 남인의 갈등. / 도파 남인을 편든 유항주와 조정상. / 부친의 뜻에 따라 통문에 서명한 이재기. / 대채·소채의 싸움을 두 과부의 싸움에 비유함. / 오광운과 강박에게 배워 논의가 치우쳤던 채제공. / 채제공의 당부로 도성을 지켰던 채홍리. / 김문순과 결탁한 채홍리의 후안무치. / 채홍리를 시켜 정민시에게 구명 탄원을 하게 한 채

제공과 정민시를 만난 채홍리. / 강상 시절 소채에 붙었던 채제공의 문객들.

[3] 채홍리와 어울린 이정운 형제. / 채제공에게 편지를 쓰면서 겁이 나서 이름을 쓰지 않은 이석하. / 목만중을 여전히 미워한 도과 남인. / 이석이 전한 밀지로 믿는 구석이 있었던 채제공. / 채제공 탄핵으로 돌아선 홍수보·이종섭 등과 채제공을 지키면서 전전긍긍했던 이익운. / 채제공의 호출로 발을 빼고 은율로 떠난 이익운. / 채제공을 앞장서서 두둔한 김복인과 이를 제지한 강세정에 대한 비난.

[4] 안주에 머물던 채제공에 대한 오대익과 채홍리의 국문 요청 상소 논의와, 권심언·조정상과 오대익의 격돌로 인한 상소 철회.

[5] 이익운의 정고로 인한 폐출과 채제공 설원 송사의 초고를 작성한 목만중, 이 일로 이익운을 융숭하게 대우한 채제공.

[6] 양 끝을 잡다가 채홍리에게 등 돌린 이익운과, 채홍리의 협박 및 화해.

[7] 유항주가 채제공에게 채홍리와 절연을 요청한 일과, 채홍리와 유항주가 오해로 사이가 어긋나자 채제공이 둘을 화해시키려고 노력한 일과, 그 노력이 수포로 돌아간 일.

[8] 채제공과 채홍리의 겉과 속이 다른 관계. / 채제공의 좁은 품과, 이종섭에 대한 단호하고 매서운 보복.

[9] 강세륜과 홍극호의 앞길을 막아 보복한 채제공.

[10] 소차에 서명한 후 채제공에게 내침당한 신우상과 형을 욕한 아우 신석상의 행동.

[11] 채제공에게 아첨한 강침의 비루함과, 그가 채제공의 뒷담화를 하다가 들킨 일, 그리고 그의 아들 강이원의 처신. / 기상이 대단했던 채제공과 둥글둥글 무난했던 홍인호 부자의 엇갈림.

[12] 이겸환의 누이와 결혼한 홍인호와 이종섭, 이겸환의 딸과 결혼한

채홍원이 서로 왕래를 끊고 절연한 일. / 홍인호와 유감을 풀라는 왕
명을 끝내 따르지 않은 채제공.

[13] 홍인호·이종섭과의 화해를 요청한 이겸환의 부탁을 거부한 채제공.

[14] 채홍리와 홍수보 부자의 결합 이후 홍씨 부자만을 공격한 도파인들.

[15] 정조에 대한 홍인한의 참람한 말에 한익모, 김상복, 송형중이 수긍
한 뒤 대리청정의 명이 내려오자 홍인한이 사책에 적지 못하게 제지
한 일, 정조의 대리청정 이후 홍인한의 말을 모른다고 한 박종집과 사
실대로 고한 성정진의 다른 대답 및 홍수보의 대경실색. 처삼촌 홍수
보 부자 성토 통문을 직접 작성한 정약용. / 친척인 홍수보를 배반한
성정진의 처신.

[16] 홍수보 성토 통문에 참여한 권엄과 홍시제에게 화낸 홍수보와, 조
카사위 정약용 및 연명에 동참한 홍씨 일족에 대한 홍수보의 분노.

[17] 유생의 해괴한 통문 거동과, 서명한 뒤 첨언까지 해서 도파인들의
비난을 받았던 강세동.

[18] 궁해지자 홍인호에게 붙은 홍낙안·이기경과, 아무런 실속 없이 비
난만 받았던 사학 영수 채제공 및 화심 영수 홍수보 부자. / 채제공에
기대 홍낙안과 이기경을 능멸한 신서파.

[19] 소채당에서 채제공에게 붙어 막객이 된 이동욱의 처신.

[20] 목만중과 끊고 이가환과 친밀해진 이석하의 행동. / 이가환의 제사
음식을 보고 비꼰 임제원의 말과, 이 일로 유감을 품어 이석하를 시켜
임제원을 공박한 이가환, 이승훈 집안과 혼인을 맺어 이가환의 밀객
이 된 이석하. / 홍수보 부자 성토 통문에 서명한 뒤 다시 홍인호에게
투항한 자들의 비루한 처신, 성정진과 윤신의 잇단 투항. / 은원이 분
명한 채홍원과 은원이 불분명한 홍인호에 대한 이원규의 평가.

[21] 불교의 나머지에서 나온 사학교도들의 짐승만도 못한 몸가짐, 서양

의 풍속 및 제 몸 죽이는 것을 공업으로 삼는 서학 배우는 자들의 행동.

[22] 윤지충·권상연의 진산 사건과 진산군수 신사원의 온건한 처리 태도, 서울로 공문을 보낸 뒤 시끄러워진 여론, 성영우·목인규·강준흠 등의 성토 논의와 김정원의 반대, 목인규가 오석백·이윤하·이총억 등 5인의 이름에 권명圈名해 제외시키고, 통문의 초고를 목만중에게 받아오게 한 일. 최환과 이후가 이치훈에게 이 사실을 알려, 이치훈이 정약용과 대응책을 강구해 통문 시도를 원천 봉쇄한 일의 전말. / 정약용·이치훈이 홍낙안을 모함해 반격하고, 이로 인해 홍낙안이 침체함. 윤지충·권상연 집안의 신주가 없어진 것을 확인한 뒤 정민시의 보고로 윤지충과 권상연이 사형당하게 된 일. / 1792년 평택 유생이 상소로 현감 이승훈을 고발하자, 집안사람 김희채를 안핵어사로 보내 유생들이 도리어 죄를 받게 만든 이승훈 측의 반격. / 술수에 능해 형의 위기를 복으로 만들고 의기양양해 한 세상을 횡행한 이치훈. 이재기 누이 소생자의 양자 관련 문제로 한 번 더 어긋난 이치훈 형제와 이재기의 관계.

[23] 진산 사건 이후 삼사와 홍낙안의 요청에도 불구하고 사학만 편든 채제공의 부당한 태도.

[24] 신서파들이 벼슬을 미끼로 자기 패거리를 만드는 수법.

[25] 목인규가 이름에 권점圈點을 쳐서 화를 부른 행동을 나무람. / 후환이 두려워 통문을 낸 창동 사람들과, 소굴을 부수려 한 김정원의 무모함. / 모임의 일에 대한 강준흠과 목인규의 변명, 은혜를 원수로 갚은 이치훈의 행태에 대한 목인규의 원망 및 상중이라 창동 모임에 불참한 이재기.

[26] 신사원의 규찰에 대한 이재기의 온정적 태도. / 이윤하에게 서학을 버릴 것을 당부한 이재기와, 이윤하의 서학에 대한 입장, 이후 이윤하

가 침묵하게 된 경위. / 홍낙안이 부당한 이름을 얻은 이유와 서인과의 우호. / 홍낙민의 홍낙안에 대한 간교한 비방과 채제공의 반박.

[27] 채홍원에게 붙어 명성과 기세를 얻은 강이원.

[28] 심단 판서의 서대犀帶를 둘러싼 이치훈 무리의 유언비어 날조와, 홍낙민과 윤행철의 엇갈린 행보. / 목만중과 채제공의 오랜 교분과 위태로워진 목만중의 신세.

[29] 임금의 신임을 팔고 다닌 이치훈의 비루한 언행.

[30] 허균과 이익의 《칠극》과 마테오 리치에 대한 이해 및 이를 잘못 안 서조수의 이익에 대한 비난.

[31] 마테오 리치가 성인이라고 쓴 초고본 《성호사설》을 본 서조수와, 성호가 서학을 존신했다고 한 외손 이윤하의 언급.

[32] 이잠의 서자 이함휴의 입후 문제로 윤동규에게 사과한 이익. / 이잠의 아우로 과거 응시가 막혀 학문에만 몰두해 대유가 된 이익과, 만년에 얻은 벼슬.

[33] 서학이 대궐에 들어갔다고 말한 이윤하와 정약종의 잘못. / 최헌중이 상소에서 왕실에 서학이 들어온 주장을 담은 일로 손가락질당한 일과, 조정의 엄정한 처분. / 서학 무리에 대한 정조의 태도와 이를 이용해 못하는 짓이 없었던 사학의 무리들. / 중간에서 시비를 바로잡지 않았던 채제공의 잘못된 태도와 이로 인한 젊은 그룹의 동요. / 홍시보의 아들 홍영관과 이횡의 아우 이갱, 강준흠의 아우 강순흠이 함께 공부하면서 벌어진 소동. 강세정과 이영의 충돌과 배척. 사흉팔적의 주장을 퍼뜨린 이치훈·정약용 무리의 흉악한 의도.

[34] 이원규의 사학 배척에 대한 확론과 난도질당한 안정복의 〈서학변〉. / 홍인호와 혼사를 끊고 이가환을 추천한 해좌 정범조. / 정약전에게 집안일로 봉변당한 목조영. / 신서파들이 몹시 미워한 목만중. / 목만

중과 관계를 끊은 서울의 목씨들. / 이석을 시켜 허실을 알아보게 한 정조, 재예가 있었으나 명성이 없어 존재가 드러나지 않았던 이벽. / 강준흠, 이기경, 홍낙안 등과의 왕래로 심하게 배척받은 목만중. / 안정복의 사위이면서 안정복을 비난하다, 죽었을 때 문상조차 하지 않은 권일신 부자의 패륜적 행동. / 장자의 풍도가 있었으나 안정복과 정면충돌한 이기양과, 안정복의 손녀사위였던 그의 아우 이기성.

[35] 이도길이 해미 감옥에서 들었던 서학 무리들의 간교한 말과 책략.

[36] 사학 하는 무리에 대한 이원규와 김정원의 절실한 이야기와 황덕길의 사학 배척론. / 당동벌이에 대한 공정하고 바른 입장 유지의 어려움. / 양시·양비론에서 양시론이 불가한 까닭.

[37] 온전한 사람 판서 권엄. / 성질 급한 이기경이 초토신 상소를 올릴 수밖에 없게 만든 채제공의 책임. / 강준흠을 소외시켜 돌아서게 만든 채제공과 이가환의 편협한 태도.

[38] 홍낙안, 이기경, 강준흠이 채당에게 지은 죄의 경중. / 이가환·채제공·목만중의 정의情誼와 관계 변화. / 옥폭동에서 이루어진 사학 제창 발원문〈유통보제流痛普濟〉와 이 일의 누설로 사학 하는 무리에게 죄를 얻은 심규. / 1795년 주문모 실포 사건 이후 사학인들의 동향과 정약용의〈자명소〉및 배교 공언, 이에 대한 황덕길의 논평. / 이인행과 유회문을 꾸짖다가 한때의 웃음거리가 된 윤기환. / 이승훈을 찾아간 채홍원을 나무란 채제공. / 심규의 말에 침묵한 채제공과 이가환에 대한 심경 변화. / 목만중이 채제공에게 건넨 사학에 대한 충고. / 이가환·정약용 등을 내치려 한 채제공과 정약용이 협박으로 이를 뒤집은 일.

[39] 성균관 유생들의 이단 배척 상소에 대한 이재기·이은유의 논평과 최홍진이 얻은 비방. / 박장설 상소 이후 이승훈과의 갈등으로 누이와

도 불목하게 된 정약용. / 이승훈 무리의 계책으로 사실을 부정하다가 뒤늦게 사실을 말하게 된 이가환.

[40] 1793년 금등金縢의 일을 둘러싼 논의와, 윤시동·심환지를 논척한 일로 서인에게 밉보여 십수 년간 폐출된 홍극호.

[41] 이가환이 이재기의 거취에 대해 건넨 충고와 이재기의 대답. / 사학을 배척한 조무범과 그의 아들 조중일에 대한 평가. / 목조원과 강복흠의 어긋난 처신.

[42] 송규환이 전한 홍인하의 사학에 대한 비난. / 재물과 여색을 함께 나누고 신분을 뛰어넘는 사학 집단의 행동과 도서대여점의 책 절반 이상이 언문 사서가 된 사정. / 무리를 세우는 데 힘 쏟은 권일신·이승훈의 설법과, 부녀자들로 인해 사돈 맺은 집안끼리 서학이 만연하게 된 사정. / 이정준과 이가환이 주고받은 말을 꾸며 이재기를 모함한 이승훈과, 이 일을 이재기가 편지로 나무라자 발뺌한 이승훈, 그리고 이기경의 집안 조카 이정권이 이창록을 사주해 이재기에게 보낸 투서.

[43] 옥졸마저 홀렸던 충청도 대교주 이존창, 거짓 배교로 세상을 속인 권일신 부자와 최필공의 무리.

[44] 홍낙안이 정학을 붙들어세웠다는 칭찬을 못 들은 이유. / 송진수가 강세정에게서 받은 사학 하는 무리를 적은 쪽지 이야기. / 이재기를 불러《번암집》의 교정을 맡겼던 정조와 이를 오해한 조중일의 책망. / 조중일의 조카와 혼사를 거부해 사이가 틀어진 홍낙안. / 채제공 성토를 이유로 시험을 파할 것을 요청했던 한성겸과 이은유의 처신과 행태. / 사촌간에 서학 문제로 서로 다툰 이학규와 신여권. / 이기경과 홍낙민 사이에서 줄타기했던 김수신. / 김정원과 이원규의 소인배의 마음에 관한 꼭 맞는 말. / 1793년 즈음 어려웠던 당시 선비들의 처신. / 1795년 사학 하는 무리의 방자함과 외면. / 서인에게 잘 보이려

1799년 통문을 내서 남인 선배를 모함한 성일원의 해괴한 행동과 그를 성토하려 한 상소문 제출이 끝내 실패로 끝난 이유.

[45] 혼맥으로 혐의를 벗어나려 황덕길, 심유와 사돈을 맺은 이승훈과 정약용. / 이가환과의 관계를 의심받아 앞길이 막힌 목만중의 사위 홍희현. / 채제공 사후 1년 만에 정릉으로 이사해 이가환, 정약전, 이치훈 형제와 이웃이 된 채홍원.

[46] 의논이 준엄했으나 자신의 시비는 가리지 못했던 이횡.

[47] 조린, 홍의호, 권건, 이원회의 인물평. / 1801년 신유옥사 때 죽은 천주교 신자들의 수와 윤행임이 이를 억울한 옥사라 한 이유, 죽기 전 넋이 나가 횡설수설한 이가환의 행동. / 독한 성질을 못 이겨 위관에게 성을 내는 바람에 죽음을 자초한 홍낙민. / 국청에서 보인 정약용과 이치훈의 상반된 행동과 그로 인해 차이가 난 형벌의 경중. / 정약종의 책롱 사건이 사옥의 시초가 된 사정. / 100차례 가까이 형벌을 받고 섬에 귀양 간 오석충. / 홍낙안과 이기경이 신유사옥을 만들어냈다는 것에 대한 생각.

[48] 신여권과 이종인을 체포한 홍낙안의 경거망동.

[49] 이학규가 공초에서 목만중을 거론해 보복하려 한 일과 이후 목만중의 체모를 얻은 처신. / 유항검의 나라 팔아먹을 계책과 대박청래의 어리석음, 황사영백서 사건 이후 역적의 무리가 된 사학 하는 이들.

[50] 중국인 주문모의 입국과 사형당하던 날의 이상한 기상 현상.

[51] 공개적으로 이가환이 억울하다고 말한 고산현감 이인행의 황당무계함. / 사돈 황석필에게 황사영의 서학 신앙을 버리라고 권유한 일과, 결국 붙잡혀 사형당한 황사영. / 사학에 빠진 김건순 모자와 청상과부였던 김건순의 양모가 주문모와 한방에서 지냈다는 해괴한 소문. / 척사로 세상에 행세한 홍낙안의 각박한 행동. / 홍낙안에게 아첨한

한치응, 목만중과의 유감을 푼 이익운, 이 말을 듣고 그 아들 이명불을 성토하는 통문을 내도록 사주한 이기경의 처신. 황사영의 일로 이익운을 모함했던 목인규와, 홍낙안에게 목숨을 구걸한 이익운, 이로 인해 이기경과 사이가 틀어진 홍낙안. / 선산부사 박명섭에게 상소를 사주한 홍낙안의 장점과 이기경의 단점. / 이재기를 의심했던 홍낙안과 이기경이 홍희현과 나눈 대화. / 홍명주를 두고 나눈 이재기와 이기경의 대화. / 1796년 사관 천거로 틀어진 강준흠과 유원명. / 채제공 관작추탈에 가담한 유원명의 처신. / 이재기의 충고를 듣지 않고 채제공 관작추탈을 밀어붙인 홍낙안과 이기경. / 이은유의 구차한 처신과, 반대하는 이재기를 편지로 겁박한 홍낙안과 이기경. / 강준흠이 통문을 사주했다는 것은 어거지 주장. / 관작추탈에 반대한 목만중. / 이종화의 반대 통문과 오영의 넘치는 행동.

[52] 이종화를 사적邪賊으로 몰아 귀양 보낸 이기경. / 이 일로 오히려 명망이 높아져 유배지에서 좋은 대접을 받았던 이종화. / 남의 이름을 가짜로 서명한 이은유 등의 처신과 채제공을 위하다가 이기경 등에게 모욕당한 윤신, 심통한, 김경무.

[53] 척사에 엄하지 않았지만 사학괴수는 아니었던 채제공과 그의 관직을 추탈해 사사로운 원한을 되갚은 이기경. / 채제공과 조덕린을 공격하지 않으려다 논핵당한 대간 심달한. / 채제공의 시호 문제로 궁지에 빠졌던 심규로. / 아무 잘못 없이 오해받은 이중련.

[54] 홍낙안에게 애걸한 최헌중의 얄팍한 전후 처신. / 채제공이 허목의 영정에 쓴 소지小識로 인해 벌어진 소동과 조중일의 우스운 행동. / 터무니없는 송사로 버림받은 권경. / 1806년 재상 김달순의 기세와 옥사 소동. / 김달순 사사 후 벌어진 이은유의 통문 소동. / 목만중을 극렬 비난한 조중일의 언사.

람들의 체포와, 형벌 시행의 느슨함에 대한 탄식. / 이기경과 절교한 권영헌의 바른 처신과 그로 인한 질시. / 한치응과 홍시보 외에는 모두 홍의호에게 감화되고 만 문내인. / 채제공의 외조카 이유경의 비루한 처신. / 송도 부호 한재렴이 유배에서 풀려 과거에 급제하자, 권응전 등이 응거하지 못하게 할 것을 요청한 일. / 이익운이 채제공을 변무하고 아들 이명호의 신원을 청한 송사와 목만중의 대응 상소가 다 잘못된 일임을 논함. / 1813년 한치응과 심규로가 시관이 되어 사정을 써서 부당하게 합격시킨 사람의 명단과 이로 인해 북변인의 미움을 받게 된 사정. / 풍상을 겪은 뒤 마음씀이 넉넉해진 이익운과, 허둥대어 귀한 대접을 받지 못한 심규로. / 한치응의 의발을 받은 홍명주와 조수인. / 서유린과 정민시는 신원하면서 채제공은 외면했던 김조순. / 1814년 회맹하여 화해한 이익운과 홍의호, 한치응. / 채제공의 수결을 위조했다가 쫓겨난 이광도·이광건의 뻔뻔하고 천한 행동과 벼슬운.

[58] 시골에서 숨어 지내다 상경한 목조원이 1813년 목상중의 집을 찾아갔다가 거절당하고 죽은 일과 이에 대한 뒷이야기. / 1813년 여론에 밀려 채제공의 신원에 나선 이익운·한치응의 성근 계책과, 홍시제·임한의 상소. / 홍시제의 상소를 고쳐주면서 권유에 대한 사사로운 원한을 되갚으려 한 김조순. / 홍시제가 박종경의 충고를 듣지 않고 상소문을 발표해 귀양을 자초한 일. / 이랬다저랬다 하는 패악스러운 조장한의 행동과 이를 논척한 이유성의 상소문. / 이유성의 상소문에 대한 평가. / 정약용의 죄를 열거하고 조장한의 죄를 논해 이기경의 억울함을 대변해준 강준흠의 반박 상소. / 60명의 유생이 청파에 나와 귀양 가는 홍시제를 전별한 것과, 이광건 부자가 앞장서 이 일로 상소를 내려 하자 이익운만 만류하지 않았던 일. / 홍시보의 상소에

대한 화성유수 이익운의 대응. / 홍시제가 김조순에게 구원 요청을 한 일에 대한 생각. / 홍시제의 귀양을 청한 유정양과 홍기섭. / 홍시제에게 형률을 더하라고 요청한 임한의 상소의 속사정. / 임한의 상소에 대한 이유경의 대응 상소와 좌의정 한용구가 이유경의 도승지 간삭을 요청한 경과. / 임한이 상소에서 이지연의 죄를 성토하자, 이에 대응한 이지연의 상소. / 홍시제의 상소와 임한의 대소에 대한 임금의 비답. / 권경과 권상황을 사주한 이광건의 상소 논의와, 조중일이 홍원을 사주해 이를 막으려 한 경과. / 상소 문제로 정면충돌한 홍원과 권상황의 본성을 잃은 행동. / 채홍원이 자기 집안의 원수로 여겼던 홍원과 서인에게 붙은 권상황에 대한 논평. / 권상황과 홍원이 벌을 받고 떠난 뒤, 예수상을 많이 그려주었다가 귀양 갔던 윤종백의 형 윤종락과 조장한의 당질 조재량이 상소를 올린 일과, 이것이 재물을 이롭게 하자는 뜻에서 나온 것임을 밝힘. / 홍시제를 전송한 시로 여러 사람의 미움을 받게 된 김치문. / 소청을 설치하고 20일 동안 상소문을 올리지 못하다가 결국 그만두게 된 사정. / 홍시보의 상소를 접수했다가 욕먹은 이지연과, 특별한 이유 없이 술만 먹다가 상소문 처리를 중단한 자들의 가증스러운 행동. / 1814년 여름 이제하가 문외 유생을 청·탁으로 갈라 글 시합을 진행했던 일.

이상은 《눌암기략》의 전체 내용을 항목에 따라 간추린 것이다. '/'는 원문에서 'ㅇ'로 표시된 구분을 나타낸다. 각각의 의미 단락들은 큰 단락으로 묶여 한 흐름으로 이어져서 의미망을 이룬다. 앞쪽은 단락의 단위가 비교적 세분되었는데, 뒤쪽으로 올수록 하나의 단락 속에 분절되는 이야기 수가 많아진다.

3) 《눌암기략》의 주요 내용

이제 위에서 간추린 내용을 큰 흐름으로 구분하면 다음의 세 부분으로 크게 나뉜다.

1. [1]~[20](장1a~장5a:6): 대채와 소채의 분화와 채제공의 성정 및 남인 내부의 동향, 채당과 홍당의 갈등과 정리 과정.
2. [21]~[50](장5a:7~장17a:10): 사학교도의 처신과 행동, 진산 사건의 처리 경과, 사학을 두고 갈린 남인들, 척사파와 채당의 갈등, 사학 지도자들의 박해 당시 몸가짐.
3. [51]~[58](장17a:11~장23b): 박해 이후 척사파의 행동과 채제공 관작추탈 사건의 경과 및 남인들의 동향.

이로 보아 이 책은 앞뒤로 남인의 중심에 있었던 채제공의 동선을 따라 남인들이 척사파와 신서파로 갈려 싸운 정쟁의 과정을 살피면서, 이 싸움의 진원에 있던 사학을 신봉한 사람들의 알려지지 않은 처신과 행동들을 고발한 내용을 포함한다. 전체 분량의 절반 이상을 사학 그룹에 할애했고, 나머지 부분에서는 이들과의 갈등이 당시 정국에 끼친 파장을 탐색하는 데 집중했다.

첫 번째 [1]~[20], 원문으로 장1a에서 장5a 6행까지의 내용을 간추려보자. 이 부분은 다시 둘로 나누어 구분할 수 있다. [1]~[10], 원문으로 장1a에서 장3b 6행까지의 내용이 첫 부분이다. 여기서는 채제공의 실각 이후 채홍리가 등을 돌리면서 남인 내부가 대채와 소채로 분화되는 정황을 기술했다. 저자인 이재기가 '두 과부의 싸움'에 비유하고 있을 만큼, 쌍방간에 아무 얻은 것 없이 상처만 안겨준 내부의 총질을 지켜보는 안타까움을 여러 일화와 함께 소개해, 남인 내부

분화의 근본 원인과 이후 경과 및 갈등 원인으로 제시했다.

1780년 무소불위의 권력을 휘두르던 홍국영이 실각하자, 영의정 서명선徐命善(1728~1791)은 채제공이 홍국영의 오른팔 노릇을 했다고 몰아 그를 직격했다. 1783년 당시 채제공은 잇단 탄핵으로 궁지에 몰려 목숨이 위태로운 상태였다. 큰 권력이 흔들리자 새로운 줄서기가 시작되었다. 바로 이 시점에 일어난 미천서원 사건이 남인 내부에 깊은 파열음을 가져왔다. 채홍리의 독자 세력화 시도로 읽힌 이 사건을 계기로 대채와 소채의 갈등이 본격화되었다. 이에 대해 준론峻論을 내세운 도파桃坡 남인의 격렬한 반발이 있었고, 곧이어 목인기와 심창석의 채홍리 저격 통문을 둘러싸고 남인 내부의 다툼이 격화되었다.

당시 저자 이재기는 이 통문에 부친의 명에 따라 이름을 올려 채제공 편에 섰으나, 남인 내부의 이 같은 내분을 두 과부의 싸움에 견주는 등 부정적 인식을 지니고 있었다. 기본적으로 이재기는 양측 모두에 문제가 있다는 양비론적 입장이었다. '우선 부자와 같았던 관계에 균열을 낸 채홍리의 잘못이 있었다. 하지만 채제공의 대응도 각박하고 지나치게 매서워서, 그 결과 양측의 싸움이 가파르게 고조되어만 갔다'는 시각이다.

채홍리는 채제공의 목숨이 경각에 달렸을 때 노론의 정민시를 찾는 등 자신을 돕고 주선한 일이 있었다. 하지만 미천서원 통문 사건 전후로 채홍리 편에 섰던 소채의 무리 중 홍수보, 이종섭, 강세륜, 신우상, 강세정, 홍극호 등에 대해 채제공은 용서 없이 보복했다. 임금의 화해 요청과 주선도 아랑곳하지 않았다. 이에 반해 힘들 때 채제공의 편이 되어주었던 유항주와 조정상, 이정운·이익운 형제, 이석, 심규, 김복인 등은 철저하게 감싸안아 끝까지 보답했다.

채제공은 은원恩怨이 매섭고 분명했다. 한번 등을 돌린 사람을 용서하지 않았다. 정계 복귀 이후 은원을 잊고 화합하여 노론 벽파와 맞서도 시원찮을 상황에서 그는 정반대로 행동했다. 이 같은 편향적 외골수 성향이 결국은 채제공의 입지와 운신의 폭을 더욱 좁혀, 정조의 정국 구상에 난관을 가져왔고, 남인 내부의 갈등을 한층 심화시켰다고 이재기는 보았다. 중심에서 다시 밀려난 소채는 오히려 적당敵黨인 노론 벽파와 결탁해 채제공과 그 추종 세력을 견제하는 입장으로 선회했다.

이어지는 첫 번째 부분의 두 번째 의미 단락은 이후 [11]~[20], 원문으로는 장3b 7행부터 장5a 6행까지다. 채제공의 정계 복귀 이후 홍수보·홍인호 부자의 홍당洪黨이 채제공의 채당蔡黨과 빚는 갈등의 장면들을 포착했다. 주로는 한때 소채와 손을 잡았던 홍당이 채당에 의해 견제를 받아 힘을 잃어가는 과정을 그렸다.

이재기는 [11]에서 채제공에게 바싹 붙어 벼슬하고, 또 노론 서명선의 집을 출입하면서 채제공의 일을 고자질했다가 발각된 강침의 비열한 처신과 그 아들 강이원의 행태를 말했고, 직진형이었던 채제공과 둥글둥글 모난 데 없는 처신으로 원수를 만들지 않았던 홍수보 부자를 대비했다.

이어 임금의 명으로 채제공에게 사죄하러 간 홍인호를 채제공이 끝내 용납하지 않은 일과, 채당과 홍당의 분화에서 압도적 우위를 점한 채당이 홍당을 궁지로 내모는 과정들을 잇달아 소개했다. 과거 홍인한이 대리청정에 나아가는 정조를 두고 한 참람한 말에 대해 박종집과 성정진의 다른 대답을 두고 문제가 발생했을 때, 불똥이 홍수보 부자에게로 튀었다. 이때 윤신이 홍수보 부자를 성토한 통문의 실제 작성자가 그의 사촌매부 정약용이었던 사실도 여기서 처음 나온다. 막상 정약용은 〈정헌묘지명〉에서 자신이 이 통문을 지었다는 사실을 딱 잡아뗐다.

이재기는 [15]에서 성정진이 홍수보와 가까운 친척이었음에도 배신한 일을 나무랐고, 정약용의 통문 작성도 야비한 일로 여겼다. 또 홍수보가 통문에 동조한 권엄과 홍시제를 크게 나무란 사실을 적시하면서, 풍속을 해치고 무너뜨린 일이라고도 했다. [17]에서는 통문을 옳지 않게 여겨 자신과 이원규·조중일·강세동이 권명을 거부한 일과, 이에 발끈해서 도파 사람들과 목조원 등이 저격한 내용이 나온다. 궁지에 몰린 이기경과 홍낙안이 홍인호에게 붙은 사정([18])과 소채의 무리였던 이승훈의 부친 이동욱이 채제공에게 아첨하여 막객이 된 사연([19]), 목만중의 문생이자 이종섭의 친척이어서 채제공과 맞지 않았던 이석하가 이가환과 밀착하면서 스승 목만중과의 인연을 끊은 행동과, 이가환이 이석하를 사주해 임제원에게 사적인 감정을 풀게 한다든지, 이가환의 조카 이승훈 집안과 혼사를 맺어 이가환의 밀객이된 일([20])을 소개해, 채제공 휘하로 급격하게 쏠려가던 남인층의 동향을 비판적으로 증언했다.

이렇게 처음 [1]~[20]의 글은 남인을 대표하는 거물 정객 채제공의 정치적 몰락에서 재기까지의 과정을 따라간다. 이 과정에서 이재기는 남인 내부의 구성원들이 대채와 소채, 채당과 홍당으로 갈리며 권력의 향배에 따라 이리저리 줄서기하는 모습과 상황을 이렇게 악화시킨 채제공의 편협한 성격 등을 중간자적 시선으로 비판했다.

두 번째 부분 [21]~[50], 원문으로 장5a 7행부터 장17a 10행까지가 이 책의 가장 핵심 대목이다. 여기서는 남인 내부의 정파적 투쟁과 맞물려 서학의 동향과 신서파-공서파의 투쟁을 묘사했다. 전체 분량의 절반이 넘는다. 이 부분은 복잡한 이야기들이 에피소드별로 맞물려 흩어져 있어 갈래별로 정리해볼 필요가 있다.

앞의 첫 부분에서 채제공의 정치적 부침과 이에 따른 남인 내부 진영의 동향을 먼저 살핀 뒤, 곧이어 신서파와 공서파의 공방을 살핀 것은 이재기가 이 두 문제를 연결선상에서 이해하고 있음을 의미한다. 채제공이 절체절명의 위기 속에 놓였을 때 그의 주변을 지켰던 그룹 중에 유독 서학에 우호적인 이들이 많았고, 이를 바탕으로 이가환과 이승훈, 정약용 등 신서파 소장 그룹이 채당의 전위로 나서면서 채제공과 신서파의 밀월 상태가 이루어졌다. 반서학의 명분으로 이를 깨고 그 균열을 통해 채제공의 신임을 얻으려 한 공서파의 서학 공격은 채제공의 이들에 대한 신임으로 인해 계속 수포로 돌아갔을 뿐 아니라 자신들에게 불리한 국면으로 되돌아왔다. 이는 결국 공서파의 선봉에 선 이기경과 홍낙안의 정치적 몰락을 불렀다. 이것이 정조와 채제공 사후 신유박해의 부메랑이 되어 돌아왔고, 급기야 채제공의 관작추탈로 이어졌다는 것이 이재기의 시각이다. 결국 당시 서학을 둘러싼 격렬한 투쟁이 단순히 종교적 신념에 대한 탄압만이 아닌 정쟁적 차원의 배경이 같이 깔려 있는 복합적 원인에 의한 것이었다는 생각을 반영한 셈이다.

앞에서도 언급했듯이, 글 전반에서 이재기는 서학에 대해 대단히 부정적 입장을 견지한다. [21]과 [42]에는 '사학 하는 이들이 벌거벗고 한방에서 지낸다'거나 '제 몸 죽이는 것을 공업으로 안다'고 적는 등 사학을 패륜멸상敗倫滅常의 무리로 보는 일반적인 시각이 사실 확인 없이 그대로 드러나 있다. 또 [24]에서는 신서파들이 벼슬을 미끼 삼아 젊은 유생들을 자기 편으로 끌어들이는 수법을 소개했고, [35]에서는 이재기의 먼 친척 이도길이 해미 감옥에서 들었다는 서학 하는 무리들의 간교한 말과 책략을 고발했다.

한편, 이재기는 책의 여러 곳에서 신서파, 그중에서도 이승훈·이치훈 형제와 정약용에 대해 노골적인 반감을 드러냈고, 홍낙민·이윤하 등의 드러나지 않은 행적에 대해서도 흥미로운 증언을 남겼다. 이는 모두 앞서 채제공이 얽힌 정치적 맥락과 관련이 있다. [22]에서는 진산 사건 직후 처벌 통문 논의가 있었을 때 이치훈과 정약용이 홍낙안을 모함해 반격하고 통문 시도 자체를 원천 봉쇄한 전말을 소개했고, 1792년 평택 유생이 현감 이승훈을 고발했을 당시 이승훈 형제가 술수로 오히려 평택 유생에게 죄를 덮어씌운 일과, 이재기 누이와의 양자 문제가 불거졌을 때 이들이 부린 간교한 행동을 함께 고발했다. [25]에서는 은혜를 원수로 갚은 이치훈의 처신을, [28]에서는 이치훈 무리의 유언비어 날조 행동, 그리고 [29]에서는 임금의 신임을 팔고 다닌 이치훈의 비루한 언행을 저격했다. [33]에는 임금의 신임을 이용해 못하는 짓이 없었던 사학 무리의 행태가 보이고, [42]에서는 자신을 모함한 이승훈에게 이재기가 편지를 보내 나무란 일, [45]에는 사학의 혐의를 벗으려 황덕길·심유와 정략적으로 사돈을 맺은 이승훈과 정약용의 행태를 드러냈고, [47]에서는 국청에서 보인 이치훈의 행동을 개돼지만도 못하다고 적었다.

또 앞쪽 [15]에서 정약용이 처삼촌 홍수보 부자의 성토 통문을 직접 작성한 일을 고발했고, [38]에서는 1797년 정약용의 〈자명소〉와 배교 공언에 대해 논평하는 한편으로, 자신들을 내치려 한 채제공에 맞서 정약용이 협박으로 이를 뒤집은 전말에 대해 적었다. 전반적으로 이승훈·이치훈 형제에 대해서는 극도의 혐오를 숨기지 않은 데 비해, 정약용에 대해서는 얼마간 온정적 시선이 남아 있다. [39]에서 박장설의 이단 배척 상소 당시 이승훈의 책략을 막으려다 정약용이 이승훈의 부인인 친누이와 불목하게 된 상황이나, [47]에서 이치훈과 달리 심문관의 마음을 움직인 정약용의 진실된 태도를 적어둔 것이 그렇다.

홍낙민에 대해서는 [26]에서 그가 홍낙안에 대해 간교한 비방을 행한 일과, 또 [28]에서 판서 심단의 서대를 둘러싼 이치훈 등의 유언비어 날조 때 보여준 그의 행보를 소개했고, [47]에서는 홍낙민이 독한 성질을 못 이겨 위관에게 성을 내는 통에 죽음을 자초한 일을 기록했다. 이 밖에 [43]에서는 옥졸마저 회유해 사학을 믿게 만든 충청도 대교주 이존창과, 거짓 배교로 세상을 속인 권일신 부자 및 최필공 등의 일을 적었다. 자신과 가까웠던 이윤하에 대해서는 [26]과 [31], [33], [56] 등에 관련 기술이 나온다. 이경도 가롤로와 이순이 누갈다의 아버지 이윤하의 잘 알려지지 않은 신앙인의 면모를 확인할 수 있는 귀중한 기록이다. [50]에서는 주문모 신부의 입국과 사형이 집행된 당일의 이상한 기상 현상에 대한 소감도 기록했다.

이 같은 일련의 기록을 통해 우리는 반서학의 입장에서 당시 서학을 바라보던 평균적인 시선과 만날 수 있다. 그리고 서학 공격의 와중에 벌어진 양측 주요 인물 및 주변인들의 줄서기 행태와 생존을 위한 여러 수단 동원 및 상황을 적시함으로써, 당시 남인 내부에서 서학을 둘러싸고 벌어진 모든 사실의 전말을 에피소드 중심으로 나열했다. 이재기는 어느 한쪽에 치우치지 않고 양측 모두의 행태를 비판하고 비난했다.

세 번째 부분은 [51]~[58]로, 원문은 장17a 11행부터 장23b 끝까지에 해당한다. 시기로는 채제공 관작추탈 상소로 소란스러웠던, 신유박해가 끝난 1802년부터 1814년 봄까지의 일을 다룬다.

[51]은 15개의 소단락으로 구성되었다. 이야기의 중심은 채제공 사후 그의 관작을 추탈하는 문제를 두고 벌어진 공방이다. [51]의 첫 대목에서 이가환, 황사영, 김건순 등의 죽음과 관련된 이야기로 말문

을 열었다. 특별히 김건순만이 아니라 청상과부였던 김건순의 양모도 신앙을 가졌고, 심지어 주문모와 한방에서 지냈다는 해괴한 소문도 있었다는 이야기가 흥미를 끈다. 이후 척사로 이름을 얻은 홍낙안의 각박한 행동과 그에게 아첨한 한치응과, 아들 이명호의 일로 홍낙안에게 목숨을 구걸한 이익운의 이야기를 소개했다. 이후 이기경과 홍낙안의 균열과, 강준흠과 유원명의 틀어진 관계, 채제공 관작추탈 상소로 인한 이재기와의 갈등 등 일련의 사건들이 꼬리를 물고 맞물려 소개되었다.

[52]~[55]는 채제공 관작추탈 상소로 인해 채제공의 편에 선 이종화가 이기경에 의해 사적邪賊으로 몰려 귀양 간 일, 윤신·심통한·김경무 등이 채제공의 편에 섰다가 이기경에게 모욕당한 일을 이어 말했다. 이기경의 이 같은 행동이 예전 채제공에 대한 사사로운 원한을 되갚으려는 행동이었다고 평가한 것이다. 이 밖에 최헌중이 홍낙안에게 목숨을 구걸한 얄팍한 처신과, 조중일과 이은유, 윤익배 등의 해괴한 몸가짐을 차례로 고발했다.

[56]은 모두 17개의 단락으로 구성되었다. 앞을 이어 1805년 이른바 채제공의 관작추탈을 다시 제기한 양천 통문이 일어난 당시 전후 정황을 인물들의 행동을 통해 고발했다. 여기에는 이재기 자신도 상대방에 의해 뜻하지 않게 연루된 사실을 기록했다. 무슨 일이 있을 때마다 통문과 장서長書로 상대를 헐뜯고 비방하는, 염치를 잃은 남인 내부의 작태에 대한 증언도 적나라하다. 이재기는 채제공의 관작추탈 논의를 옳지 않게 보았고, 이에 가담하지 않음으로써 자신이 공서파의 표적이 된 전말과 그 중간에서 농간을 부린 여러 사람의 행태를 기록에 남겨두었다.

이어지는 [57]에서는 이익운을 중심으로 1806~1808년의 일을 주로 살폈다. 이기경과 홍낙안에게 붙었던 정원기, 윤익배, 유원명 등이 1807년에 복권된 이익운에게 차례로 투항하면서 벌어진 일련의 사건을 적었다. 채제공의 외조카였던 이유경의 비루한 행동, 이익운이 채제공을 변무辨誣하려 쓴 소장과, 목만중의 가혹한 대소對疏를 둘 다 나무랐다. 한치응의 얄팍한 처신과, 허둥대는 성격으로 귀한 대접을 못 받았던 심규로의 몸가짐에 대해 말하고 나서, 1814년에 이르러 비로소 이루어진 이익운과 홍의호의 화해 국면을 증언했다. 끝에서 시정잡배만도 못한 이광도와 이광건의 더러운 행실에 대한 고발도 잊지 않았다.

마지막 [58]에서는 1813년 채제공 신원 움직임과 이를 둘러싼 남인 내부의 인물별 동선을 추적했다. 비명에 죽은 목조원과, 그에 대한 목상중의 각박한 태도, 채제공의 신원을 소송한 홍시제의 상소, 김조순이 홍시제의 상소를 고쳐준 내막, 홍시제의 상소 직후 조장한이 올린 이기경을 귀양 보내라고 한 얄팍한 계청, 심규로와 홍명주의 사주로 정약용을 성토하고 조장한을 공격한 이유성의 행동과, 정약용과 조장한의 죄를 나열한 상소를 올려 이기경을 대변해준 강준흠의 이야기가 이어진다. 이어 홍시제가 귀양 갈 때 청파에 60명의 유생이 나와 전별한 사실과, 그 와중에 화성유수 이익운이 보여준 처신, 홍시제를 벌줄 것을 청하고 이지연의 죄를 성토한 임한의 상소와 이에 대한 승지들의 반응, 홍원과 권상황의 행적, 윤종락과 조재량 등의 비방을 자초한 비루한 행동 등 채제공 신원 정국에서 치열한 공방과 논박을 하나하나 기록으로 남겼다.

3.《눌암기략》의 자료 가치

이상 살펴본《눌암기략》의 자료 가치에 대해 알아보겠다.

첫째, 이재기의《눌암기략》은 초기 교회사에 대한 정치사적 조망을 보여준다. 서학 도입의 배경과 채제공의 정치 권력에 기대 자신들의 입지를 넓혀간 신서파의 동선을 구체적인 팩트로 제시함으로써, 당시 서학의 문제가 단순히 신앙 차원에 국한되지 않고, 채제공을 정점에 둔 남인 내부 집단의 정치적 셈법과 맞물린 복잡한 정치 지형 속에서 증폭된 사건임을 보여주었다.

정치적 위기 속에서 재기를 노리던 채제공과, 그런 그를 곁에서 도왔던 채당 안에 유독 신서파가 대거 포진해 있었다. 이것이 이후 남인 내부의 정쟁을 가속화시키는 빌미가 되었다. 채제공의 비호로 공서파의 서학 공격이 무력화되고, 이 과정에서 쌍방 모두에게서 술수와 책략이 난무함으로써 채제공뿐 아니라 남인 전체에 큰 부담을 안겨 비정상적인 파국 상황이 전개되었다고 이재기는 보았다.

이재기는 주변에 천주교 신앙을 가진 사람들이 적지 않았다. 사돈인 황석필은 황사영의 숙부였고, 족제인 이재신은 독실한 천주교 신자였다. 이승훈 형제와는 한동네에 살면서 어려서부터 함께 공부하며 성장했던 터였다. 공서와 신서의 치열한 공방 당시 이재기는 진사시조차 합격 못한 늦깎이 수험생의 처지여서 이 공방에 적극 참여할 형편이 못 되었다. 하지만 그는 지근거리에서 신서파의 권모술수에 가까운 행태를 목격하면서 이에 대한 고발을 기록 속에 남겨두었다. 여기에는 집안으로 사돈 관계이기도 했던 이승훈 형제에 대한 극렬한 반감이 작용했고, 이는 나아가 이들로 인해 노론과의 정쟁에서 적전분열 상황을 노출시킨 채제공에 대한 비판으로 이어졌다.

그렇다고 이재기가 공서파의 이기경이나 홍낙안, 강준흠에 대해 우호적인 시선을 보냈던 것도 아니었다. 이재기가 과거에 급제하고 문과에 장원한 뒤 그를 자기 편으로 끌어들이려 한 이들의 손짓을 뿌리침으로써 이들과의 관계도 급속도로 악화되었다. 앞서 채제공과 신서파에 대해 비판적이었던 이재기였지만, 공서파의 반채 노선에 대해서도 분노를 숨기지 않았다. 이재기는 기본적으로 이 사안을 양비론적 입장에서 바라보고 있었다. 신서파의 권모술수에 가까운 비열한 행동이 채제공의 판단을 흐리게 했지만, 권력을 잡은 뒤 채제공을 비판해 사후 관작추탈까지 획책한 공서파의 처신도 옳지 않다고 그는 보았다.

이재기의 이 같은 시선은 종래의 서학을 바라보는 방식과는 사뭇 다르다. 이 책은 서학, 즉 천주교라는 외래 종교의 문제를 전면에서 다루는 대신, 이들과 이들의 반대당과의 일전을 정치사의 맥락에서 조망함으로써, 도입기 서학을 둘러싼 외연과 큰 흐름을 보다 입체적으로 이해할 수 있도록 도와준다.

둘째, 이 책《눌암기략》에는 서학을 믿었던 신서파 그룹의 잘 알려지지 않은 세부 동선이 비교적 상세하게 담겨 있다. 또 서학 집단의 당시 포교 전략과 대응 전략 및 방식이 구체적으로 드러난다. 이재기는 서학에 대해 상당히 부정적인 편견을 가지고 있었다. 이재기가 이 책을 본격적으로 집필할 당시는 1801년 신유박해가 끝나고 10여 년이 지난 1814년이었다. 이미 국가적으로 판단이 내려진 사안에 대해 굳이 그들의 입장에서 두둔할 이유가 없었고, 오히려 척사의 당위와 반대의 입장을 강화하는 것이 상식에 가까웠다.

그의 글을 보면, 당시 자신의 정파적 판단에 더해 이승훈 형제와 정약용 등 신서파 인물들에 대한 부정적 시각이 짙게 깔려 있다. 이로 인해 서양에 대한 일반적 인식과 1791년 진산 사건 처리 경과에 대한 이면 보고, 유생들의 통문과 상소 활동의 자세한 전후 경과와 내밀한 이야기, 이에 대한 신서파의 반격과 권모술수 및 책략에 대한 노골적인 고발도 이어진다. 이른바 공서파의 화심禍心을 매개로 한 신서파의 반격 과정이 세부적으로 드러나, 당시의 정황에 대한 입체적인 이해를 돕는다.

이재기와 가까웠던 천주교 신자 이윤하와의 여러 일화와 홍낙민의 모략 행동, 강이원과 이치훈의 술수, 서학의 출발점에 서 있는 성호 이익에 대한 평가, 대궐 안에까지 서학이 흘러들었다고 한 이윤하의 증언, 이 밖에 이벽과 권철신, 권일신, 권상문, 이승훈, 이기양, 정약용, 이가환, 홍낙민, 이존창, 이기성, 최필공, 이학규, 신여권, 정약전, 정약종, 오석충, 이학규, 유항검, 주문모, 황사영, 김건순 모자, 이명불 등 서학 관련 인물들의 잘 알려지지 않은 일화와 1792년 천주교 신자들이 옥폭동에 모여 신앙 발원문을 작성해서 공표한 일 등, 이 책을 통해 처음 알려지는 흥미로운 내용이 적지 않다. 특별히 유배 이전, 채당의 핵심 참모로 반채 전선에 맞서 행동대장 역할을 맡았던 젊은 시절 정약용의 기질과 행동을 생생하게 엿볼 수 있는 점은 대단히 흥미롭다.

한편 이기경, 강준흠, 홍낙안 등 공서파의 책략과 이면 행동을 구체적으로 적시한 것도 당시 서학을 둘러싼 여러 움직임을 이해하는 데 도움을 준다. 요컨대 《눌암기략》은 정쟁적 맥락에서 천주교 신앙과 이에 대한 배격 문제를 본격적으로 접근한 책자다. 전체적으로 서학과 관련 인물에 대해 비판적 시각으로 일관했지만, 이를 통해 서학에 대한 당대 인식을 심층적으로 살펴볼 수 있는 또 다른 통로를 갖게 해준다는 점에서 의미가 있다.

셋째, 《눌암기략》은 정조 통치 기간 남인 그룹의 분화와 갈등 원인,

그 추이를 남인 내부의 시선에서 정리한 사료다. 이 책의 중심은 서학보다 채제공에게 초점이 맞춰져 있다. 당시는 80년 가까이 지속되어 온 노론 집권 세력의 전제에서, 채제공이라는 불세출의 정객이 남인 세력을 키워 권력의 균형을 맞추고, 임금 정조를 보필해서 신도시 화성을 세우며, 새로운 국가의 비전 수립을 위해 매진하던 시기였다. 서학, 즉 천주교 신앙은 이 상황에서 마치 돌발변수처럼 새로운 정국 구상 속에 끼어들었다. 채제공을 옹위하고 정조의 개혁 구상을 지지하며 뒷받침했던 친위 그룹 가운데 유독 천주교 신자가 많았고, 이들은 자신들의 신앙을 임금 정조와 채제공의 개혁 구상에 보조를 맞춰 성장시키고자 했다.

정조나 채제공은 이들의 문제를 분명히 알고 있었고, 반대 진영의 논리도 알았지만, 개혁의 큰 틀을 허물지 않은 상태로 추진 동력을 얻기 위해 이들을 안고 갔다. 이는 결국 남인 내부의 심각한 균열을 불러왔고, 정조와 채제공의 개혁 구상에 걸림돌이 되는 결과를 가져왔다. 책의 앞부분에서 채제공의 실각과 복귀 과정을, 중간에서는 복귀 이후 신서파와 공서파의 갈등이 빚어내는 지속적인 파열음과 양측의 공작을, 뒷부분에서는 신유박해 이후 정조와 채제공 사후 노론 전제 아래 남은 남인들 간에 채제공의 평가를 둘러싼 다툼을 다룬 것은 이를 드러내기 위함이었다.

확실히 《눌암기략》의 이 같은 구성은 18세기 후반에서 19세기 초까지를 관통하는 서학 코드를 채제공이라는 인물을 정점에 놓고 힘겨루기의 과정으로 살펴본 독특한 시각을 보여준다. 이를 통해 우리는 보다 입체적으로 그 시대를 들여다볼 수 있다. 특히 서학을 단순히 신앙과 신념의 문제로 다루지 않은 점이 새롭다.

당대 사료 중에 서학 문제의 이면을 이렇게 생생하게 파헤친 저작은 보기 드물다. 이재기의 시각 자체도 신서파와 공서파 어느 한쪽에 치우치지 않은 양비론적 시각에 의한 기술인 점에서 신빙성을 높여준다. 이 시기 서학에 관한 1차 자료는 공서파의 시각에서 작성된 이기경의 《벽위편闢衛編》과 자료집 《사학징의》가 있고, 신서파 쪽의 직접 기록은 산제刪除되고 없다. 정약용이 지었다는 《조선복음전래사》에 입각해 기술한 달레의 《한국천주교회사》의 초기 교회사 부분 기술, 그리고 《조선왕조실록》과 《일성록》, 《승정원일기》 등의 관변 자료뿐이었다. 이 책 《눌암기략》은 어느 한편에 쏠리지 않고 나름의 시선으로 자신이 직접 목격한 그 시대에 대한 충실한 증언을 남겼다는 점에서 그 가치가 각별하다.

인명 찾아보기

인명 찾아보기

영인

눌암기략

—

일러두기

《눌암기략》 원본은 다산영성연구소 김옥희 수녀가 소장하고 있다. 원본은 우철右綴이어서,
앞의 본문과 달리 역순으로 배열했다.

喜愛邪徒金多蓋卵種儀辛酉受刑偏配東邑宣材良漢章之堂姪車隊輩做
事如此無怪乎儀用之得謗也李廣建沈華錫為司貨廣健身佩鎖鑰以出納之
沈則借名而己女所以主張疏論者利史對也實非誠心也疏廳責出郎錢而知舊佗作軍
匪十餘人所收無多疏首欲於沁酉永平守奴捧趙重日洪遼熱而不可云時柳遠鳴寧
永平年口金啟文送躍如詩題聯有曰無奈西風辭敗兩世應南國易生春柳任諸
人關心惡之云〇設疏廳二十條日終不得伏閤以諫論悲義哭也一日權僭尹鍾洛李治
享等數人抱疏草經起關下無一人迎後者留宿水部道旰歎曰李廣健等退注
而挽止之〇李止淵以捧納淺疏之故被臺評則使院儒伏閤必無上徹之望知其如此
而尖欲治疏者不誠也當力爭於議事之初使不治疏可也不然而疏草院成列不顧成
敗一擊進伏閤外又可而無他端爭似之有如小兒之遂藏艾所取辦者討出郎錢以謀一
朝醉飽而己此事事可惜〇正他色之知其穢者莫不非笑然此權僭之席也邪有所歸
使人升禾文徒而戚之亦可忍乎〇是年夏李濟夏偈門外儒生天哭貴事廣健指揮分付
兩邊而附以輔別清濁之義以朝官手柔柄有時誓者謂之清其除列皆歸於濁若姓睦
人及韓致後于烓初不與焉為謂之濁之濁實主張氣勢多類此

首俟竪劾亦以浮疏案廣曰李廣健籌權傷為疏頭又使其徒媒天權尚煌為必事
負主張疏論趙重曰承望播紳風旨疾浮盈沮戲之惡出一場風波○浮盈舉妻
時承鄭敎默之名欲喜疏任曰此非吾言也乃播紳目天之言也權尚煌大喝曰以半林
自竄者豈可儕首聰播紳云命吾頭可斬吾軍不可浮轉歸三人大閱作起憂權
旦鄭滸薑俊欽皆背馳義理者也今欲引入其子若孫者非薑也李盆運韓敎
應沈塵魯可答可斬浮曰荃是何人雅摹之誰能斬之翌日文會于疏廳權為首座
飽孝若兩師之關傷視無不危怖浮寧察視薑鄭一朝絞引進此三權為直廳
外戒親誼不甚素到奪必彼栽抑者何也浮是受發於重曰欲附麗播紳而吾其氅
權應芳打廣健放薑怒不播紳而絕舊好也此皆失其本恨者也○我曰浮盈一李
于預幸南通事順技恒言曰法逞吾盤也此文字之荃張本也播尚煌自以謂懷以外
商出入西人之門以片解常怒韓沈諸人之不我與也此文角立播紳之張本也文言
匝理○權汚院秘訓而去疏事逐圓趙重曰來疏廳徒飽啜事無可否作疏事去
尹鍾洛之都有司趙材良之寫疏聞二不覺愕然鍾洛舊僞名鍾開先朝時以持身不
謹之罪受嚴棍於北勇營乃命放逐海南本鄕庚申大走後始上京者也其弟鍾百

俑躍如後敵丈廣健又子侶之也後南華五欲挽止之以丈無路登徹也華莅卽無一言勅

迎云○華莅閧躍如疏出茇行至果川且閧堂疏挈請○四事後數日入喊徃見莘朴々

頌有慍色又徃見永安々旦當靜以俟之以故卽曰遷營○莪曰躍如請救於莘朴也此

事若成營出二人先行趙得永之啓云此何謂援手也未知果然否○堂劄請莪時潛柳

龍藝首偶爲之劈起愛呈告來入○任疏請躍如加律特胡呌亂篡耳攺精神呌任屢

在扵請罪承宣又作過辭持之甚力善爲南也相闧之二天攺招此○任疏到院諸承首營

疏自明帝幸台從今別作一疏曰曰粤遷辛罪人濤恭有夢蝪之嬌湯時濤疏到院不敢可

君扵捧却云々而此湾仁伵善百際疏皆補慈濤矣今而善始去丈姓盎勳爲嬢宰刖

無深意特叟短故耳以此人言不當止籍、而一向逐曰赴出略無愧色致有左相刋刖之請

然請之罪闧偏義刖誠過矣○任疏討事止澗罪曰君扁不諱禮也只㪍偃奢罪人木竟

姓名又曰皃曰遷奔刖一律也不竟罪把如何李對擧疏略平令疏曰疏非汗漫煩盲並

棒呐之諫臣不知女例誠固澗矣任㳺辭曰兩寅尹㴱秉東疏見卲扵侯院沈臺曾投疏經

出今止澗木用兩寅侯院之例甘㮚奎魯曰同歸云○躍如仕臺疏並令一朝堂稟廣而堂疏

卽曰賜批先許左相韓用龜請賜批扵任疏　上乃賜批曰湾時濤事止扵堂刖批屬솔是以

疏出未知何意 懽如辱是於世 謹者也 自謂時議歸一故勃此云 視筆止間疏啓則可知矣 人意嘗南議高

峻故玉堂割任懷疏送救耳 不知時事之如此 謂以韓一夫討陳矣 聞淨疏草內正桁 永安矢以講章

朴在源不肯啓下及 金縢事皆文守意也 然則此村人柠庚申大害 凜凜不欲着手柠某年義庭列矣

覺得此事以媚 慈敬救人亦以此術邪 又聞疏中邪黨本出 賦裕餘論一句亦永安筆 也裕是

私即言故聽如此 我曰浮持疏草 姪質柠莘朴三日我柠 一切事務不欲與聞 又獨自諸臺救

李基慶途氣之啓乃停了 若鋪拿鞠之啓 大昨日請言邪黨 之禍 浚疏到浣翌日 掌令趙章漢獨自諸臺救

勢行員家健世 章漢本是老悖不死 讎誰浚此為之 李儀用即伊時同 薵也不見章漢閒

通使見輕如此 且日中物議欲疏斥章漢 以明吾儕末心 華五自矢請儀用 柠陳一疏而

武戡已匝矣 而御治疏此非可而本心者也 疏中討十之罪攻遞二矢 及景學術遞尊

知父事 疏出後一遞 列柠章漢 剎並與攻事之切無包也 一遞列討若鋪罪甚歆怙矣

而皆非公論也 姜百原亦上疏 應列若鋪罪 犯文論章漢罪曰 在筵論核之折之在邪

賦極之歐之 一擧筆而黨邪言正云 此則訟李 意也 懽如赴謫 日儒生出諍仔青搜

昔六十八朝官 附李景學 金致文云 其許攺盧張 齷齪勢云 大是士論 歐叢攺治二疏

模得得来後甬衣鉢書此〇此村之用軍久矣如復有降鄭民始名在罪籍者俱得伸

雪獨作慈議不到為非特無勢也實為無惕於役年〇甲戌春李慶自華威本養仲曰此

營上来會于紫巖講和世後甬亦奉盟受後二台身葢者世養台所慈為此一朝褐陷

而講和愛後二台言于義台曰羌事之人外皆許八臺黨云〇兩憲後復李慶度庸健徒兄

弟主張士論萬健慈閂得衆葢兩之掌廣支也愛賂偽著璞荷押愛覺逐六年因反叛

廣庸景浜手世交宗従兄唐教先廣度陛丘舍士有俸筆廣度蹴舁晉卲艾後廣健

景浜東乞雄許従来而以儒隸魚之亦不以為恥行動言語類市井人省賤之辛因縁並仕

於夏心而宛我自當敦告法司舁遠冤首作艾象又辇沈汝漸作長書討罪夏心此亦愛

又為初仕此蛊無異於壁門之卉之蜀艾行實郵悖如此乃抗顏言論世道不覺寒心

睦祖元以夏心不絕觥翁之故待之若執敵辛自後氣伏狮外止巳庚午間始入京諸年齡七

十無妻子無田宅托身無所乞食寄寓作知舊宗弟正月病卧振唐至打演死辱主舁

到夏心宅病飢極難待又歳初夏心不恤為歸舊唐教日而宛浜廬蕐率犬見日夫彥殺打

悞此畢竟收歙錄朱作知臘以演徐之〇及天同辛士論以為愛台為華隆浜台為洋長訛泰於自巳

〇名而志終久矣云云五二台間之疏状至甲戌春志士論欲上疏讜究夢得疏頭傳說籍、辛久深懼如

昌戶頗聰明識文字全家上京買大家舍於西門外傭聚邪徒晝夜說法辛酉自秋冬移
捕聽人鞠獄屢被拷訊配竄地未幾遇敕放還乃發出沒城闉自同于人兩寓赴監試發解
人皆懷之權遁銓李宗億遘疾闈諸停舉在簾時若鍾徒弟若鍾亦參榜文論中
並及之矣○丁卯李夔超嚴人西樞有何氣魄之依一脫為師下薦為子記莞以為翻宰之
訐誤着此餘寫對辛年遺辭懍剗實非老國人品業余在南邑得見二脫本擬眉數日
不採欲論此事是非嚴一言只足償矣天○癸酉會圍韓後甫沈華五叅二卯試席擬攬
閭中人十餘如權儦海遠云無文者亦衆其雖不顧為艾夅後甫文主洋試用情甚作會圍時
情態可惡千人之得耄於洩庠者李明應華起娃也沈弘聞之吊犯見叅合之子也丁惠教海
左之孫也沈瓊亮璺通即子世皆切於自己也以文名人矣〇吾此爺錫龜李鋥二人弦趙是纂
仲祁祀萬也李則靜夫高絕有非此列益得人選陛補合彙凡廿夫人寔論八人廉學天亦
老論少論七人南人僅六人主訐者南人也而南人薦解者反小於西人何謂衰家西人亦此朝
笑不止無以自解列曰寶才止於斯耳意此耳一世耄世後甫茅入此還者也今番叅用南邊
人此爺三窠也自是世運人頺唐之○李夔受閱歷風霜用意包管此史可馭也後甫似乎謹
抾而工行持身者此華五通軍勳勤不能見重於人如此而其可任世道之責耶○自天靜夫視

說皆自其中出來時鄭聞於尹傳於洹夏云○於是洪李之怨投淨於李漢世事之飜覆如此
柳遠鳴納款於李慶曰前後所犯非實情也鄭醉謂我身危時被諸也已死矣其子殷賚怒而作書
難之以此姻家相閧是亦非美俗矣柳之女歸于鄭之子故曰姻○朴永陵作書于李慶乃曰李國疏以我之故言
不甚峻此為弟怨之一端云此則不然也昔蔆此疏為一時翻剖啓之嵩矣且況時輩擬律豈有加於斬蔺此
說殆近於掩耳偷鈴耳○丙寅秋門人現捉於捕盜內捕人逮囚於營獄皆邪學徒黨以其下
賤故姓名不傳聞其勘罪則嚴刑杖配而止國家用刑已解紐矣後日滋蔓勢必不至自
不覺仰屋而長吁○權永憲純伯與余同庚為人雅詳且有文名於西黨初不立脚且少
与休吉同研後來不適時議以絕之故一邊人惡之前後通文雖不露出姓名而常有
欲殺之心其猴叔俗遊國學人皆恥與同席甚矣○大抵門內人後有傳如外皆是黨
染於蔡良台者也○而善台於樊老以甥姪之親篤父子之恩而後來處身多有可議者
討邪教文中臚列叅之之罪狀而入賀庭恬然無愧嚬救以嗚冤事入京數月而時為犧牲一不
書問以是門外人嘲鄙之獨被斷伯倫不之絕云嚴而書疇之於李上舍則甚猶樊老之
於而善青莪良成就皆其力也及登上庠使之懸榜于某家曰世守之論不可改也此實長
者事也而善父祖之人也其為南人發之過也然則何麦年其有始而無終也○韓在濂以禁

識其所治亏者不過諫長瀆遠斗宣得與○開於堂句為事斗此不待知者所智○措紳之力攻洮

李春韓俊甫沈春五世輝祖謂華五曰君與伯游俟婚誚是伯游內夢另也君之力攻善未知亦可也等

五睡曰不諾○顧救嗚金訴淲執之不可為三宰既不堂力任爰自叔俵倡吾未知可世時宰春謂

西人謙山四公矣故意治蹤者欲贖蘆竊世尹韓二台皃勉從之云○姜百源以王堂赴名雜下謂

人以為未烈上書為淂李立懀木如近贄李之余獨曰不宓姜所邪尚心無所蕊之誒今君攻此人亦不實我

是為邪賊郵仇非訴世間名窍曰惟於姜司泵選世後入訪余以物謙曰我無言人之心人亦不實我

云者誚之两有此後荷事無事惟於自常廣事之如何後數曰姜忿貽長壽誚表我所陵義趣可

笑古我非懵於撘事者世今我堂可挺身救活李承甚氣不知我之本△△初欲答之忿蓦一場是非

晨送京恒百源之此忿我笑柰何○洪養仲自淂府遝君賃迏宿問曰今吾儕所以作淂事否

欲伸樊翁之冤世叔於此有扶抑之意在資台答曰我當蔡有源國人所知令不竹自我口說究然此是

淲衆大事我何史沮敗之淂李我友世豈可無故見絶乎然今在抗坆申矢有何氣力可以極出邪君無憂

我女後廢事斗幾一如艾言可謂公心○李納言桂是伯支時臣堂職一日李漢蓦来間曰內夢於公素無意

恐公欲敗之何也內淲仁伵世李女初無是事而辛朝郡元紀懸笑之誒有此間世後數日郡遝

李支佑李友父子大喝而退之云○尹翼謫為人本来妖懟身維歸洲意在偵探虎毷兩間摶張誒

蔡之目久矣述台家人問之則曰蔡倫苗也又有問者或曰蔡中丞也或曰蔡弘顏也以句語藪羣
三品人
其爲詐巧且憯矣蓋兩蔡皆過於小蔡者也○陽川叢通時金達弘李永觀輩作氣勢呂謝一
鄉人無敵之巢順養先弟李之從兄也亦受困辱云○或謂黃耳浚主張陽川通事想其手且操
守拾不如是後數年始見耳浚質之果如吾意通首權渭彥東馬入京揚〻出城內外殆同新及
革瞎衕者見者無不唾罵○姜還從書陽川爲偽隱下誣其參書語辭倍於通文時君輩八
睦姜復欽嶷還而作此舉其真箇憂傷欲者耶○時李般儒又欲募出一世人作通說作朴長爲
比人不甚云〻雖循自中之不是又欲引入他黨濟隨生者之不已而欲侵虐銳胃其輝氣偃蹇研產放棲
○作通文長書之儒生輩謂之士論一進一退皆隨時勢未作上舍者若茶歷庠升上舍者若茶初仕張目
磨拳唯恐或後相從當前不知有廉恥此亦士云乎哉○余謂趙重曰初吳錫思受嗾於邪黨作通
文長書以螫浮李〻得志又以通文長書報之今之攻浮李者又用浮李餘套是皆尤而效之何其愚
趙聞之良久曰君言誠是○閔泰魯洛所謂儒通固不是責以余視之權李似疏亦不難矣李家在忠
宗〻與漢竹接壤漢竹倖李枉遭嶷李作此疏〻中忽然闕辭已事諸人未知何意權疏未知
於誰手而其言家庭事可謂難疑手段然他事並舉亦事及輕斯可謂之大綜小疵也若以辛酉通
事罪浮李〻其無辭矣而二疏沒去其事實並駈之於禍壑〻黨可謂失題浮李雖與魄嵬相

翼

尹益培夢文爲活事廷權識字爲患者也以其會中諸人無文也故伊時通文皆屬乎此漢

人之手然尹翼培與姜從欽相親無於俊欽事不肯下筆渠輩亦知有朋友之義耶

若廷權者臚列其族叔基慶罪狀略無難色是可謂大義滅親者耶○趙重日者

作大事業氣勢堂堂裹經在身扼腕大言某人可殺某人可竄此何等措大於存稜之隆

以酬其宿昔之恩怨此何心術一時喜事之徒推爲領袖草戶忽爲熱門可笑、、

韓光普宋晉修之通忽醜辱我聯言指擇處捏無於我何有趙重日被罰於水標李廷

權之得聞東鄉解而不得權傑有從弟喜而不爲對問三人以是如我有此一場構辱

世而光普新自京城來爲人蒙騃見囊於廷權晉修伊時未嘗入城而李存德什暑其

名云及公議不直渠輩!!更生撑阮之計僞曰吾無是事其後重日存德傑皆來見

我而獨廷權不來、者羞恥矣不來者自知深也○余抵書柳伯倫明吾本心也脫後

思之治也於對章悔之何及○洛李仁瑛姜邏爲書誣我辱我、欲作一書以破安

訴吏恩之擴途之柔不然收、故止之邏即伯淳後途也○嘗初李潤夏廢終之說出於

聖謨之口景陶伏法後爲主鼎養之論有聲氣者於一邊李聖謨至是圖危於討睦之通聖謨姑安仁

韋之西也自是叔姪漸遠可謂薄俗也○陽川通文有同堂異論之說李問同堂何人答曰士述台有小

小識之罰吾亦匾笑ゝ會中收議乃壽重日副名後數日趙往見睦仁云亦重日示副戠ゝ
有何罪齋曰宴飲承輩之罪同歟吾欽歎文討之草已咸矢出橐中一小低示之以羌筆
胡壽三四行始不成說云可笑ゝゝ先王免於五月齋店不視事百官亦不敢開衛庚申後朝
廷更無此例設使吾輩宴飲不足爲罪沈伊曰讒品不過一龍雖青泡空謂之宴可乎自
是趙重日絕睡仁至而學乎者廣度詆兄弟觀窣乎ゝ○權倃者傳留艾内蒙腥睦祖之佞倂好
韓綸曰無先人久害襄奪艾殘投行長民之徒貨以爲已有爲署時相李秉模之猶以訫非理以
故素見棄於士友至是投入重日之黨重日以橐中草鋤鋤去時論有而違違主老論儻
世政木徒○○寃○金達浮入相氣勢張甚言者以爲早晚起大獄使之驀通儳和貞計之安
瀣修立乆論洪義運主南人未久嶺南萬人䟽之說輶ゝ難卜時鄒滂乎憒與言者又以爲
一種浮薄之徒安廋時議之必我與如ゝ然此艾未葯之事不可遽然取信○達運脱賕免
鄭倣出此說說學義運外内相應亭目彈舌謀所以擊去苦李者亦不至於是才
一種散儒立功自效之計李廷權早盏悟打破一貝又有邪蓬乎之猺修鄰者方乎艾前今日發
一通明日又發一通日事盔ゝ此非换雜如何時樂業罕全集于輪詞ゝ洧問是顚倅之
責此於陰竹時李桂渼滿陰州守云○餘躬於趙重日爲又訊世重日以老賦他尚何說

當是時蔡黨治蠱獄崔穟映獻重自知其罪不免也日夕氣色怡怡怡時論善之

吾亦著手不得有一將功贖罪之策令公能之乎崔曰何謂仁仰曰今朝廷有慶今群

良不敢後有異議然獨南人向蔡之心不衰此非可憂乎欲爲君掃南一塵君可挽回矣

執送之條於崔喜曰吾是蔡家人彼聞吾言必疑心作是懍歷謁時相誦其意驚沈媿之

曰惡吾輩墮其術中徐曰不悉此是蜂利者此見此令吾勢必盡力爲逐令鈴書善逐東

京尹崔蓬徒往後作一壽輪示眾人仍送書武符洛以實之及從諧大作乃躬沈謝之事

走治江東兩而不知以爲疾此女左右睐目之術也〇時外邑所邪之論鑫踵安城洪聖誠之作

李重誠延豐吳錫純之行李寶宜夏忠欲芯心爲呈邑呈營作一條驛壙寅夏潤夏盡

傳當麟又言罪人筆跡不可留互院中齋新于太守之離手以一使〇又曰可院儒作書告

先王獲有時吾儕奉安許文正公影幀於當書院撲翁怅小謝書于愼頭爻夜有

不怅許天正者釋趙兩溪曰孔門七十子之儌在此李文元之李文純之像亦在此學非妨文媾

下証于顏伯廣順與守文使院儒割去幀小謝以絕筆諧此寶涉李弟也會中無異辭以文

急于京中和舊時五月上旬曰世措伸章甫齊會于水橋申氏宅構定應變之道作是粬書
　　頭

時勢力事理之不得不然此趙重曰輩數人獨不赴會女意蓋以爲學使影幀之被黜不欲

296　　　　　　　　　　　　　　　　　　　　　　　　　　　　　　　　　　　　　　　[37/18a]

小如半式性無徊曰此真論居也公何以堪耶聞者毫落○李毅儒冐錄于中姓名于歲文之列又柳石鳴偽署其押于中投書會中辨之通文不圈者不過十餘人此吾所未料也尹愼沈通漢金慶茂之懺之最著者也盧李休吉吳瑛之醜彛云

樊菴不嚴於斥邪則有之通文所云邪魁殆不成說庚申後金鍾秀之箝攝權蔡之進卒烏可已乎邪魁二字特是彰乎耳又使鄭薛鄉彦仁姜世綸輩敗擊異己以報睚眦之怨蓋其嫉惡蘆黨如邪黨故欲網打之不知惡黨邪黨之愁有間焉有是哉當局者迷也○壬戌沈聖通氏爲臺諫不欲參樊翁玉川之啓額又不出卒以此被駁其自明之疏曰濟恭若有某罪則又曰德麟若有某罪則若宇則能有微意而其辭甚窘迫矣○己未玉堂歸樊菴謚朴吉源擬文肅李五擬文忠与之爭鬨各治疏自列以故大忤於壁論坐是臺評朝夕且發李五閔之大臣乞救於仁伯仁伯不應其族人爲浣相者諷停之卒無事又以神監勞陞資○李輝祖雖與致薰切姻婭無罪過因聖一絕不得與洪李相從而不甚見重嘗爲言曰君與我皆局外人而懿有分寸之異君嘗積忤於邪徒故今不見洪李之疑也吾無是也故身世不免齟齬門第之一笑其處心之乙卒可知矣此是切實之言也

若虞廉此目愛有後不及筆之慮於是聖一作書與余幾各請題卿

之傳告乎仁伯於此後得中士論一兩段吾無柰何自此四者於此筆心李敢儒蕪門狎若聲譽与

姜履兄相甲乙列兮應勞而出人咨笑笑之異璞李肇善有時來言通事以覘軍氣色余不欲

露出圭角但曰此士論也未知從者幾人不從者幾人君筆從衆可笑投書於我曰此者門外哐

鬼筆並欲迎理戲通事兄與聖一為文藉曰之資可惜云講定之初可否相濟不害為美事卿之人論

此裁務決而形之又遠小俗曰此休吉書也可與聖一輪有其書曰春秋之法漢與先誅如有角立大

論吾將持移兵次之二書之意蓋切戰此通文敢後急以豪弟定為國文有司又欲國我也初彼作書

番兒家料共用意畢竟不得禰兆徒老一書省在政止云○我謂狎源在懷德子余而主張此事有

如張子壽教四供出來者云而此說山作狎勒○時篠翁亦言通事之非得計也○李宗和作一書點

瑛前筑神住通文所以為血甲之計乘是攀攀也然李於兵璞父執此吳安發使人押軍而出字

休告時在憲府幾府史捕李宗和云云已下鄉廳遞捕禁弘進藏因數曰弘進宗和三居得去人也順教

之弟世又發開讒臺捉崇和幾刑偏配文配文有曰妖言以惑衆人隱越歸之於邪賦女氣

執之嚴進如此○李無文且筆老家貧甚不知名於世至是攣牛達始云藉一列冊賦亂哑鐼人

義之輪四牛酒邀之得數牟安粟及放還集錢贖之又使一士人護行至南陽萬廬士人見文屋

儒通可笑余曰君輩如欲報宿昔之怨假手於時輩足矣何必費吾氣力耶且迎合時
議豈非可恥之甚乎湛李齊聲曰君未諳吾輩處心耳蔡實得罪時議者也一朝
奪与蔡官爵黨蔡者其可晏然而已乎吾欲因此而定其趨向此真人鬼關也余曰君
欲彼輩携手同歸同善心矣彼若立而不之應匍匐入井將何以處之到此地頭善惡歸
於惡心矣以余觀之君輩毋妄動毋妄言能盡在我之道而已不出數年人心自然歸
附領袖之望捨君其誰湛李笑曰君言亦自有理六七日後聞通事方張而李散儒輩
致傳吳瑛輩應募而出矣時余公幹稍閒居私第適值大雪門無一客卧念通儒事不快於心乃着蓑
上馬往見李聖一曰儒生且會於門外相議散通君聞之乎曰略聞而未得其詳也余曰其得失何如
曰吾今斬然纕麻安敢妄有論議然而但知其不緊矣余曰君得之矣向者仁伯聞吾言有七八分覺悟底
意思今聞通文朝暮且出寔未知其何故也大抵不顧成敗而動鮮有不敗者吾謂湛李此事必敗何
也周自稷劉以來積德累仁千有餘年至文武受天命而克商人無間言獨彼殷頑不忘六七賢聖
之化不服于周至于成王之時而猶亂不已此五誥所以作也今湛李無周家積累之功諸人有殷頑不服
之心其不可妄動也明矣殷遺後圖存者必無人矣不如早自停論聖一曰君之此言寔為湛李也非為
蔡公也余曰今吾義不可再三瀆之君於今夕入倉洞從容開諭宗可回聽曰今有長僕之戒不可動也余曰

世顧我方綿才拙無以辦此○余以天官即有事諳歸路訪休吉於玉堂休吉與承旨伴直異坐談話

休吉忽謂余曰浮命開眼閱早晚登仕此後明日於邪正之分可矣君女為我言之余曰今國是大定

邪之為邪正之為正執不知之更使此人明目何也曰此人當為樂數呵誘道更在時以此為深痛對八懷青

大笑世人皆傳大說君獨不聞辛巳有宿題難忘之病矛余曰此是辦料時事今宣可如是斬、于旦無

非傅令軍辛君言謂、今休吉曰某之蓮覺開在此余不忌立而視之他曰當使崔五暘曉端之士曉即

浮之聯前曰○兩晝史萬時美後欽柳遊鳴爭言畢見柳附於美同得之明初此舉女祖慶裕事

播傳於時筆敬有言重柩疏以是姜柳相惡同彼抄啓之進出入必隨之未嘗同席而坐至是遊鳴寸

湖附浮李得解浮於莊至姜見之必頻眉宿憾未解此○壬罔從蔬樊薨遊奪之論時柳遊鳴帶

憲戟一月訪我罔以去魷之宜而甚言甚蒿在一邊矣余曰君女晨是禍耶亦不欲有愧於心耶請揮断二希行

之罔敏曰余早徃柳阡柳蓬首而坐謂余曰我同事吒亡之毀路矣曰君如何去魷曰初則云無諫長

微上疏漆寬我、有老父不得山魷余笑音常以城仍為刺人喜意今日同歸一轍世余曰比擬矢當柳

驚悶曰何謂也某曰公逸後得今君先貞後黠謂之同轍刻未世柳黙然不應數年後又作僧

嫌之啓張重聲討時紫山匠尊矣彼何為視此當初救路哭非長禍世○曰下泊送騎妾

暫至故徃釗休吉山在座矣主人曰今則時議已定矣蔡相適奪早晚事耳吾僧中先蔑

頗有喜色時李受在鐵營未見鏶爲終日穩話而去又送白粲數斛以解窮昔之厄悚
目前之禍也休吉聞之使睦崔韓在淮睦仁考義文討李明敏梁邦之罪以成睦李之郤嚛可謂好事
者也嗣永之命識詗曰急邦瑞大言於人曰嗣永來夜來往渠家此是邦瑞之所習也同道群黨聞之欲尋得
根因捉因邦瑞家僮數十日邦瑞甚苦之休吉又使睦崔作此擧者以解邦瑞之急也去李明敏家験無知
識然而姓名出於捕廳之陷韓睦之通又出外禍色迫在呼吸於是李受行召措之事人或以此事謂喜之人云
自是李受身世在孤危矣送人乞憐於仁伯曰君若救我〃當修拾而回適君之後仁伯許之休吉據膝大言
曰而爲吾輩不死於此賊之手幸耳今豈可養虎遺患耶以此事浮李義平相失卑亮休吉使朴永燮
義屛裔之除可謂痿之已甚矣心先生時朴翔翊下邑以善治擢守喜山庚申後其子英哉得與後一年
內出二科來哉朴文叅臚榜時與參藉〃浮李欲引入其黨使作此疏乃其立脚之初也大抵仁伯爲人傑
刻薄可取者子諒也休吉頗有局量才智而能譎廷以僨事於此益可驗矣此時邪黨已誅滅矣苟能收
拾餘黨釋憾同事上策也而卒不能用之可惜〃〃○時浮李頗有收拾人心之意與我亦頻繁過從而
謂之親密則未也一日聖寧開來曰今仁伯旋凡樹立甚大名盖滿一國君獨偃蹇不入於其黨何也
余曰何故聖寧曰君勿敀我〃已知之矣日前往倉洞休吉以百薦與主人論時事有人擧君來德某
也何不在座仁伯曰某也方欲別設一座豈肯適我苟視君同黨則豈有此言耶余笑曰仁伯真知我

始發擢正法使東國人淺意出沒於京師事二十餘八年之久必未能識捕
輩所以推尊為神師何也發刑曰每有旋風驟已又大聲兩作臬首之日盖女妖擡壓道者歟
高山守李仁行於大書中說事家燒見是女妖人也已矣姜世綸以是請罪列過矣○高嗣永遜陳豪孫
世年十六歲遣文女與筆皆出世手臂與妻盡國而從史干切洞之若鍾近戴之承薰廢擧專信邪法同盡衣
頗人余色謂彥國葉止之彥國曰博關過天宣逃憲之室妶邪又我巳前頗有覺非之意盖彥國就食
江都與女姪果空未能盡屬女侍事且為悟快釋諱無具妶於女姪故妶言此命至提川作地箕
以佐越一年就擢正刑文書中有尹書護頭細字數千言陳情乞援於呼淳人者也又有曰諒一冊多醜說
不屈正視○金健淳娶于沈閘妶敎者世西人以女淸遊祀孫必欲傳生李書九金義熟淳為撤官
萬瑞開諭竟不得回悟妶因至伙法健淳養娶妾年幼老大矣與周文謨久婁一室
之說出於韓應招辭以生族婦女勿閘妶敎登之危後大医籃耋女節行掉妶何帝恠二
○時人謂仁伯為下邪主人仁伯揚、行于世亦是宰仁伯茫然作一領神头戶外之儤常滿矣
有與妶男者從妶擔溫也不然若意在沿与也可笑可懼時答黨、靡妶趨附獨沈妶漸
柳伯倫不附為沈聖通民造女閘主人時、瞳無聊妶待人何若是薄也○韓樓甬在
菜甬作壽賀仁伯曰執事前日之言到今若合符節仁伯出視此書千餘曰侯甬亦歸我矣

陳諸賊行之諸節或請歸入告以譏捕釣賞設之妥語及兩兄必俯首赤注妻官為之動色李

語言閃忽然自明其作邪之事多暴乃兄隱慶茶鞫諸入視之若狗訊是以丁李之變刑輕

重懸殊云已丁若鍾馱邪書出東門校投於捕廳俟辭誣 先王逐設鞫正刑此是邪獄之

始也李富儌李承董因臺疏乾鞫然後株連于諸賊緹斷卯忠笑○吳錫忠有貞瘁席弃者此滯

獄數朝没刑家至百次而不死島配數年而後死人之死生有未可知也○人謂浮憂榮疏我出於浮邪

時浮在永春任所李罷官在家恐無餘有之路于若甲鳳鞫請鞫命理儌浮憂榮疏我出於浮邪

浮在憲府選申妆權於捕廳心是固掌譏邪時以李宗仁種疫之衡出於西洋殺闕議捕何其妄也

餘寓於末學違之招即又避之計也 東朝權拜諫長使茶鞫坐為艾帳劬治邪類也節一

當赴坐後引疾不出又以疏中論列歎文皆是伊時訛啓已行誅討者也更不露出別

人性若可謂得體○柳恒俊結案亦有聚銀貨越海捐冠之語妖訛之得不容作 聖朝者

遷筆亦知之故有此豪國之詐視此列仁佑之白蓮黃巾之説非誣也雖然輩業此乃方募得一天謨

於南帝列有之數萬里外西洋大獅又可以動得來辛此是閭巷窮乏無乃賊之黨者歟以江誌誣或惑

柢邪神或賊之黨名作此妥誠業立斈功邪是未可知四嗣永帛書出陵始知邪黨之為逆黨

華人來末共説出作尸海一之招而數信相半至是鞫者鋪云 ○柳傳有周文謨者甲寅未來方徨某驗云

聖宰在蓬苙東床且是姓浮奇也以是疑迎作一邊然而數往拜貢乞人皆謂之關作去能全獨不以為

然聖宰世以氏即貞者從嫌也豈可無他端而絕之耶○樊蘆吏遠緣任一靖顧抆作愛義同舊第

安移店貞者以藻台及丁若銓李教薫先某皆在此洞也視世行事始似為孤魁所進者此

李玫歡年轉未嘗不明議未嘗不終所惟萍不及作此身是卓年難又處

慶也○辛酉大徴置大辭者　人杜勢見者遇作此數偏肥壽又不下數時遠捕作秋蔓捕

聽者倍憸作鞠四而謂士後者皆于人惟金健淳偁若于人西人此中庾又信從作士

救治獄把女平反尹行佶謂之甚獄乎　滄誌笑家嫂至作死此以刻漢之妊也此刻妻

官用意慶家嫂妻請罷表知女死此女供解之慌亂何也可謂天穽艾曉笑終使邪

術一滿挺及灣莽任郎時奉苦此家嫂問妻官曰菜任山行刑此時家煩有若失

魂者言無倫脊如此妻官謂有隱情妻施嚴刑列文救吳錫思交通壁任之說作是

錫思捕為心誘案敏無真贓妻窙頻有傳生之意槩為人牢為遠忍怒視此妻官

日此救我。女元矣與文苟廷性命為薆祓刑訊毋寧。山出情款而即目伏刑仍自言當初侵

愚之収改可謂自作之孼也○丁若鏞李教薫雖有護邪之罪本不以邪賊治之于八顙歷詳

此文自甲辰以來前後推田里不善藏匿書邦學好帽子目相脫着聞者絶倒○金士克特赴肉廛別誠

託試吾行李差慶懼於第事後應接於冗㝛數前不像近於左右能彀乎○金宗五李聖二陽余曰當

今鹵世之道浮僞兩㯺於心中對此人說此說對彼人說以避人咎吻此豈小人情態也吾傳深

知丈非而有時他之可謂生丁不辰此吾咄咄逼真○當此時吾輩虞身秘難笑丑拜笠拳誡亦避

謔之意也有詩曰此去楠閩地今人捨意流竄路弥艱也○之卯暹菫葉閭補闚有時過於我前

此與近祖坐正左右後而不肯接語○或一元父祖亦午人也來爲一元急遇定頼中逢南人先拜

誆拜之誠一廢怯他士論拂辟彼已院討之設流麗於泗柳龍仁象吳瑛爲院頭余爲製院宗正爲䋲

未幾堂官事差慶言車院屯及此事門內誶人怒艾先笈恥滿後戥乃欲泪敗院事吾輩㮣人吾數

日紛不四聽姜鎮元許善之異龍㬉妄謗霽八九日卒不得泊流閉貞谷力主此論云此亦大失着盖

威一元即學士三閭傷揆此彼癌關毋儒生院請爲成學生後改作此筆以納韓於兩人玄

與沈士閨俟姻盖以黃沈不樂於如團內乙卯後李永蕡始生聚徙二許使女子受學於黃早㛰又

從弟幼直妻言女不可列怨而答之洪漸君實亦皆力沮之㤀不德未數年其弟幼曉又以女女妻丁老儒

蓋貞第山是惟善此○年歲之不拒張薰士未拵愛之義此不延爲㜩而漢李列閣之護邪過矣

懷德伴 從使我義文討黨邪之罪我豈忍為此人或問崟油何為曰怨縱生毛也懷德守邱初氏也李存德筆

視君奇貨偶說于中外知舊聞有親信來幸傍者曰待宋藩故露此醜血疑君曰君可而時訪我在東曰雖亦

於此入乎○余作獎勸此拜後一不踵文門乙卯進衘時徒謀之前賄殷色曰君可而時訪我在東曰雖亦

艾後又遂巡不往反己未捐館 止有獎董集校氏之敢 搢紳章甫衲有文名者咸張美倜儻第五弟亦

隨眾執役者數日擋趙重曰尹遂塙木赴一日趙偃訪之曰死改坐有何氣焰君彼趙此耶第五色

曰蔡相元木羅於邪非果木能感代人心而趙夏瑞之燈年可作對聖二序間郡成兩仁仰許不聽夏瑞之怒曰今方

倘此地越色愛而起○時仁伯有文與趙夏瑞之燈年可作對聖二序間郡成兩仁仰許不聽夏瑞之怒曰今方

倘始於此心 獎相何慶彼洲後聲性緣事敢儒灣澒萬等忍於性試懸題後請洋長罷塲曰今方

治疏討匡義木聲開試洋長金乃行曰將討何匡曰何匹也洋長曰吾筆聳耳討此連而年矢何為

以今始討之邪此非時日之志也呈勢後治疏亦非晚也諸人力爭半晌終不許羅陽列講開方出去又不許

乃徒挾悶出時金曰得二千餘言一解自是懼木遠度一拜可惜終役以大論聲言決不可撓或院

後饅一出来於是策爭彩者許平洋長曰內者首偶羅瑞之論者李某也洋長信之及後達書

遠等平木得發辭云吾三得失其廿而從葦之行華帝恢一○李學達申之權婶元弟也

而薛店抵若一日西書一冊落在汝權家开士被濤人獄黨不可得以推諉列兩人互相推諉學達曰

去頭尾傳告于李受曰善始知輾傳根因時李受在座直欲以此言轉聞于 上陷於不測之地李
受以此說問君賓〻〻傳于余〻乃作書以責之以紓惻怛之意非獲已也李承薰答書語甚糊塗
其遁辭也未幾李廷權族李昌祿投書于余曰此是邪黨暗中之誅也仍歷擧己卯乙巳事以證之
蓋渠輩以余不容於一邊因此欲引入于渠黨也余以承事不干於作邪無答而還投之數日後
昌祿作請書乞降於貞否此輩情狀如鬼如蜮實非常情之所可測也李廷權休者族姪也
李存昌天安常賤也嘗簽名於軍籍爲文訴于太守〻〻憐其才而許免之初受西書于洪樂敏以其專心於教〻也故其
術漸次高明湖中人稱之以大教主真所謂青出於藍也李基誠輩見之必恭勤納拜云在清州獄〻卒皆
被其狐迷雖加刑訊而得不死云○自辛亥以後治邪獄者以革面革心納供則皆許放送如權日身父子
及崔必恭輩是已此輩心口異用要免目前之禍何其異於渠所云欺心欺天之說也問渠輩今日詬罵
耶蘇明日洗頂誦經如佛氏之懺悔則亦得超升天堂云可知邪學中亦有僞學也
乙卯傳教中有曰洪樂安尚未蒙扶正之褒者竊爲世心歎於是一邊人曰扶正二字已獨渠輩
之爲邪精神專在於誘語一邊人曰凡童已懸照之鏡余嘗以爲聖人如天〻道不可測也故仁者見之
以爲仁義者見之以爲義無怪乎二說之不同也○宋遵晉修大誥之意也目不識丁行乞于知舊依字處
以朴公亨宅味行于世者也囊中藏一油紙列書知舊數十人姓名到處出示於人曰此懷德手筆也

可攜貳余作是難花為答笑曰年淺才踈去就不足輕重打一世且詩不云乎在此無歉在役

無惡是吾之志也。○趙右尹史何邪術甚嚴嘗為箅言四洿樂敷兼吉人君其識

之趙重曰右尹史之子姜龍安欠之婿也得聞其二欠之條論喜言論好評人此是大病痛嘗

朝朵以無口乱箅曰使我任世道之義我有所可為者然外決不可妄動無孔子道德而欲作壽

秋可于吾列有殳妻春秋居父憂而未受弔於箅數亦過𤲃也○睡祖元條為之近族也

常欲食其肉茎後欽明初氏三娃崇掩西過其門人心至此寧欲舍矣

宋伯進夫人嘗亮吾妹賢沒蓋五仁何嘗謂我曰君欲德色盡延我說法也說法時男女亦

身屯疑一室維至親無相避交接於十目所視處而少無奢色蓋色慾動而用意忌任

是悦心㱑天故必如是云○邪徒法門通貨通色技嬉女嬈亥及姦寒襄不能且食者皆樂

赴為維奴隷之辈一八女黨視之若兄弟不知有弟多此女誑惑愚氓之術也丁巳戊午間邪

書大行債書者薩大利諺文過半云○當初權李說法時女主意專在樹黨有地慶而

才智者必設訣引入艾蔓延於姻姻之前以婦女之故也○後叔貞俊氏在湖中西一曰往見

貞谷講戲謳也主人問曰湖鄉亦有驢肩否老巴巖岑竿與人接不知門外有些事上京時

過蒡院店舍有一客言曰國成山中有賊三宗煮之評也主客酬酢不過如斯李承薰忽覺

李曰其作聖助何別曰聖助妹婚於尚文為從兄弟此在彼仆之世道可知也於學之笑

陞上眾優批選輩崔耀館儒蜀金康疏中有魚肉士林之語治疏時崔頒章跋

四字過重請改之以是得謗云云○丙辰朴長高疏云後丁若鏞上疏痛言前日違黨之

罪請為自新之地若儒輩力爭曰然則晉儒自廢以邪類也曰洛睦雖教我豈無辭

吾丁不聽以是賜妹幾乎不睦云雙諸疾病陽症易治陰症難治丁疏是賜庭此一而以承

優批有此○貞谷問啓初則隱諱本事此亦承薰輩云訃也及承嚴教然後吐實

金滕事始發作癸丑 上目之以義理主人出入門下者於明年義理愫愫皆鳴若非其黨

列仆之由而人得論控可笑法尚書已致仕疏曰 莊獻世子十四年代理其鴻謨美範盡諸史冊

者請保國朝寶鑑例寔威一編尹耆東沈煥之使其疏上疏請洗去辛壬史草列其揚抱聲名頒

上疏痛仆之以是坐廢十數年此亦人箋論平使此二疏出於渠輩列其揚抱聲名頒

何如也以女姓溷此救果嘗學許可也作生乎以讒絕矣贊前弟先堂歸洟所見西人亦不

道之後來正而上讒洟尚此疏復又見仆於西人作一遺箋遂不得清選可歎

貞谷學繼咨謂朱曰拱拾知舊即吾輩苦心年何物怪鬼輩此從退感之今仍便成二黨

而其設心之淑慝辨之甚易君之去就將仆何為定又曰兩家父兄在世時屢聚其之今不

人此後使涯薰榮烽不知至于何境是可憂也甲戌後妻經憂攻午人殆無類矣幸得

大監金保而培植之及邪學初興大監未能鉤戡勸治欲其自新也畢竟午人乃反得藉

大監之勢外雷同賀一世內而諸讒諛諸人乃至于此午人持底於滅世憂午人名目自大監而

立之又自大監而絶之可惜二獎弱憂然良久O乙卯冬撲剝芸病附名慶獨孤室

非家人不得見前作小劄諸罪象讒諛人草戌擘置坐褥下獨蒸潤銓在傍知賀

狀然女揖語學後未之詳世晝頭枕閉衾說苦曰昨夜美容來言大監欲敕我三人

三人死剄君儒誄是然字儒不聞擒入於北人必援手而入者子美參此言甚可畏

此卷上劄則禍必至矣前朝餒至用題籤倒豎立床頻靜人有撃午仍終曰

不語若有怠怒者曰瞪瞠至乃取剪草梵之閉銓尚謹逍之如此余曰此劄是可收

之秉搞而恨未之上微年願枝之慚於死何世身無所把豈至於死邪

館儒上韃異疏監擊擊李家嫂本來薰下君鋪之名李燁韓性藩寺立栗剴吾儒笑

於疏綠乃別揮一疏以李重庚為首將上之朱與聖二君幼宜獨不起疏應通李殺

儒柳石鳴詩我三曰眈草出字曰然日請罪義八曰無有日然剄所作者萬里外西洋之人

于何女不諴也李柳曰誰可作者朱曰權曰身子尚文見今遠在捕廳此亦甚可惜邪

配筆人必求之說始發乃此獄權曰身李承薰手脚已露於辛酉若貞谷及著鏞甚是
烏故每大言曰吾初無是事渠筆構誣之耳及乙丑貞谷閉倘之說若鏞自明之跡出
而涉李燁經之罪皆為蔣生至是李孺丁傷曰今刻吾已斬然彼國呼余語耳煃曰此筆之
言儒平耳煃曰鏞言也如來信也刻近於曲護又曰當初一所
化既不明言今日改圖有未可信誠准論也○尺上舍箕㴠湖右奇士也以文誠名大義非
為南人郭於是甚後元始身徒登初紋父對之尹聞之大恐先馘謝罪為一時笑図
○蔡頤叔有事出門外曰嘆怡選扳翁向曰何欺煃曰對曰歸於訪事承薰索柬别離
聲翁曰誅汰薰何為乎承薰尚謙毋言於此世状風慨萌也○貞谷外彌俊沈安断若撰
翁已到今不必頌惜此人前默然時柳伯偏在座揮手而言曰此新又不隔翁乎吾昔
揆翁峻作之達不得開口卯後揆翁語隆别曰君能從容見我在視其辭色如有所欷者
翌朝諧美峒堂上處無人前曰今邪學曰瀘吾儕中莠跡於此為致人羞無由得辨請
君為我言之釋前曰身被禍心之自火矣不敢歷舉其姓名然而今日為人指目者固非三

推尚書攡雖受疑於兩邊而此言整不及其身是爲完人○李休吉固勤勤矣然其中上
書非勤勤也勢不獲已也其院問 啓有許多說話而樊翁皆據去之只以與承薰齎西書一
事娓娓說去實爲承薰地也非有意於害休吉仁伯以西人之言嚇之曰與承薰齎西書亦邪
黨也西人欲並峯存討罪云休吉甚苦之屢致書于美洞告急美洞許以筵陳奏而久之無
發落則休吉並上書之峯是攻朱獨曰此非勤勤也欲使李閔服於千里絶塞亦樊翁
不發辭其憂矣○姜是名家子又其文章可愛也倉洞發文後亦數數往拜於美洞貞谷
欲納交也而美洞貞谷皆疎外之以其左右孅兒之甚間也何其異於來者不拒之義耶
洪李姜是得罪於蔡黨邪黨而若論其負犯則李姜較輕於洪而自我絶之推而
納諸洪黨逞憾挾一時之勢樹百年之怨是蔡黨之過也○貞谷於美洞雖篤情誼而
不補密以其天倫也獨美洞傒翁相善及美洞大拜後貞谷斷斷親密傒翁斷斷疎外
而傒翁貞谷作仇敵○壬子癸丑間一隊人會于玉溪洞以倡明西學鼓頌爲文誓
天書咸謂之流痛普濟李學逵洩此語於尹鍾洞洞告于沈汝斷斷告于樊翁翁
以此質問于彼輩於是汝斷深得罪於祁黨○乙卯以後渠輩氣焰小衰此是世
道之一變易也時尹海一被捉於摘發情迹可疑 上乃大覺家煥若鏞皆補外承薰編

賀母也順養聞之換友此語于書中實非畫事基諫責之也曰乘轎至寢門外乃

下大鳴曰言人閨閣中事讓書者亦如是乎更不交謝乘轎而出是亦寡恨

李威報道吉氏臾參因此記遠于海妾撤有一曰言動與常問之以邪學潭內君

也又而得親熱無言亞善妙妻又曰此是敢身階禪也今蓉相圖書尚法亦皆誦法

士子利先箧賊人錢藏皆從此中出之此地是浮華敢世事輕賣樊相之款也而患泯

取而為信視此利換別之為邪學鎮神名出不事敢業也非出浮畫也明矣

聖二案五當言于余曰邪徒之為邪徒固無可言而所之不以叟道者此乃伐筆百端秋心

世此鄉濤之鬪音業吏可立迹在其間干禍心邪徒錫非而題目女相次聲如水大史勢覺

血所止開戶何也言此是功窗之論矣黃耳變云邪固可作而所之不以叟道列此何是以避代

燕也〇天下百千萬事善思曲直自有界分不可以小智變易者也具眼者自可知之豈不當同

伐異之論作牛半之得失未嘗賢後不可得以辨盍至扚此二營以是知非似非而是殆何尋能篤

主嶰催為於斷三者決不可作扶拊之論欲着眼於大公至正之地但吾心一定矣一邊人推之一邊

人挽之身世不暢疲困〇有一種兩是兩非者誰存公心笑兩是言是時支矢事也春

秋無義戰故兩非之二三之幻堂趨於岫邊

也其意氣之豪健如此○時一邊人稱鐵列曰木賊又作蘓語曰宋薛蓋我國方言謂木賊曰宋薛睦兩木又是音同可謂疾之已甚者也○睦氏之侄宗肇者皆絕儒詩改章堂姪也而過從甚罕能如慶帝甲文彥祖元仰視同仇讐稱景遠戊從兄弟景羲執氏允中兄弟及夏心尚中不失疾道云矣○時 上使李晳密探本事虛實晳蘖之弟也嘗伏護邪黨又是樊相之幕客也每事必相識故力以蔡相所嘗之言告之則自 上斷然無疑且蘖頗聰明博有才藝嘗初權李說法時推尊上席而無名聲不甚顯焉○隆篤是吾父執也又以文學質問爲數多有源父子及徐吾得有同研之誼仁仍亦有同研之誼故舉世排擯丁隆余則過從如常甚爲一世之標謗矣○權日身順菴女婿也其兄哲身執贄於順菴之門及順菴作西學辨屢移書哲身兄弟冀其回悟哲身乃反逆之毀順菴短處于人曰其學專是史學又曰諂附洪尚簡順菴卒日身父子一不來哭人謂至此極如也○李基讓有長者風以其姻婭子弟之故得標榜於一世實非沉惑於邪術者也嘗初受學於順菴出於洞口外下馬趨而進焉或有問者對曰於賢人入里必式況吾師事乎其在文義也順菴貽書基讓請其弟勿看雜書以讒書證之是其弟是誠即順菴孫女婿也惑于邪學其母沈氏作書于順菴子婦憂其外人可謂

之及星湖上京姜祝安文謙曰此人倫之重者豈可曰在家不知耶星湖權謝之曰未甞星論

停而立後車完矣○星湖此劄復之弟不得赴擧乃讀書求志年卒咸大儒晚年得此

一命乃外弟之有力也

李閏夏甞言此書亦山流入大內舍切責之曰凡禁事君何以知之自此李對我不敢發

然此是渠輩茶飯也視辛國若鍾之誣九朝可知也又而巷邪黨姑搖即此一款可謂投無

赦○乙卯崔獻重視中有西樓云亦得映帶得此意可勝痛哉初列籍重求乃指作此宣

臣子之心可爲邪意國家何顧於渠敢爲此邪辛爰持忠相然狀洛乙卯甲遜一枚敝宴

分如是敢正渠輩雖欲笑邈一世豈可得乎○西人戚滅之統旣入矣且念百年廠蟄

之餘拯拔之掃拭之僅得成之若以邪學駈之殆無喙類不忍此故乃以八戈之意蹇散綠綸投自

新也○聖上何甞狹邪黨兩抑崇也然自外面視之一遍維行誅戮而爲蟄矣如一遍維無

罪責而跋跡不安是以渠輩肆氣作勢諸人貪人淩轢人言而不至此猶不足乃敷不致竟

之言乎亦痛矣○當此之時楼相苟能下別邪正八示吾之以正一世之是非列邪統萼廷豈至

於斯荊樊別不能譁此晚來文學丁若鏞結姻斷之咸癰使世道率騫人心澳敷全於莫可收

松上堯此劄樊相不得辭又矣○灣惇汝子永視俞瑢姻弟瑞復爲李汝韹

樊經開俔

疏自明如此列金剛亦出我輩輩嘗得喧造言之病于尹聞之毋三家乞以得止箋前

當為我言出不已○條前造弊相結詩杜公年交契甚密人不可得以碁簡也已包

後入棋之事者皆挑挽言已已七分疑之也戊甲入相後亦嘗出入義何而新貴滿產

不敢出一言雖紀身世号迷台無果於是致薰始得下手

致薰嘗目言吾有密契於　今上每夜以花帶入集中莫是吾兄得不死以是而吾夢得義

官以是而吾亦占弟　聖朝清明宣有此事耶說有之其可敢諸口于

光海時許筠辭宋七克篇在内間星湖亦嘗得見七克星湖為學淹博無書未讀於

太西書亦嘗涉獵之作僅說稱利瑪竇曰真聖人也蓋取其天文地理之說也　徐　修

錯認其真圖宗信作文以譏許之黄耳愛　德吉欲舉懼下逕率為順菴可止

僅說蓋女迫得隨　徐若故用事無滋筆語又重複晚年命順菴刪正為十卷即令行于世

者四音安山許某請見此書家人諺以革不選之乃潛勝一本傳播時輩徒所得見者

即此本也正本列無利瑪竇　聖人之語即星湖外孫世嘗言吾祖亦尊信四書之說云

刻溪　李澄　既死五貞山為後至乙亥刻溪必好云啓平家盛刻溪祠稅手竹笥送于咸休家咸休

刻溪庚子世仍宣言曰有庚子世故依國典初不立後欲使輩嘆之尹龍湖天上壽星湖汸手

是堂〜正論而以此人壞了可歎〜雖然宿德如憒菴文章如良行忠實如舜衡亦亦得

此諭滂尚何言君〇滂樂敏當以仁伯締結金相立證曰有一醫人曰前來問我曰某
日必往村留崖平余曰吾素不識金相醫曰公無隱我吾弟嘗在金相門下曰前
為我言南人滂注書與公相善留崖數日而去〜今吾儕中新及弟姓滂者非我
刈仁伯也以是人此留儕之負設計妁且巧矣妁後撲相語家人曰滂樂安滿結金相者
儘屬語此今春 國事時吾與金同坐閣外金與人論此浮言契乃曰吾不識滂樂安面
目此人謂與金親享此亦非浮言平蹟頁年曰言行必不作矯飾掩護之詞
姜後元藿有能辭妁言論諂附類救以致稽葦燊於〜世氣軌堂堂而為人陷藝晨
酒不可近時橘相附顈宅者緖仲刈李慶章甫刈有復元松可笑此
華峯沈尚春屋平帶即女象青壇此壬子年間見失致蕉葦暗言睦仁全偷出此帶納于
金相鐘秀金相若入來條寫當作國子長云〜一日滂樂敏訪尹父負行蓻於東村旅舍曰況帶
在金相家有己跗言但無四證耳君之與金相〜好吾儕皆知之君若以一言立證勿今
海左為三銓靈光有關可為君圖之尹曰吾雖餓且死宣可自歎三人于滂作色流云條前得
聞此說雷言曰〜年帶事吾聞之久矣此是浮言此吾洸然中〜今刈得眾真贓矣吾可上

嗚呼吾家與致薰有世好情若骨肉政大人博出四文草世為之擁護耳今致薰不以為德乃反跡

嗟之何其悖也視此二說事理固然而未見其有禍心此時余序度不趁倉閒之會

時論以甲辭衡此不能自治權卫微而報世使又親閱人家廟主此亦禍心也云然事係綱常不得不

申報令出上司不得按行以此論人他尚何說何不直曰有敢不擅盡云全釋之云而作此顯然黙之說

耶歐蕈言論拊𢚩不忍聞○李聞夏崇與我相善為人剛直可愛為權哲身耵諫荒扵書書

嶼李壑誠蕈入呈秋曹為世指目余常從客語事曰人執無過改之為美李親送未悟余不思遠

棄之相對必申為言一曰李曰我不讒而書矣笑蓋以余苦諫而設遠離也齒曰然而君之得讀扵世㤗

夫前日何也自今君對人必乍守書之非列諒可以辭矣曰作吾心未知其非以口作主擋木㤵扵宇余曰

然刑君兩未悟矣彼使人無疑得才又曰君扵西書實勿是曰非此其下策也君甚用之乎在李歒不

惟命是從然其行事未見其用意策此云當此之時相與吾爭者婁矣而情意列自也此在半

亥以前此其後列余絕口不言大抵朋儕有過列觀之可㫄爭之可也至扵遷絕列遇

扵必車文字又止書宇相此不特絕品不題目盖其遷浪也且彙與兩人結姻好訖

諸論議進嶼吾儕稍累為人又扵愇慮之故役蕈能以禍心之目容易加之

軍況聞而人曰已必搆㤳自得又招役蕈一訛累對人鞭說以寅禍心之事怕半作兇邪

刊幾殞尚勳者西川之商技為西人奇也庚申後用此奸詐仕○李致薰承薰弟也自晃時頌棧驚喜觀人

眉睫同氣以布衣附羲季晉訪納外間事嘗密首赴艾父卑越住俗按治構城獄及平澤儒院出獄又在

澤府承薰在平澤獨自斡旋於上下一口之間稱稱為禍自是驕橫一世遇事無難見者無不側目時

致薰晨出蓦入青驪新自澤府來者數昆爱云平澤事來及宪而竟命余又抵書于承薰

爰時承薰又有重表之迤同開同研究之観熱至是致薰之弟恐我兩日秋乘間構禍以英

余同庚又有重表之迤同開同研究之観熱至是致薰之弟恐我兩日秋乘間構禍以英

權尹院誅三同交章請治恰薰洪樂安又上書撰劾言一世浸學之害此適足以獎致薰恐勳

之言所以於是嫉妬未参諸人之有事蹟以一邊敲撼之誅忻师有所失當可欺也已

自此以後歐葦自立旗幟與曰一遍人以禍心入吾蹟之青霉之上出者駈之坑坎之中與舞并於一世

余嘗嘆聖一宗五論此事曰睦所以圖五人名唇心失患君之意若吳鑑百無情賦之睍龙龙不圖

如此而不速禍者未之有此曰糖論○倉門諸人恐艾有雇而相會發文未見真不可也然泵

五之至然打陷富底太不量力也○余以會中事質問姜睦二人列姜曰諸君作會序言權尹可

救世而正殺学不加於承薰況艾條干且妹兒梁蹄兴香吾所不知設我知之兩家婦女在堂豈

可以相害耶云

按婢兒李轁續睦曰吾所援筆圍名諴有罪也然此是五人空添作十三家始春雄之

士瞻家 崔照 百源曰吾儕中以邪學得謗者已是時不可混錄於士友之列睦仁圭乃援筆圈出錫
百李闓夏李寵億等五人名臨罷諸人約明日齊會西學堂更草黜仁圭歸稟于其家大人
崔煥李㷜皆約中人也以通事顛末密告于李致薰致薰大懼遂與丁若鏞講定應變之策
有二条一則恐動獎相意也一則使挑毁人擊去之非人不之知也翌朝姜百源睦仁圭到西學
門內外諸人皆背約不赴會會者僅六七人晩後徐徐私遂至自言大臣子不可干預士論乃刪名而去
頃之睦祖永崔書顯之以禍心會中人恨根而歸○丁李之黨得獎甫意刑曰洪樂安韓能金相
鍾秀以西書一事網打吾儕也蓋洪濟與西人結姻又與樊岩趣路不入執此疑似之跡騰之世激
起挑毁人列曰洪樂安疾出諸人作此舉會中諸人歷指十三家曰斬其首血淋淋然後吾心快矣近
来得謗者無過若而人宜至十三家之多乎彼欲甘心於吾家乃欲延及他家也云云睦之圈五人名所
以致十三家之說也於是搢紳章甫莫不立致薰而抑仁伯 時申舜衡更以重獄不可獨決申報按使
按使按使發檢兩家廟主檢者列有櫝依然舜衡更上其事按使怒更令窮覈乃開櫝視祠版無
一存者於是按使聞于朝持忠尚然並伏誅○壬子平澤儒生上疏討李承薰不拜聖廟之罪盖承薰
隨其大人赴燕購來西洋書與權哲身李蘗輩講習之此邪學之始也今此所犯淫於珍山二賊 上特遣
繡衣按覈之繡衣金熙采即承薰從姊夫也卒得無事熙采反以彰治疏儒多殞於杖下鄭尚勳[illegible]

谷密客判作兩截人○知舊之國名於通者兩盡丁巳間稍性見雲伯父子三盧變之

北是戌縣鐻及通首嚴愼亦省為投師寮他心事可謂恆萬然律之以義理來帝後者

閤近在無恥○一日聖一謂余曰頤叔之恩鑒太分明雲伯之恩則差芳不分明是為區不

及皆在中吾也矣曰然矣

所謂邪學之術豈而為說出於釋氏筌蹄又以經傳之諸文飾之欲以非天下可乎吾儒

何嘗不敬天昊天而違而以事天帝乃及矯誣上帝也然列渠輩非欲此徵禋乃及招魂何也

渠以上天為大父母更不知生育之恩赤隼混蒙一室無男女之別此殆禽獸之不若也且開西國

本無君長擇其術業之精者而教主此列春秋之治也意者時值午會中國文明然後

昧谷一隅尚在鴻荒世蒙不知有人之倫義乎選輩謂郵遞死於十字街故爭此若以敎

身為功業此亦以筴犯刑戮而不知次者也邪

辛亥夛球山進士嚴持忠初學權尚然宗信邪書焚殺及朝至校人所告權尹皆各僑中大家

也甲辛衡火吏權時為球山俾久而不來重其藏也乃移書京兆以謙之俗是京外大衆成永恩睦仁

圭等毅人會子姜俊欽家議四西人若以景端攻我其脅㥽矣不如先發之乃欲發天吏廢閤權

討權尹罪皆曰諸獨金哥元立異曰不從為愼而治權尹未也衆論或我可或不可後數日更會崔

棄我如遺磨墨捧硯於明禮之會以效其勞耶外此無足怒也丁家在明禮洞陰
同祖墓堂者一齊圍右山爲傷風敗俗樂敵樂文有力於叢通之初尤爲良矣
通文輪回門外一条見下○舊例所謂儒通輪示門內外知照此通則傳布八道而
都治若籌司之事此何等也通文輪行門外吾與聖一夏瑞趙重日字穀三人不圖
名姜能安不但不圖又以叙寞數語題于尾大拂桃從人意睦祖元乃大書罰名曰姜
能安者老而不死甘歸逆黨八耋老人豈可如是侵辱耶其爲不祥大矣
洪李窮無所歸癸丑後歸於雲仙盡兩窮相合也雲仙父子曾無一言一事出於
斥邪者而至是蔚然爲禍心領袖可笑金嵩以爲樊若之邪學領袖雲仙之禍心領
袖爲無其實而得其名列同矣○邪學輩籍樊若勢陵轢洪李○此余嘗在上
孺文台本是小蔡常黨也桃從人每害鄭之戊申後日倚坐義洞盜名爲入其幕之賓
李錫夏以雛翁門生城仙至親趨附於義洞晩果爲貞洞黨緖翁如絶以此有聲譽
於一盛○林承宣濟遠善訴諂嘗與貞軒家煥直銀臺一日貞軒家人送饌饍於
直廬林戲曰君家能祭先耶蓋憑於西術者皆廢祭故戲之也貞軒嗔之後使李錫
夏較林知其事者不及之李錫夏以一疏斂後有講鄭氏始沈娘之且結婚於承薰遂爲貞

蓋令常為兩妹婚娶請樊翁保合翁終不應言

述吉既附合炎列批城入專攻淿蔡之黨所以今也然諸黨絕無應有

榮賊臣淿麟漢入相府以東宫三不必知之說驛然曰于上三頋問登筵請臣曰麟漢言

何如首相韓翼為言左相金相福大爾憲宗登中等曰麟漢言是及代理命下永貞敎

傳宣聖旨麟漢又揮手止之史官宇登麟漢風言不敢書藉筆代理後小朝名問淫

書朴宗集曰對曰不聞本知禍翰林咸滉鎮以實告麟漢之進柔在此影鎮之樹也

亦在此伊曰影鎮歸語此事於淿秀輔之大驚曰今汝得罪巨室必有淇宗之禍也

時徐令書疏未出麟漢之勢猶夫前日故女言如此娑進冬七寧以書發問使影鎮

納愫又使韓光傳為證以實艾事然後勞出於尹惕敎文討之通文出於下若備手擇

卓曰淿尚書過訪著鋪于家實客滿堂下接數語引入內室而使諸客脫藁淿尵

然不知有事丁妻淿之姪女也故別去内室云○威祖淿之本生內舅也淿之母韓之從妹

也一朝劍下始一両窓親威報之者也當初酬酢改是同憂樂之意謂之有迸心則安夹

白首告變將敎何為淿以護迸為罪列二十年知情不告之律㷊辈乃可免乎

時淿尚書怒權合巳公著權禳老成人亦逈象妻勤郛又怒淿慱㷊時傳曰巽以敎兒子

其操守素意極拔無間李宗之實何如入蔡相不答是為樊相惶恐處也
樊翁嘗從姜菊圃遊接芝峯也刊行其遺稿其世好如此而世論參兩司之啓可謂大失眷然樊翁
用拯撫枳其清塗何其果於韓魏公請白唐介之意也且淡翁地望世文章也合徹學士況自來
世好又無相失而再主神臺之圈而見拔特以雲伯祖先之親故也西人亦不且之後未有此議
申禹相一自駢劄後不敢往樊翁家自號曰獨無堂蓋取詩語也其弟爽相趨附挑博以士論自任日赴姜
洞必懷待言濮秀輔父子可殺也稀禹相不可殺耶其可謂善乎說話者數如有、識者必嘗罵之矣
姜烷自釋褐後既附樊翁、、生日以泰川倅修賀儀用謗書列錄物種下方書姜烷妻李氏潛遣
于內其鄙俗如此其得錄流選樊翁力也及濮桂冀條經三休堂樊翁又力伸之後出入徐相命
善家訐告樊翁陰事為人所發覺時謗口喧為蔡烷今為徐烷樊翁大拜後其子復元主張士論
揚揚出入相門○大抵樊翁氣岸甚高遇事直前濮雲伯 仁浩 父子剛方爲國與世浮沈其道未嘗
合也其契未嘗無也寅之舍操游救樊之意然則大濮劄論非特[illegible]於禍福而已
雲伯城伯夫人子孟令李燕煥之兩妹也孟令之女又為濮叔之夫人親叔侄同告一城內慶吊不相及焉
其亦不幸之甚也○雲伯才藝敏悟 上特愛之常置諸近密日 上諭樊翁曰卿盍與洪
仁浩釋憾仍命雲伯親往謝之雲伯到姜洞寅主敘寒暄而罷云

乃言渠在惠帝時待我有多少說話到今日計二功復視吾耶吾若布吾所說於眾何

如也手受乃釋然由是兩勢不相能每於地在一人入人必趙頗梵翁陰翁求解之

俞台萬上書拱翁數述請絕之我謂手愚臺臣劾俞在忠州張憲於 先王忘辰俞對史

言初無是事時述台語聽權恩民 倣言宣言於時爭曰辈列拱翁以國惡陳而不作盖其意

爲俞地也而與愛辞相左俞以是恕蔡有是書吾未知信否拱翁呼燭至列俞台不在座乃使人

弟筷翁俞台皆如御少室連動後述台乃至坐既翁前呼燭至列俞台不在座乃使人

睞之俄述惧承出門笑翁出日今夕之會將以為解士述秀之之恕秀五色舉笑言何

獎翁於述待特爵糜之年待之外密為內陳几係國護家政諸衮所得聞者師述未聞焉頤

叔蔡雍虗列視以路人少無二象龍云。獎翁兩寃常在松勝至於披泗淡所允浩姜世倫

於堂雄李台世喪之喪不弔城伯 宗慶 甚矣城伯少時常學手獎相吾也在玉堂寶無聯劾意伃夫人

茶荆以憲五出入其中見時議甚峻出語城伯曰汝不聯劾吾父子不知死所汝欲救收師而救汝父城伯

不得山聯名堂劾時獎翁在江上聞之悵怡曰彭亦爲此耶兩眈爲之盡赤盖彭城伯少字也時人以聯劾

之切涖城伯東望誠伯上疏不出而自劾 時人又起兩次之城伯乃自慶以罪人杜門不出十餘年乃 特授三

司皆不出而已

命補淸風 上嘗語進臣曰繋判府於李宗慶事終不釋然可謂權矣且 上特愛

居停主人也金以疏事問之明初氏力止之乃潛往吳幼濂錫百家夜與趙叔叔姪治
疏翌朝上之云時有攻明初者明初於袖中藏墨中迹而欲塗抹其疏云余於此疏勤
有訝惑者墨未乾也則不可藏諸袖中已乾也則何以塗抹
樊翁在安州禍色滿天若不保朝夕者吳台大益述台會會台李鼎運家議上請鞫
疏疏槃以爲有罪也則殺之無罪也則赦之其實執兩端嘗試　上意也議既定更卜日治
疏時權著吾文心彥在座會台頷諾權已幸勿以此事語南儒也南儒謂趙叔
也權曰諾歸路訪趙趙戲曰請鞫疏成否權大驚以爲趙已認之不敢隱告之甚悉
翌朝吳以舊要過趙趙盛怒批吳頰曰爾婦兄有何罪也而欲殺之勿論有意無意豈可隨
人請鞫耶吳笑曰傳聞之誤也仍起去於是請鞫疏不得上
季受以呈告事坐廢數年　上特除憲職公會訪餘翁曰台弟欲上疏訟樊翁冤公
於今夕與樊岩搆草明曉靈令公晉持來餘翁送樊翁所道其事樊翁曰此其訟冤者
我何言爲餘翁起草草既成樊翁點竄數字而已曉鼓動公晉袖去疏入留中不下而季受
竣遇之隆實昉於此疏云　樊翁戊申入閣賓客始稍稍至
初季受雖爲樊翁所識而未嘗與述台推許也及戊申旬而一新季受待述台稍薄述台

公會李鼎運自殺栗運亦曰在述色座公會埋辭不敢辤畔眇李受李益運沈深有器

量兄弟互有長短〇時李錫夏守務安修越佐于樊若書末不書姓名翁覽書曰何

狀慮也〇然則小蔡棠非獨儕翁耳桃깨人之惡儕翁武甚稍以前事世以知〇時稱色福矣

樊翁少無畏縮意甚有定力可知也或者曰李皙在蓮府數~來傳密旨以知上意

之春~故如此乎〇至是卿寧三司諸人無不發啓運啓如洪秀輔李宗窆姜世綸甲島相亦

然互獨李益運呈告示此又主懴也時李受在憲府數日無一言一遍入侍重一遍人愁唶

莫知所通舉揩甚慌忙時與余同開目擊之〇日樊翁招儕翁及沈汝斷沈逸告曰時

輩請討之章維日積公事又方能發我吾濟不可因此澳敘或者言李受欲治阮請老夫罪未

知儕杳君甘拍李受來汝漸至李受家府史盈門不敢入乃於墻角目李受出仍引至樊翁

在李受拜諡捉樊翁于泣而告曰台監死矣~雖無小子跣亦死矣病正色曰少年多懴㣇仍

揩影黃凌玉園仍〇聖明在上乙不使我解此園也李受巳此特案何條翁仍君知大監有罪則

論之可也苐別宣藼隨人勸勉樊翁心君可作請恵之阮事李受巳諸臨別樊翁曰吾李升運

〇挺身訟樊翁之㝠者惟金後仁一人而山及永 寵批人心稍定明初氏姜世潣金二

侵日親兩星告兄弟不可異同李受巳乃投疏侄向骰宗時以會台守發業

為若吾輩列兩宮旁婦豈非可笑乎〇戊申後吳葯山上大鴈平蹤李愼齊姜菊圃

又上疏扶眉翁而作白湖音衛後論者皆非之樸翁擘葉山門就菊圃學論議每

落在一邊〇初樸翁被重論出喊謂述曰此不必從我去朝姑留之以竢時輩動

靜此是以述台不去云〇又後述台擬國子經蓮其際固可靠此且巖尚靑瑃諸人

曰金文淳首發伯視之啓盡此士述每朝會揖文致殷勤殆無恥此云已若述則述

吾恐無辭矣述台仔樸相名雖叔恩獨父于豈可以自己利害一朝負之如負之矣不祥矣〇

一日樸相自江上折簡述台納會于白門外村家日皆嘗暑布袍騎驢而至述台亦至翁曰今則

皆欲殺我女死矣時軍中怳惚叔鄭民始素不喜夢相必以我爲無罪汝女爲我吉之翌早

述台劉鄭家鄉新趙後慢有見在抱述曰此泥誰此鄭曰吾晚出此述曰喜良久曰君與我此老

而就苑君立而視諸鄭正色曰時論如此吾亦無如之何矣述曰試看此世孰能挾出吾葯叔

者君若不抹列吾叔死矣樹恩於不報之地是爲儈德也鄭沈默良久曰抹女死則禾此

特無欲救之心耳後卿宰疏發而鄭獨不署女否云〇是時樸翁久在江上時宰使人伺察女

往朱者禍且棘朝士皆畏約不敢徒托是大慧之密昏附小紫獨愈令趙叔不附焉

眉江院在羅州歲久室宇傾圮癸卯院儒數人謀獎翁諫所以易而新之時述台在東集翁移書請助其役院儒持獎翁青到泉州留營下數月卒不得入狼狽而歸於是桃坡諸人嘗傳述台駐逐院儒云睦汝章氏沈景老吏發支于知舊請絕述台大小蔡宗之名自此出笑○睦仁基宇汝章沈昌錫宇景老通文始出睦隆禹怒其徑不告已做此事見其文批破之蓋汝章朴徐翁爲堂姪也於是桃坡一派以謂睦背大蔡而附小蔡也羣起而改之餘翁自以年高望重輕視諸人若不合意則必詆罵又或歷舉艾先世舋釁累以暴之以是桃坡人雙視翁父笑桃坡人音吳錫百睦祖元李聞德洪遠居於青坡桃坡名主峻蔣故有二大散文來士爲義俗也然批其文則過身且人有先景又豈可向其子孫而歷舉耶余故曰此翁之自取其辱舌此時有數翁罪者曰翁爲述台辦院儒事曰雖非眉艾吾豈不得爲南人耶亦此州桃坡人之言來可信此○時朝士中右桃坡之議者今則令名懷程趙威叔真相空○里文圍名者十八人然批其數百星之外聲氣相通風俗可謂美笑一朝而有同室操戈之憂呼亦不幸之甚等余以先大夫意圖之○吾儕百年坐廢實無勢利之可爭人情若骨肉相對密膁爲者曰今宇人亦名二黨此状風氣使然耳余以不然西人抵死戰爭以艾進退之際利害生

蔡判書鴻儒墓道述